MANFRED SCHAUDWET

Bankenkontokorrent und Allgemeine Geschäftsbedingungen

Schriftenreihe des Instituts für Rechtssoziologie und Rechtstatsachenforschung der Freien Universität Berlin

Herausgegeben von Prof. Dr. Ernst E. Hirsch

Band 5

Bankenkontokorrent und Allgemeine Geschäftsbedingungen

Die Entwicklung der das Kontokorrentverhältnis betreffenden Klauseln der AGB der Banken

Von

Dr. Manfred Schaudwet

DUNCKER & HUMBLOT / BERLIN

Gedruckt mit Unterstützung der Stiftung Volkswagenwerk

Gedruckt 1967 bei Frankensche Buchdruckerei, Berlin 65
Printed in Germany

Meinen Eltern

Inhaltsverzeichnis

Abkürzungen

(die in Kirchner, Hildebert, Abkürzungsverzeichnis der Rechtssprache, Berlin, 1957, nicht enthalten sind oder davon abweichen)

BA	Bank-Archiv
BayVerfGH	Sammlung von Entscheidungen des Bayerischen Verwaltungsgerichtshofs mit Entscheidungen des Bayerischen Verfassungsgerichtshofs usw.
Betrieb	Der Betrieb
BFB	Bankgeschäftliches Formularbuch
CV	Centralverband des Deutschen Bank- und Bankiergewerbes E. V.
Diss.	Dissertation
GWB	Gesetz gegen Wettbewerbsbeschränkungen
HR und HB	Handelsrecht und Handelsbrauch
HZA	Habenzinsabkommen
KWG	Gesetz über das Kreditwesen
PrStStG	Preußisches Stempelsteuergesetz
r. Sp.	rechte Spalte
StStG	Stempelsteuergesetz
SZA	Sollzinsabkommen
TSt	Tarifstelle
VerwVollstrG	Verwaltungsvollstreckungsgesetz
WP	Wahlperiode
WGr	Wirtschaftsgruppe privates Bankgewerbe
ZKW	Zeitschrift für das gesamte Kreditwesen
ZVO	Zinsverordnung

Einleitung

A. Arbeitsmethode und Abgrenzung des Themas

Die vorliegende Arbeit soll auf einem Teilgebiet des bankgeschäftlichen Verkehrs und des Bankrechts einen Beitrag zur Rechtstatsachenforschung leisten.

Die Rechtstatsachenforschung ist eine soziologische Rechtsschule, „die in Ablehnung eines überspannten Gesetzespositivismus das aus den Geschäftsbedingungen, Formularverträgen . . . und sonstigen Rechtsurkunden feststellbare ‚lebende' Recht betont"[1]. Rechtstatsachenforschung bedeutet systematische Untersuchung politischer, sozialer und anderer Bedingungen tatsächlicher Art, die die Entstehung rechtlicher Regeln bewirken, sowie die Erforschung der Auswirkungen dieser Regeln[2]. Eine besondere Bedeutung kommt dabei der Berücksichtigung dessen zu, was Llewellyn[3] „semi-direct effects of law" nennt, z. B. die Änderung der Geschäftspraxis eines ganzen Wirtschaftszweiges — etwa der Banken — auf Grund einer einzigen Gerichtsentscheidung oder umgekehrt das allmähliche Erkennen und Anerkennen tatsächlicher geschäftlicher Gepflogenheiten durch die Gerichte oder den Gesetzgeber[4].

Hier soll ein Teil der Allgemeinen Geschäftsbedingungen (AGB) der privaten Banken[5] untersucht werden, und zwar derjenige, der unmittelbar das wohl wichtigste Institut des bankgeschäftlichen Verkehrs, das Kontokorrentverhältnis, betrifft. Die einzelnen Klauseln sollen systematisch in ihrer Entwicklung von ihrer Entstehung bis in die Gegenwart mit ihren Veränderungen sowie deren Ursachen und Wirkungen

---

[1] *Hirsch*, in: Bernsdorf-Bülow, Wörterbuch der Soziologie, Stichwort „Rechtsschulen, soziologische".

[2] Vgl. *Nußbaum*, AcP 154, 453 (462) — Übersetzung aus Columbia Law Review 40 (1940), 189 ff.; ders. in Recht und Staat 1914, Heft 6, S. 1 (11).

[3] *Llewellyn*, Jurisprudence, S. 80 unten.

[4] *Llewellyn*, aaO.: „. . . we cannot well throw out what I may class as the semi-direct effects of law, as when a whole line of practices in incometax collection is changed because of a single test case in court, or when the rule laid down in a private case at law leads to change in the practices of bankers or of merchandizers."

[5] Auf diese Banken, die „Geschäftsbanken", beschränkt sich diese Arbeit. Im wesentlichen unberücksichtigt bleiben die Sparkassen, Genossenschaftsbanken, Hypothekenbanken usw.

dargestellt werden[6]. Neben den AGB-Formularen selbst werden dabei auch auf bestimmte Geschäfts- oder Kontenarten zugeschnittene Einzelformulare zu berücksichtigen sein.

B. Kurzer Überblick über die Entwicklung der AGB der Banken

Im Gegensatz zu dem jahrhundertealten Bankgewerbe selbst haben die AGB der Banken eine erst knapp achtzigjährige Geschichte. Erstmals in den achtziger Jahren des vorigen Jahrhunderts wurden von einigen Großbanken AGB aufgestellt und dem Geschäftsverkehr mit der Kundschaft zugrunde gelegt[7]. Vorher waren in immer stärker wachsendem Maße für bestimmte einzelne, in großer Zahl vorkommende typische Geschäfte auf diese ausgerichtete Formulare verwendet worden[8]. Sie und insbesondere die „Regulative" waren die Vorläufer der AGB. Vor allem die Regulative weisen schon starke Ähnlichkeiten mit den AGB auf. Bei ihnen handelte es sich um Bestimmungen über das Kontokorrentverhältnis, die in den an die Kunden ausgehändigten Kontogegenbüchern abgedruckt waren und u. a. die Klausel enthielten, der Einleger erkenne durch die Annahme des Buches das Regulativ als für sich verbindlich an[9]. Damit wurden erstmals Vertragsbedingungen nicht für bestimmte, gleichzeitig abgeschlossene, sondern für künftige Geschäfte in Geltung gesetzt.

Im Laufe der Zeit wurden mehr und mehr Bestimmungen aus den für andere Geschäftszweige bestimmten Formularen in die Regulative übernommen. Diese wurden dann allmählich nicht mehr in die Kontogegenbücher gedruckt, sondern in besonderen Formularen niedergelegt[10]. Damit waren die AGB als eigenartiges Rechtsinstitut entstanden.

Anfangs stellten die einzelnen (Groß-)Banken ihre AGB selbständig auf, verständigten sich aber bald über deren Inhalt, zumal sie weitgehend ähnliche Lebenssachverhalte zu bewältigen hatten. Dadurch kam es schon früh zu einer weitreichenden Übereinstimmung der AGB.

Auch die kleineren Banken gingen bald zur Verwendung von AGB über. Zwar war bei ihnen das Bedürfnis dafür an sich geringer als bei den großen Aktienbanken mit ihren ausgedehnten Filialnetzen. Sie waren aber bei der Ausführung vieler Aufträge — etwa bei Börsen-

---

[6] Vgl. *Leitner*, Bankbetrieb, S. 157 Anm. 2: „Wertvoll wäre eine systematische Verfolgung und Darstellung der Veränderungen in den Geschäftsbedingungen, ihrer Ursachen und Wirkungen ..."

[7] Vgl. *Haupt*, AGB, S. 1; *Sontag*, BA 3, 181.

[8] *Haupt*, aaO. S. 2, 8; vgl. auch *Raiser*, AGB, S. 24.

[9] Vgl. das bei *Koch*, AGB, S. 246, abgedruckte Muster eines Regulativs.

[10] Vgl. *Haupt*, AGB, S. 9.

geschäften, wenn sie ihren Sitz nicht an einem Börsenplatz hatten — auf die Mitwirkung einer Großbank angewiesen und mußten deren AGB akzeptieren. Um nun nicht selbst bei der Großbank ungünstigeren Bedingungen unterworfen zu sein, als sie ihren Kunden gewährten, mußten die kleineren Banken diese Bedingungen an ihre Kunden „weitergeben“. Der einfachste Weg dazu war der, für den Geschäftsverkehr mit den eigenen Kunden AGB einzuführen, und zwar im wesentlichen mit dem Inhalt der AGB der Großbanken[11].

Seit 1912 gab der 1901 gegründete „Centralverband des Deutschen Bank- und Bankiergewerbes E. V.“ (CV) ein Formularbuch heraus, das in schneller Folge zahlreiche Neuausgaben erlebte[12]. Das Buch enthielt u. a. auch ein Musterformular für AGB, das inhaltlich im wesentlichen den bei den Großbanken gebräuchlichen AGB entsprach. Dieses Formular wurde in der Folgezeit von fast allen kleineren Banken — mit geringfügigen Abänderungen — benutzt[13], so daß man bereits seit dieser Zeit von *den* AGB der Banken sprechen kann.

1934 wurde der CV als „Wirtschaftsgruppe privates Bankgewerbe“ der Reichsgruppe Banken eingefügt[14]. Das Musterformular des CV wurde dadurch praktisch für alle privaten Banken verbindlich[15]. 1936 wurde es zur Verbesserung seiner Übersichtlichkeit in drei Formulare aufgeteilt: „Allgemeine Geschäftsbedingungen“, „Geschäftsbedingungen für den Wertpapierverkehr“, „Geschäftsbedingungen für das Inkasso von Wechseln und Schecks sowie die Diskontierung von Wechseln“[16]. Alle Formulare waren aber regelmäßig in einer Urkunde zusammengefaßt. Bereits 1937 wurden alle Bedingungen wieder zu einem einheitlichen Formular vereinigt. Dies war in vier Abschnitte untergliedert: „Allgemeines“, „Handel in Wertpapieren, Devisen und Sorten“, „Verwahrungsgeschäft“, „Einzugs- und Diskontgeschäft. Wechsel- und Scheckverkehr“[17]. Diese Einteilung ist bis heute erhalten geblieben[18].

Nach Auflösung der Wirtschaftsgruppen bei Kriegsende haben sich die privaten Banken in der Rechtsform eingetragener Vereine in den

---

[11] Vgl. zu dieser Entwicklung *Haupt*, aaO. S. 11, 12.

[12] 1920, 1922, 1924, 1925 usw.; 1962 erschien die bisher letzte (16.) Ausgabe.

[13] Vgl. *Rademacher*, ZhF 7, 568; Nachschrift der *Schriftleitung des BA* zu einer Entscheidung des RG aus dem Jahre 1928 in BA 28, 204; *Haupt*, AGB, S. 12.

[14] § 5 der 1. Verordnung zur Durchführung des Gesetzes zur Vorbereitung des organischen Aufbaus der deutschen Wirtschaft vom 27. November 1934 — RGBl I, S. 1194.

[15] Vgl. die Veröffentlichung der AGB im Reichsanzeiger Nr. 262 vom 7. November 1942.

[16] Vgl. BFB 1936 S. 11, 25, 30.

[17] Vgl. BFB 1939 S. 4—43, Muster 1.

[18] Vgl. BFB 1962 S. 7—49, Muster 1.

einzelnen Bundesländern zu Verbänden zusammengeschlossen. Diese wiederum sind Mitglieder einer Spitzenorganisation, des „Bundesverband(es) des privaten Bankgewerbes (E. V.)". Mit Unterstützung des Bundesverbandes erscheint das „Bankgeschäftliche Formularbuch" weiterhin. Das in ihm enthaltene AGB-Muster wird heute von allen privaten Banken ohne jede Änderung verwendet[19]. Es ist seit 1955 unverändert geblieben. Die Sparkassen und die Girozentralen haben ihm ihre AGB weitgehend angeglichen[20].

---

[19] Dies läßt der Bearbeiter des Formularbuchs, *Dr. Wilhelm Schütz*, — bewußt — außer acht, wenn er betont, das Buch enthalte nur „Ratschläge" und die Muster seien dem „Einzelfall anzupassen" (BFB 1962 S. VIII unter 1). Was für das AGB-Muster gilt, trifft auch für zahlreiche andere Musterformulare aus dem BFB zu.

[20] Vgl. *AGB Sparkassen* S. 5 bis 26.

Erster Abschnitt

Die Einbeziehung der AGB in das Rechtsverhältnis zwischen Bank und Kunden

A. Einleitung und Überblick

Zu den Grundlagen des Rechts der AGB gehören die Fragen und ihre Lösungen, die den Geltungsgrund der AGB betreffen. Wie für alle Kreise, die mit AGB arbeiten, ist es auch für die Banken und ihre Kunden von entscheidender Bedeutung, zu wissen, ob und wie zwischen ihnen die von den Banken aufgestellten AGB Wirksamkeit erlangen. Die Erörterung der Entwicklung auf diesem Gebiet im Rahmen dieser Arbeit rechtfertigt sich aus der Erwägung, daß die das Kontokorrentverhältnis betreffenden Klauseln der AGB, der überragenden Bedeutung des Kontokorrentverhältnisses im bankgeschäftlichen Verkehr entsprechend[21], lange Zeit das Kernstück der Bankbedingungen waren[22] und auch heute noch einen wesentlichen, wenn auch verhältnismäßig kurz gefaßten Teil davon bilden. Darüber hinaus erleichtert die Kenntnis der Entwicklung bei der Gestaltung des Verfahrens zur Ingeltungsetzung der AGB wesentlich das Verständnis der Entwicklung der AGB überhaupt und damit auch derjenigen Bestimmungen, welche das Kontokorrentverhältnis betreffen.

Die Vorläufer der AGB, die Regulative, waren in den Kontogegenbüchern abgedruckt und enthielten den Hinweis, der Kunde erkenne mit der Annahme des Buches die Bedingungen des Regulativs als für sich verbindlich an[23]. Mit dem Aufkommen der AGB, deren Inhalt sich im Gegensatz zu dem der Regulative nicht mehr auf das Einlagegeschäft beschränkte, wurde es üblich, daß Bank und Kunde untereinander AGB-Formulare austauschten, die jeweils von der anderen Partei

---

[21] Vgl. darüber unten 2. Abschnitt.

[22] Die AGB hießen sogar vielfach „Bedingungen für laufende Rechnungen" (Direktion der Diskontogesellschaft 1900, *Buff*, Kontokorrentgeschäft, S. 110; Berliner Handelsgesellschaft 1901, *Friedberg*, Formelbuch, S. 164, und 1904, *Buff*, aaO. S. 118) oder „Kontokorrentbedingungen" (vgl. *Neustätter*, Kontokorrentbedingungen der Banken).

[23] Vgl. das bei *Koch*, AGB, S. 246, abgedruckte Regulativ.

unterzeichnet waren[24]. Bald begnügte man sich mit der Aushändigung eines Formulars an den Kunden und seiner Erklärung auf dem Formular[25] oder auf einem besonderen Blatt, er habe von den AGB Kenntnis genommen; vielfach hatte der Kunde daneben nicht nur die Kenntnisnahme, sondern auch die Anerkennung der AGB durch seine Unterschrift zu bestätigen. Etwa ab 1930 gab er nur noch ein Empfangsbekenntnis ab. Von 1942 bis Kriegsende wurden dann — wegen der Papierknappheit und nicht aus rechtlichen Gründen![26] — keine Formulare mehr an Kunden ausgehändigt; die Geschäftsbedingungen wurden im Reichsanzeiger bekanntgemacht und in den Geschäftsräumen ausgehängt.

Nach 1945 haben sich die Gebräuche unterschiedlich entwickelt. Die meisten Banken verzichten auch weiterhin auf die Aushändigung eines Formulars an jeden Kunden. Der Kunde erhält nur auf besonderen Wunsch ein Exemplar. Die AGB werden nur noch in den Geschäftsräumen zur Einsicht ausgelegt. Zusätzlich wird in den verschiedensten anläßlich der Geschäftsverbindung benutzten Formularen, die der Kunde unterzeichnet, der Hinweis abgedruckt, daß für den Geschäftsverkehr mit der Bank deren AGB gelten sollen oder daß der Kunde die AGB als für sich verbindlich anerkenne[27]. Nur wenige Banken händigen auch heute wieder jedem Kunden zu Beginn der Geschäftsverbindung ein AGB-Formular aus[28].

B. Die Entwicklung im einzelnen

1. Einleitung

In Rechtsprechung und Lehre war man sich seit jeher einig, daß es zur Anwendung von AGB auf ein bestimmtes Rechtsverhältnis einer darauf gerichteten Vereinbarung zwischen den Beteiligten bedarf, durch welche die Bedingungen Teil des Inhalts des Rechtsverhältnisses werden. Unstreitig war auch, daß diese Vereinbarung Vertragscharakter trägt. Nur in einem Punkt gingen die Ansichten auseinander: Ob über

---

[24] Gelegentlich, aber praktisch nicht ins Gewicht fallend, kam es auch vor, daß beide Teile *ein* Formular unterzeichneten — vgl. *Rademacher*, ZhF 7, 568 (570).

[25] Vgl. *Regelsberger*, BA 5, S. 169.

[26] Vgl. unten 1. Abschnitt, B 3. S. 27, 28.

[27] Vgl. BFB 1959, S. 68, 69, Muster 7, 8, 9; BFB 1962, S. 74 bis 77, Muster 11 bis 14.

[28] Vgl. *Schütz*, BFB 1952, S. 5 Anm. 1 a; BFB 1955, S. 5 Anm. 1 a; BFB 1959, S. 6 Anm. 1 a; siehe auch die Musterformulare Nr. 10 in BFB 1959, S. 70 und Nr. 15 in BFB 1962, S. 78 mit Anm. 1.

die Geltung der AGB ein selbständiger Vertrag („Geschäftsbedingungsvertrag") geschlossen wird oder ob die Vereinbarung als unselbständiger Teil anderer konkreter Rechtsgeschäfte zu gelten hat[29].

Allerdings hatte das RG seit 1941 in mehreren Entscheidungen erklärt, daß die Bezugnahme auf umfangreiche AGB kaum noch eine echte vertragliche Vereinbarung all jener den Vertragsinhalt bildenden Regelungen darstelle, sondern viel eher eine Unterwerfung unter eine fertig bereitliegende Vertragsordnung bedeute[30]. Verschiedene Instanzgerichte folgten dem RG[31]. Bald wurde sogar — auch vom BGH — von einer fertig bereitliegenden „Rechtsordnung" gesprochen[32].

Diese Entwicklung führte dazu, daß im Schrifttum teilweise die Ansicht vertreten wurde, AGB erlangten als Rechtsnormen ohne weiteres Geltung, ohne daß es einer besonderen Einbeziehung in das Rechtsverhältnis im Wege der Vereinbarung bedürfe[33]. Der BGH rückte von dieser Auffassung aber bald deutlich ab. Er betonte, daß es stets einer (vertraglichen) Unterwerfung unter die bereitliegende Rechtsordnung bedürfe[34]. Dem ist die neuere Lehre überwiegend gefolgt[35]. Damit kann heute davon ausgegangen werden, daß bestimmte größere AGB, etwa Allgemeine Versicherungsbedingungen[36], die Allgemeinen Deutschen Spediteurbedingungen, aber auch die AGB der Banken, Rechtsnormen sind, die ebenso wie der normative Teil der Tarifverträge an die Stelle der dispositiven gesetzlichen Bestimmungen treten, falls sie — auf welchem Weg auch immer — zwischen den Beteiligten — hier zwischen Bank und Kunden — für ihr Verhältnis zueinander Geltung erlangen.

2. Die Zeit bis 1942

Je nach den — unterschiedlichen — Anforderungen, die von der Lehre, insbesondere aber von der Rechtsprechung, im Laufe der Jahr-

[29] RG JW 1899, 154, (155); RGZ 13, 68 (77); RGZ 58, 151 (155); RGBA 9, 157; RG BA 11, 11 (12); RGZ 84, 1 (4—7); *Schriftleitung des BA* in BA 4, 157, RG BA 32, 501; BGH WM 1960, 1391 (1392); *von Brunn*, Vertragsbedingungen, S. 77, 78.

[30] DR 1941, 1210 (1212); DR 1942, 753.

[31] Vgl. KG MDR 1950, 286 (287); LG Düsseldorf BB 1951, 822.

[32] BGHZ 1, 83; BGH NJW 1953, 541; vgl. auch OGHBrZ NJW 1949, 905.

[33] *Herschel*, DR 1942, 753; *Bernhardt*, DR 1942, 1171; *Hamann*, MDR 1949, 209 (210).

[34] BGHZ 3, 200 (203); BGH NJW 1953, 541.

[35] Vgl. *Fikentscher*, BB 1961, 297 (298); *Enneccerus-Nipperdey*, BGB A. T. § 163 VI 1 S. 693, mit weiteren Nachweisen; *Pikart*, WM 1957, 1238 (1239); vgl. die Zusammenstellung der ähnlichen und der abweichenden Ansichten bei *Philipowski*, Geschäftsverbindung, S. 48.

[36] Vgl. dazu neuestens BGH NJW 1965, 1137.

zehnte an den Abschluß der Vereinbarung über die Geltung der AGB und an den Nachweis darüber gestellt wurden, richtete sich das von den Banken angewandte Verfahren, das die Vereinbarung und ihren Nachweis sicherstellen sollte.

Zunächst wurde lange Zeit hindurch eine ausdrückliche Einzelabsprache mit jedem Kunden für nötig erachtet. Um deren Zustandekommen sicherzustellen, vor allem aber, um erforderlichenfalls leicht den Nachweis darüber führen zu können[37], bevorzugten die Banken für sie die Schriftform: Entweder wurden jeweils von der anderen Partei unterzeichnete AGB-Formulare ausgetauscht oder der Kunde erhielt ein Formular und erklärte schriftlich die Kenntnisnahme von den AGB und ihre Anerkennung oder bestätigte nur den Empfang des Formulars.

Hieraus ergab sich unter mehreren Gesichtspunkten die Gefahr, daß die über die Vereinbarung aufgenommene(n) Urkunde(n) nach den Landesstempelgesetzen zu versteuern war(en). Die Banken suchten dem auf den verschiedensten, teils recht merkwürdigen Wegen zu entgehen. Es kamen vier steuerbare Tatbestände in Betracht[38]:

a) Abschluß eines Vertrages (Allgemeine Vertragssteuer; Vertragsstempel-Tarifstelle (TSt) 71 des Preußischen Stempelsteuergesetzes (PrStStG) vom 31. Juli 1895 (GS S. 413), seit 21./25. Oktober 1924 TSt 18 (GS S. 611, 620))
b) Sicherstellung von Rechten (Pfandstempel, TSt 59 [15])
c) Abtretung von Rechten (TSt 1 [1])
d) Erteilung einer Vollmacht (Vollmachtsstempel, TSt 73 [19])

a) Allgemeiner Vertragsstempel

Nach Tarifstelle 71 Nr. 2 waren Verträge über „vermögensrechtliche Gegenstände" mit 1,50 RM zu verstempeln, wenn keine andere Tarifstelle zur Anwendung kam. Die Stempelpflicht wurde durch die Errichtung einer Vertragsurkunde ausgelöst (§ 1 Abs. 1 PrStStG). Dabei mußte die in § 126 BGB vorgeschriebene Form gewahrt sein[39]. Dies war jedenfalls dann der Fall, wenn die Beteiligten jeweils ein für den anderen bestimmtes Exemplar unterzeichneten, wie es anfänglich häufig geschah (§ 126 Abs. 2 Satz 2 BGB)[40].

---

[37] Vgl. *Bernicken*, BA 25, 469 (471).

[38] Im folgenden wird nur das Preußische Stempelrecht erörtert; in den anderen deutschen Ländern galten jedoch ganz ähnliche Stempelsteuergesetze.

[39] *Heinitz*, StStG § 1 Anm. III 3.

[40] Vgl. auch *Heinitz*, StStG § 1 Anm. III 3 Buchstabe b: *Loeck-Eiffler*, StStG § 1 Anm. 7 c; RG JW 1907, 849; JW 1899, 154; RG BA 11, 11; siehe inbesondere *Bernicken*, BA 25, 469 (470).

Anders lagen die Dinge, als die Banken später dazu übergingen, dem Kunden ein oder mehrere Formulare mit oder ohne Anschreiben zu übermitteln und sich von ihm deren Empfang oder Anerkenntnis oder beides auf einem der Formulare oder auf einem besonderen Blatt bestätigen ließen[41]. Hier war die Schriftform des § 126 BGB nicht mehr gewahrt. Es wurde vielmehr ein sog. „Korrespondenzvertrag" geschlossen; die Einigung ergab sich aus einem Schriftwechsel. Der Vertragsstempel war daher nicht zu erheben (§ 1 Abs. 3 PrStStG)[42].

Kühne[43], Sauter[43] und Schütz[44] rieten den Banken, sie sollten sich zur Vermeidung des Vertragsstempels nur die Kenntnisnahme von den AGB, nicht auch ihr Einverständnis damit bestätigen lassen. Sie gingen dabei wohl von der recht formalen Erwägung aus, daß in der bloßen Empfangsbestätigung, anders als in dem ausdrücklichen Anerkenntnis, keine Annahme eines in der Übermittlung der AGB liegenden Angebots zum Abschluß eines Vertrages erblickt werden könne. Schon 1913 hatte das RG jedoch ausgesprochen[45], daß auch die bloße Bestätigung der Kenntnisnahme die Bedeutung einer Einverständnis- und Anerkenntniserklärung haben könne. Der Ratschlag war im übrigen hinsichtlich des Vertragsstempels ohnehin inhaltlos, weil über die Geltung der AGB etwa abgeschlossene Verträge als Korrespondenzverträge stempelfrei waren. Dies übersah Schütz 1922[46] wiederum, als er unter dem Eindruck der soeben erwähnten Entscheidung des RG aus dem Jahre 1913[47] vorschlug, die Banken sollten, „um das Entstehen einer mit dem Vertragsstempel zu versehenden Urkunde zu vermeiden", das Anschreiben, mit welchem sie dem Kunden die AGB übersandten, weder unterschreiben noch mit ihrer Firma unterstempeln[48]. Schütz wurde zu diesem Vor-

[41] Vgl. z. B. BFB 1912, S. 11, Formular 1 b; BFB 1920, S. 2, Formular 1 a und S. 11, Formular 1 b; BFB 1922, S. 2, Formular 1 a und S. 13, Formulare 1 b und 1 c; BFB 1924, S. 2, Formular 1 a und S. 15 Formulare 1 b und 1 c; Formularschreiben der Dresdner Bank, *Buff*, Kontokorrentgeschäft, S. 113, 117.

[42] Vgl. *Heinitz* StStG § 1 Anm. III 3 c: *Loeck-Eiffler*, StStG § 1 Anm. 9 a; RG Gruchot, 47, 1129; RG JW 1899, 154 (155); RG JW 1900, 452; RG BA 7, 107; RG BA 11, 11. Anders das RG in Holdheim 17 (1907), 286 (287) in einem Fall, in dem während des Bestehens einer Geschäftsverbindung eine Änderung der geltenden AGB durch ein entsprechendes schriftliches Angebot der Bank und dessen Annahme seitens des Kunden durch Unterzeichnung eines AGB-Formulars vereinbart worden war; obwohl die Einigung im Wege eines Briefwechsels zustande gekommen war, ging das RG auf § 1 Abs. 3 PrStStG überhaupt nicht ein.

[43] BFB 1912, S. 11.

[44] BFB 1920, S. 11 Anm. 1.

[45] RGZ 84, 1 (6, 7).

[46] Dies gilt auch für *Neustätter*, Kontokorrent-Bedingungen, S. 77, 79 und *Haupt*, AGB, S. 45.

[47] RGZ 84, 1 ff.

[48] BFB 1922, S. 13 Anm. 1 bis BFB 1939, S. 43 Anm. 2.

schlag durch § 1 Abs. 2 PrStStG bestimmt; danach waren nur solche Urkunden stempelpflichtig, die mit dem Namen oder der Firma des Ausstellers unterschrieben oder unterdruckt waren.

Da somit die Stempelpflicht schon aus formellen Gründen entfiel, brauchte nicht untersucht zu werden, ob die Vereinbarungen über die Einbeziehung der AGB inhaltlich überhaupt Verträge im Sinne des Stempelrechts waren.

Das Urkundensteuergesetz vom 5. Mai 1936 (UrkStG — RGBl. I S. 407), das die Landesstempelgesetze zum 1. Juli 1936 ersetzte (§ 51 Abs. 1 und 2 UrkStG), änderte an dieser Rechtslage nichts. Es ließ Korrespondenzverträge weiterhin steuerfrei (§ 8 Abs. 3 UrkStG). 1941 wurde die Urkundensteuer ganz abgeschafft (Verordnung über die Änderung von Steuergesetzen vom 20. August 1941 — RGBl. I S. 510).

b) *Sicherstellungsstempel*

Nach Tarifstelle 59 des PrStStG waren Beurkundungen über die Sicherstellung von Rechten je nach dem Wert des sichergestellten Rechts mit 0,50 bis 5,— RM zu versteuern.

Eine der wichtigsten Klauseln der AGB, die sich schon in den ältesten Formularen findet, betrifft die Sicherung der Forderungen der Bank gegen den Kunden[49]. Nach ihr sollten ursprünglich alle Wertpapiere und alle sonstigen Sachen des Kunden, die aus irgendeinem Anlaß in den Besitz der Bank gelangt waren, dieser als Pfand für alle bestehenden oder künftigen Forderungen dienen[50]. Die Klausel wurde im Laufe der Jahrzehnte immer mehr erweitert und unterwirft heute alle nur erdenklichen Gegenstände des Kunden, die in die Verfügungsgewalt der Bank gelangen, deren Pfandrecht[51].

Fraglich war, ob die Unterzeichnung eines AGB-Formulars durch den Kunden oder die schriftliche Erklärung seines Einverständnisses mit den AGB oder seine Empfangsbestätigung auf einem besonderen Blatt den Pfandstempel auslöste. Zunächst ist festzuhalten, daß für den Sicherstellungsstempel, im Gegensatz zu dem Vertragsstempel, nicht er-

---

[49] Berliner Handelsgesellschaft 1901, *Friedberg*, Formelbuch, S. 164; Direktion der Diskontogesellschaft 1900, *Buff*, Kontokorrentgeschäft, S. 110 (111); Dresdner Bank 1904, *Buff*, aaO. S. 113 (115) unter IX; Königliche Seehandlung 1905, *Keyßner*, ZHR 56, 496 (504) unter C a) 4; (508) unter C b) 9; (510) unter D 3); BFB 1912, S. 9 Nr. 12 — bis heute: BFB 1962, S. 23 bis 26 Nr. 19 Abs. 2.

[50] BFB 1912, S. 9 Nr. 12.

[51] Vgl. BFB 1962, S. 23 bis 26 Nr. 19 Abs. 2.

forderlich war, daß beide an dem Sicherungsgeschäft beteiligten Parteien die Vertragsurkunde(n) unterzeichneten. Es genügte vielmehr, daß der Kunde als Sicherungsgeber seine Erklärung schriftlich abgab[52]. Deshalb konnte hier auch die Befreiungsvorschrift des § 1 Abs. 3 PrStStG (Korrespondenzverträge) nicht zum Zuge kommen[53].

M. E. brauchte die Steuer trotzdem nicht entrichtet zu werden, weil aus der Erklärung des Kunden — sei es, daß sie in seiner Unterschrift unter ein AGB-Formular bestand sei es, daß er sein Einverständnis mit den AGB oder ihren Empfang auf einem besonderen Blatt bestätigte — nie zu ersehen war, ob tatsächlich bereits eine Sicherheitsbestellung gewollt war; nur nach dem Urkundeninhalt richtete sich aber die Steuerpflicht (§ 3 Abs. 1 PrStStG): Den oben näher beschriebenen Erklärungen des Kunden war weder zu entnehmen, daß die Bank Gegenstände des Kunden in ihrer Verfügungsmacht hatte oder jemals haben würde, noch daß der Kunde Schuldner der Bank war oder es jemals werden würde. Daraus erhellt zugleich, daß der Urkundeninhalt auch im Hinblick auf eine Sicherstellung künftiger Forderungen, die an sich möglich ist (§ 1204 Abs. 2 BGB), unergiebig war.

Das RG vertrat zunächst die gegenteilige Ansicht[54]: Die Tatsache der Beurkundung einer rechtsgeschäftlichen Erklärung bleibe auch dann bestehen, wenn die Sicherheitsbestellung zukünftige Forderungen oder künftig in den Besitz des Gläubigers gelangende Werte des Schuldners zum Gegenstande habe[55]. Bald besann sich das Gericht wieder auf die Maßgeblichkeit des Urkundeninhalts[56], ohne allerdings klar zum Ausdruck zu bringen, daß es auf Umstände außerhalb der Urkunde für die Stempelpflicht nicht ankommen konnte[57]. Erst 1932 stellte das Gericht[58] — allerdings für eine andere Tarifstelle — klar, daß ein aus der Urkunde nicht ersichtlicher Umstand für die Versteuerung nicht beachtet werden durfte. Es erklärte die Besteuerung des Annahmeschreibens eines Kunden mit dem Vollmachtsstempel (TSt 73 [19]) für unzulässig: Zwar enthielten die AGB eine Klausel, daß die Bank bei ihr im Depot ruhende Wechsel bei Verfall vorlegen und mangels Zahlung protestie-

[52] Vgl. *Bernicken,* BA 25, 469 (470); *Loeck-Eiffler,* StStG TSt 15 Anm. 3 b; *Heinitz,* StStG TSt 59, Anm. I 4.

[53] *Heinitz,* aaO. und § 1 Anm. III 1; RGZ 44, 228 (234).

[54] RG Ba 4 (1905), 158; RG JW 1907, 849; vgl. auch RG JW 1899, 154 (155); siehe auch *Bernicken,* BA 25, 469 (470).

[55] Ebenso noch, ohne die Frage überhaupt zu erörtern, RGZ 84, 1 ff. (1913); ähnlich wohl RG Holdheim 23, (1914), 140, 141, 151 — zitiert nach *Neustätter,* Kontokorrent-Bedingungen, S. 11.

[56] RGZ 105, 289 ff. (1922); BA 28, 53 (54).

[57] Ähnlich noch RG BA 30, 52 (53)

[58] RGZ 135, 91 (92).

ren lassen könne, doch sei weder daraus noch aus dem Schreiben des Kunden zu entnehmen, ob tatsächlich Wechsel im Depot ruhten; deshalb liege die Beurkundung einer Bevollmächtigung nicht vor[59]. In derselben Entscheidung bezeichnet es das Gericht als bedenklich, daß es früher[60] die nicht aus der Urkunde zu entnehmende Tatsache berücksichtigt hatte, ob der Kunde bei der Bank ein Depot hatte. Wenig später schloß sich der Reichsfinanzhof[61] auch für den Sicherstellungsstempel dieser Ansicht an: Für den Pfandstempel sei kein Raum, wenn aus den AGB bzw. aus dem Schreiben des Kunden nicht hervorgehe, daß eine sofortige Sicherheitsbestellung gewollt sei, und der Urkundeninhalt ebensowenig ergebe, daß der Bank gegen den Kontoinhaber Forderungen zustanden oder erwachsen würden[62].

Bis sich diese Erkenntnis durchgesetzt hatte, versuchten die Banken, die Entstehung des Pfandstempels ebenso wie — überflüssigerweise[63] — die des allgemeinen Vertragsstempels dadurch zu verhindern, daß sie sich vom Kunden nur eine Bestätigung über den Empfang der AGB geben ließen und auf eine ausdrückliche Anerkenntnis- oder Einverständniserklärung verzichteten[64]. Zunächst hatten sie jedoch damit keinen Erfolg. Das RG erklärte 1913[65] in einem Fall, in dem der Kunde zur Zeit der Bestätigung der Kenntnisnahme von den AGB bereits Konto und Depot bei der Bank hatte, die Aufforderung der Bank zur Erklärung über die Kenntnisnahme könne keinen anderen Zweck haben, als das Einverständnis des Kunden zu erzielen. Die Erklärung des Kunden stelle somit eine steuerpflichtige Sicherstellung dar. Daraufhin riet Schütz[66] den Banken, sicherheitshalber — um damit gleichzeitig jeden Zweifel an der Einbeziehung der AGB zu vermeiden — die ausdrückliche Anerkennung der AGB zu verlangen, da bei Beschränkung auf eine Erklärung über die Kenntnisnahme von den AGB bzw. über deren Empfang auch keine Stempelersparnis zu erreichen sei. Gleichzeitig wurde aber in einem neuen Musterprozeß versucht, das

---

[59] Auf dieser Linie lag auch bereits ein Urteil aus dem Jahre 1929 (RG JW 1930, 633), das ebenfalls den Vollmachtsstempel betraf. Das Gericht verneinte die Stempelpflicht, weil nichts dafür spreche, „daß mit der Anerkennung der Geschäftsbedingungen ein Rechtsgeschäft unmittelbar hätte vorgenommen werden sollen“.

[60] RGZ 84, 1 ff.

[61] BA 34, 112 ff.

[62] Zweifelnd noch 1941 *Eiffler*, UrkStG, § 1 Anm. 6 b.

[63] Vgl. oben 1. Abschnitt, B 2 a).

[64] Vgl. *Schütz*, BFB 1927, S. 24 Anm. 3; RGZ 84, 1 ff.; vgl. auch *Kühne-Sauter*, BFB 1912, S. 11.

[65] RGZ 84, 1 (6, 7).

[66] BFB 1927, S. 24 Anm. 3.

RG umzustimmen[67]. Dies gelang im wesentlichen schließlich 1928[68]. Die Banken gingen daraufhin wieder zur bloßen Empfangsbestätigung über[69].

c) *Abtretungsstempel*

TSt 2 Abs. 1 (TSt 1) PrStStG unterwarf Beurkundungen über die Abtretung von Rechten einem Stempel von 1/50 v. H. des Wertes der Gegenleistung oder des Geldbetrages oder Wertes des abgetretenen Rechts. Zur Entstehung der Steuerpflicht genügte die Beurkundung der Erklärung des Abtretenden[70].

Schon früh enthielten die AGB vieler Banken die Bestimmung, daß bei Indossierung nicht akzeptierter Wechsel an die Bank ohne besondere Erklärung zugleich auch die Forderung aus dem Grundgeschäft als an die Bank abgetreten gelten solle[71]. Die Anerkennung solcher AGB oder die Bestätigung von der Kenntnisnahme oder über ihren Empfang unterlag nicht dem Abtretungsstempel, weil es sich dabei noch nicht um eine Abtretung handelte. Diese sollte erst mit einer noch ungewissen in der Zukunft liegenden Girierung einer Tratte stattfinden. Demgemäß verlangten die Finanzbehörden insoweit auch keine Stempelsteuer[72]. Gelegentlich kamen jedoch Ausnahmen vor. So berichtete Schütz[73] 1922 von einem Fall, in dem ein preußischer Stempelprüfungsbeamter den Abtretungsstempel verlangt hatte. Angesichts der eindeutigen Rechtslage empfahl Schütz[73] den Banken, die Klausel unverändert beizubehalten. Wären solche Fälle häufiger vorgekommen, hätte Schütz

---

[67] vgl. Anm. 64 (*Schütz*).

[68] RG BA 28, 53 (54); zustimmend *Ohse*, JW 1929, 319. Das RG stellte fest, daß die reine Empfangsbestätigung anders als Vermerke wie „Gesehen" oder „Kenntnis genommen" den Sicherstellungsstempel nicht auslöse. Wenig später erklärte es in einer weiteren Entscheidung (JW 1930, 633), daß auch aus einem Vermerk über die Kenntnisnahme von den AGB ein rechtsgeschäftlicher Wille (zur Bevollmächtigung) nicht hervorgehe; deshalb werde kein (Vollmachts)Stempel fällig.

[69] BFB 1930, S. 29, Formular 3; BFB 1936, S. 34, Formular 4; BFB 1939, S. 43, Muster 2; vgl. auch *Schütz*, BFB 1930, S. 29 Anm. 1 und Anm. des *CV* zu RG BA 28, 53, ebenda, sowie *Ohse*, JW 1929, 319 (320); *Eiffler*, UrkStG, § 23 Anm. 4 b und c vertrat sogar 1941 noch die frühere Ansicht des RG — vgl. aber auch seine Anm. 6 b zu § 1.

[70] *Heinitz*, StStG, TSt 2 Anm. II 2 a; vgl. auch RG JW 1893, 279.

[71] Berliner Handelsgesellschaft 1904, *Buff*, Kontokorrentgeschäft, S. 121 Nr. 7; BFB 1912, S. 10 Nr. 14; BFB 1920, S. 8, Nr. 13, bis heute BFB 1962, S. 47 Nr. 44; vgl. auch AGB einer Großbank 1927, *Nußbaum*, Bank- und Börsenrecht, S. 80 Nr. 10.

[72] Vgl. *Neustätter*, Kontokorrent-Bedingungen, S. 76. Bis am 17. September 1912 eine RG-Entscheidung in diesem Sinne erging (BA 12, 96 [97]), hatten mehrere Steuerämter den Stempel erhoben — vgl. *Rademacher*, Zhf 7, 568 (569).

[73] BFB 1922, S. 9 Anm. 45.

seine Empfehlung im Laufe der Jahre gewiß geändert oder näher erläutert. Dies geschah jedoch nicht[74]. Auch das RG hat in dem einzigen Fall, in dem es, soweit ersichtlich, mit dieser Frage befaßt worden ist, das Vorliegen eines steuerbaren Tatbestandes verneint[75].

Selbst wenn, anders als im Regelfall[76], die Einbeziehung der AGB erst während des Bestehens der Geschäftsbeziehung und nicht schon vorher oder bei ihrer Eröffnung stattfand und der Kunde bereits nicht angenommene Wechsel an die Bank giriert hatte, wurde der Stempel schon deshalb nicht fällig, weil aus den Urkunden (AGB, Anerkenntnis-, Bestätigungs- oder Empfangsvermerk bzw. -schreiben) die Abtretung nicht hervorging[77].

d) *Vollmachtsstempel*

Nach TSt 73 (19 Abs. 1) war die Beurkundung von Vollmachten, Ermächtigungen und Aufträgen mit 0,50 bis 20,— RM zu verstempeln.

Die AGB der Banken enthielten mehrere Klauseln, für die in Verbindung mit der schriftlichen Erklärung des Kunden die Versteuerung nach dieser Tarifstelle in Frage kam:

aa) „Bei ihr ruhende Wechsel kann die Firma, ..., bei Verfall vorlegen und ... protestieren lassen, und zu diesem Zweck über auswärts zahlbare Wechsel rechtzeitig verfügen“[78].

bb) Etwa seit der Mitte der zwanziger Jahre ließen sich die meisten Banken in ihren AGB das Recht zur Vertretung der Kunden hinsichtlich der bei ihnen im Depot ruhenden Wertpapiere „in allen Generalversammlungen“ und zur Ausübung des Stimmrechts daraus einräumen[79].

cc) Noch zwei weitere Klauseln sind in diesem Zusammenhang zu erwähnen. Eine davon handelt ganz allgemein von der Verwaltung der bei der Bank ruhenden Wertpapiere. Die Musterformulare in den BFB sahen stets vor, daß die Bank für die „Einziehung bei ihr ruhender Zins- und Gewinnanteilscheine, sowie verloster oder gekündigter Wertpapiere, die Erneuerung abgelaufener Bogen und dergl.“ Sorge tragen

---

[74] Vgl. BFB 1924, S. 11 Anm. 52; BFB 1925, S. 12 Anm. 57; BFB 1927, S. 19 Anm. 63; BFB 1928, S. 21 Anm. 8; BFB 1930, S. 23 Anm. 90; BFB 1936, S. 33 Anm. 23.

[75] Vgl. Urteil vom 17. September 1912, zitiert bei *Neustätter*, Kontokorrent-Bedingungen, S. 58, Leitsatz abgedruckt bei *Rademacher*, ZhF 7 (1912/13), 568 (569); a. A. *Neustätter*, aaO. S. 59, 76, 79 und von *Tuhr*, BA 7, 277 (278, 279).

[76] Vgl. Anm. der *Schriftleitung des BA* in BA 7, 142.

[77] Vgl. oben 1. Abschnitt, B 2 b) S. 21.

[78] BFB 1912, S. 9 Nr. 10 Satz 2; ebenso BFB 1920, S. 6 Nr. 10 Abs. 3 Satz 2; bis heute — BFB 1962, S. 45 Nr. 40 Abs. 4.

[79] Vgl. BFB 1924, S. 7 Nr. 8 Abs. 2 bis BFB 1936, S. 28/29 Nr. 5.

werde[80]. Ähnliche Klauseln fanden sich auch schon vor 1912 in verschiedenen Bankbedingungen[81].

dd) Hiermit in engem Zusammenhang steht eine andere Bestimmung. Sie geht dahin, daß die Bank befugt sei, die Coupons der bei ihr ruhenden ausländischen Wertpapiere, welche einer Kursberechnung unterliegen, bestens zu verwerten[82].

Nach richtiger Ansicht konnten alle vier Klauseln [aa) bis dd)] schon aus formalen Gründen keine Stempelpflicht auslösen: Aus den in Frage kommenden Urkunden ging nie hervor, ob der Kunde ein Depot bei der Bank hatte oder jemals haben würde[83]. Dies wurde vom Reichsgericht jedoch erst 1932 klargestellt[84].

Vorher forderten die Stempelbehörden die Steuer ein, jedoch — soweit feststellbar — eigenartigerweise nur wegen der unter aa) und bb) genannten Klauseln (Recht zur Vorlegung von bei der Bank ruhenden Wechseln, Vollmacht zur Stimmrechtsausübung). Hinsichtlich der Stimmrechtsvollmacht hatten sie dabei anfangs das RG auf ihrer Seite[85]. Dies änderte sich erst 1922. In diesem Jahre stellte das Gericht[86] fest, daß die Bevollmächtigung zur Ausübung des Stimmrechts in Hauptversammlungen durch ein Schreiben des Kunden, das auf die AGB Bezug nimmt, nicht der von § 252 Abs. 2 Satz 2 HGB[87] vorgeschriebenen Schriftform entspreche. Die Urkunde müsse, um dieser Form zu genügen, mindestens im wesentlichen den rechtlichen Inhalt der abgegebenen Erklärung enthalten. Dies sei bei Verweisung auf andere Schriftstücke, aus denen die Bevollmächtigung sich erst ergebe, nicht der Fall. Als Vollmacht sei die Erklärung des Kunden daher gemäß § 125 Abs. 1 BGB nichtig und deshalb auch nicht stempelpflichtig. Nach dieser Rechtsprechung konnte eine Verstempelung unter der hier behandelten Tarifstelle nur in Frage kommen, wenn der Kunde seine Erklärung auf das AGB-Formular selbst setzte. Möglicherweise

---

[80] BFB 1912, S. 9 Nr. 9 Abs. 1 Satz 3; bis heute BFB 1962, S. 41/42 Nr. 37 Abs. 1, 2, 4 und Nr. 38.

[81] Vgl. Königliche Seehandlung 1905, *Keyßner*, ZHR 56, 496 (503) unter C a) 1 b), c) und unter C a) 2 für normale Depots; für Mündeldepots übernahm die Seehandlung Verwaltungshandlungen nur auf besonderen Antrag — S. 512 unter F b) 2, 3. Direktion der Diskontogesellschaft 1900, *Buff*, Kontokorrentgeschäft, S. 110; Berliner Handelsgesellschaft 1901, *Friedberg*, Formelbuch, S. 164; dto. 1904, *Buff*, aaO. S. 119 Nr. 4 Abs. 2; Dresdner Bank 1904, *Buff*, aaO. S. 115 unter VIII Abs. 2.

[82] Berliner Handelsgesellschaft, 1901, *Friedberg*, Formelbuch, S. 165; dto. 1904, *Buff*, aaO. S. 122 Nr. 8 Satz 1; BFB 1912, S. 9 Nr. 9 Abs. 2 Satz 1 bis BFB 1962, S. 42 Nr. 37 Abs. 3.

[83] Vgl. oben 1. Abschnitt, B 2 b) S. 21.

[84] RGZ 135, 91 (92).

[85] BA 4, 158; JW 1907, 849 (850).

[86] RGZ 105, 289 (292).

[87] Später ersetzt durch § 114 Abs. 3 AktG.

hat dies mit dazu beigetragen, daß die Banken immer seltener die AGB von den Kunden unterzeichnen ließen und statt dessen Erklärungen auf besonderen Blättern verlangten.

Was das Recht zur Vorlegung im Depot ruhender Wechsel angeht, so begegneten die Banken dem dafür von verschiedenen Finanzämtern geforderten Vollmachtsstempel dadurch, daß sie der Klausel den Zusatz beifügten, sie solle nur für auf die Bank girierte Stücke gelten[88]. Entsprechend der bankgeschäftlichen Praxis, in der fast nur Vollindossamente und nur selten Vollmachtsindossamente vorkommen, waren mit diesem Zusatz nur voll indossierte Wechsel gemeint. Der Vollmachtsstempel konnte für die so abgeänderten AGB bzw. die zugehörige Erklärung des Kunden nicht erhoben werden, weil die Banken die Rechte aus jenen Wechseln im eigenen Namen aus eigenem Recht und nicht in Vollmacht des Kunden geltend machen konnten und wollten. Im übrigen war die Klausel durch den Zusatz rechtlich bedeutungslos geworden: Die Rechte aus den auf sie indossierten Wechseln konnte die Bank kraft des Indossaments ohnehin ausüben; einer besonderen Bestimmung in den AGB bedurfte es daher insoweit nicht. Ihren alten Inhalt gewann die Klausel erst zurück, als nach Wegfall der Urkundensteuer der einschränkende Zusatz wieder gestrichen wurde[89].

3. Die Zeit nach 1942

Ab 1942 händigten die Banken nicht mehr, wie bis dahin, bei Aufnahme der Geschäftsverbindung ein Exemplar der AGB an den Kunden aus, sondern beschränkten sich auf die Bekanntmachung der Bedingungen im Deutschen Reichsanzeiger[90]; außerdem legten oder hängten sie die AGB in ihren Schalterräumen zur Einsichtnahme aus[91]. Auch bei diesem Verfahren konnten sie sicher sein, sich im Streitfalle auf ihre AGB berufen zu können:

Die Rechtsprechung hatte im Laufe der Jahrzehnte ihre Anforderungen an die Einbeziehungsvereinbarung und deren Nachweis immer

---

[88] Vgl. BFB 1925, S. 9 Nr. 11 Abs. 1 Satz 2 und dazu *Schütz* in Anm. 38 bis BFB 1939, S. 39 Nr. 41 Abs. 3; vgl. auch *Schütz*, BFB 1943, S. 44 Anm. 9; vgl. auch AGB einer Großbank 1927, *Nußbaum*, Bank- und Börsenrecht, S. 68 Nr. 10 Abs. 6.

[89] Vgl. BFB 1943, S. 44 Nr. 41 Abs. 3 und dazu *Schütz* in Anm. 9. Die Streichung hätte bereits 1932 stattfinden können, nachdem das RG die Maßgeblichkeit des Urkundeninhalts endgültig klargestellt hatte und alle nicht aus der Urkunde ersichtlichen Umstände (z. B. Bestehen eines Depots) für unbeachtlich hinsichtlich der Versteuerung bezeichnet hatte (RGZ 135, 91 (92). Obwohl dies auch den Banken nicht verborgen geblieben war, (vgl. *Schütz*, BFB 1936, S. 31 Anm. 8), behielten sie den Zusatz bis zum Wegfall der Urkundensteuer bei.

[90] Vgl. RAnz Nr. 262 aus 1942 vom 7. November 1942.

[91] Vgl. BFB 1943, S. 4, Vorbemerkung.

mehr herabgesetzt. Bereits 1909 hatte das RG entschieden[92], daß ein Bankkunde, der auf ein Schreiben der Bank, dem die AGB anliegen und in dem er zur Bestätigung des Empfangs aufgefordert wird, sich stillschweigend mit den Bedingungen einverstanden erklärt, wenn er sich daraufhin nicht äußert. Als entscheidend für diese Auslegung erachtete das Gericht dabei den Umstand, daß der Kunde damit habe rechnen müssen, daß die Bank, „wie alle Bankhäuser, ihre Geschäftsbedingungen habe".

1910 erklärte das OLG Hamburg[93], es sei in dem von ihm entschiedenen Fall bedeutungslos, ob der Kunde die AGB erhalten habe oder nicht. Als erfahrenem Geschäftsmann sei ihm bekannt gewesen, daß jede Bank ihre Geschäftsbedingungen aufstelle. Er habe sich daher, zumal in dem von ihm unterzeichneten Kontoeröffnungsantrag auf die AGB hingewiesen gewesen sei, den Bedingungen unterworfen[94].

1921 ging das RG[95] einen Schritt weiter. Es hielt nicht nur die Aushändigung eines Exemplars der AGB nicht mehr für erforderlich, sondern verzichtete sogar auf jede Bezugnahme auf die Geschäftsbedingungen. Es führte aus: Es sei allgemein bekannt, daß Eisenbahnen und ähnliche große Verkehrsanstalten ebenso wie Banken Bedingungen aufzustellen pflegten. Diese Bedingungen könnten daher bei den einzelnen Abschlüssen auch dann maßgebend werden, wenn sie dem Kunden nicht bekannt gewesen seien. Voraussetzung sei allerdings, daß die Bedingungen der Öffentlichkeit in geeigneter Weise — etwa durch Veröffentlichung in den Zeitungen — bekannt gegeben worden seien und daß das Publikum nach Art und Umfang des Betriebes mit dem Bestehen solcher Bedingungen zu rechnen habe; dies sei bei *größeren* Banken der Fall. 1926 ließ das Gericht dann die Beschränkung auf größere Banken fallen[96].

Den Schlußpunkt dieser Entwicklung stellt die bekannte Entscheidung vom 31. Januar 1941 dar[97], in der das RG die AGB in die Nähe des Gesetzesrechts rückte[98].

Die Banken verzichteten nun ab 1942 nicht etwa deshalb auf die Aushändigung der Formulare, weil sie sich das Ergebnis dieser Rechtsprechung zunutze machen und ihren Geschäftsbetrieb vereinfachen

---

92 BA 9, 141 (142).

93 BA 9, 203.

94 Ähnlich RG BA 15, 376; OLG Hamburg BA 19, 103 (104).

95 RGZ 103, 84 (85).

96 RGZ 112, 253 (257, 258); siehe auch RG JW 1936, 2093; vgl. aber auch RG BA 28, 203 (204).

97 RG DR 1941, 1210 (1212).

98 Vgl. darüber oben 1. Abschnitt, E 1.

wollten. Das bis dahin übliche Verfahren konnten sie einfach nicht länger aufrecht erhalten, weil sie wegen der Papierknappheit im Kriege keine Druckgenehmigungen für die AGB erhielten[99].

Nach 1945 gingen einige Banken wieder dazu über, Formulare an ihre Kunden zu verteilen. Die meisten ließen es beim Aushang bewenden[100]. Auch bei diesem Verfahren ist die Geltung der AGB in der Praxis nach wie vor gesichert: Die Rechtsprechung, auf die es hier entscheidend ankommt, folgte zunächst dem Urteil des RG aus dem Jahre 1941[101]. Zwar rückte der BGH bald von ihm ab[102], jedoch nur insofern, als er verlangte, daß trotz der Rechtsnormqualität bestimmter, in ihrem Bestehen allgemein bekannter AGB, eine vertragliche Unterwerfung des Kunden unter sie erforderlich sei; dabei stellte er an die diesbezügliche Erklärung des Kunden aber denkbar geringe Anforderungen. Es kann heute davon ausgegangen werden, daß das Publikum bei den Banken mit dem Bestehen der AGB rechnen muß und daß der Kunde sich mit den AGB einverstanden erklärt, wenn er ohne ausdrückliche gegenteilige Erklärung Geschäftsbeziehungen mit der Bank aufnimmt[103].

4. Ergebnis

Die Untersuchungen haben gezeigt, daß die Banken stets mit Erfolg bemüht waren, jeden Zweifel über die Geltung ihrer AGB im Verhältnis zu ihren Kunden auszuschließen. Die Merkwürdigkeiten, die ihr Verhalten dabei aufweist, sind im wesentlichen auf das Stempelsteuerrecht und auf die lange Zeit recht unglückliche Rechtsprechung dazu zurückzuführen[104]. Die Gleichmäßigkeit, mit der die Banken in jeder Beziehung vorgegangen sind, hat zur Folge, daß ihre AGB auch dann gelten, wenn sie dem Kunden nicht bekannt sind.

---

[99] Vgl. *Rundschreiben der WGr* in BA 42, 462.

[100] Vgl. oben 1. Abschnitt, A S. 16 und Anm. 28.

[101] RG DR 1941, 1210 ff.: OGH BrZ NJW 1949, 905: KG MDR 1950, 286; LG Düsseldorf BB 1951, 822; vgl. auch BGHZ 1, 83 (86).

[102] BGH NJW 1953, 541.

[103] Vgl. *Philipowski*, Geschäftsverbindung, S. 49; *Fikentscher*, BB 1961, 297 (299); *Enneccerus-Nipperdey*, BGB A. T., § 163 VI 3 c) S. 695.

[104] Vgl. *von Brunn*, Vertragsbedingungen, S. 20, 78.

Zweiter Abschnitt

Das Kontokorrentverhältnis

A. Einleitung

Eine der wichtigsten Einrichtungen im Geschäftsverkehr zwischen Banken und Kunden ist das Kontokorrent[105], die „laufende Rechnung" (ital. conto corrente). Beim Kontokorrent handelt es sich um eine im Wege der Verrechnung erfolgende besondere Art der Tilgung von Geldschulden, die einen wesentlichen Baustein für die meisten Geschäftsverbindungen zwischen Banken und ihren Kunden bildet. Damit ist bereits angedeutet, daß das Kontokorrent im bankgeschäftlichen Verkehr kein selbständiges Dasein führt. Der Kontokorrentvertrag (Kontokorrentabrede), durch den es in die Geschäftsverbindung eingeführt wird, ist lediglich ein „Hilfsvertrag zu dem Bankvertrag"[106].

Durch Abschluß des Bank- oder Bankiervertrages[107] einigen sich Bank und Kunde darüber, zueinander nicht nur ganz vorübergehende Geschäftsbeziehungen aufzunehmen. Die Banken selbst beschreiben das durch den Bankvertrag begründete Verhältnis seit 1937 in einer Einleitung zu ihren AGB folgendermaßen[108]:

„Das Geschäftsverhältnis zwischen Kunden und Bank ist ein Vertrauensverhältnis. Die Bank stellt ihrem Kunden ihre Geschäftseinrichtungen zur Erledigung verschiedenartigster Aufträge zur Verfügung. Der Kunde darf sich darauf verlassen, daß die Bank seine Aufträge mit der Sorgfalt eines ordentlichen Kaufmanns erledigt und dabei das Interesse des Kunden wahrt, soweit sie dazu im Einzelfall imstande ist. Die Mannigfaltigkeit der Geschäftsvorfälle, ihre große Zahl und die Schnelligkeit, mit der sie zumeist erledigt werden müssen, machen die Aufstellung bestimmter allgemeiner

---

[105] *Herold*, Kreditgeschäft, S. 112, spricht vom Kontokorrentgeschäft als dem Lebensnerv des ganzen Bankgeschäfts.

[106] *RGRK-Godin*, HGB, Einl. zu § 355 Anm. 1.

[107] *RGRK-Godin*, HGB, § 365 Anh. I Anm. 1 Z. 1: *Schlegelberger-Hefermehl*, HGB, § 355 Rdn. 9 — „Rahmenvertrag" —; die Bezeichnung geht auf einen Vorschlag *Neustätters*, Kontokorrent-Bedingungen, S. 65 ff., insbes. S. 71, zurück, der von „Bankiervertrag" spricht; vgl. auch *Raiser*, AGB, S. 137, — „Geschäftsverbindungsvertrag" — und S. 145 — „Bankvertrag".

[108] Vgl. BFB 1939, S. 4; die Einleitung ist bis heute unverändert geblieben (vgl. BFB 1962, S. 7).

Regeln erforderlich, an die sich beide Teile zu halten haben. Nur so können Kunde und Bank wissen, was unter ihnen rechtens ist. Nur so können sie die beiderseitigen Belange und Risiken sowie die Entgelte des Kunden und die Leistungen der Bank in angemessener Weise gegeneinander abwägen."

„Bankvertrag" ist somit eine Sammelbezeichnung, die — entsprechend der Mannigfaltigkeit der Bankgeschäfte (Giroverkehr, Kreditgeschäft, Depositengeschäft, Effektengeschäft usw.) — die verschiedensten Arten von Geschäften umfassen kann, die einzeln oder nebeneinander zwischen Bank und Kunden getätigt werden.

In der Literatur wird die Ansicht vertreten, der Bankvertrag binde die Bank schon in einem solchen Maße, daß die einzelnen „Aufträge" des Kunden nur noch unselbständige Anweisungen (§ 665 BGB) innerhalb eines Dienstvertrages zur Geschäftsbesorgung (§§ 675, 611 BGB) seien[109]. Raiser[110] meint dagegen, durch den Bankvertrag verpflichte sich die Bank lediglich, Vertragsangebote des Kunden zum Abschluß von Verträgen über einzelne Geschäfte — etwa Einziehungen von Schecks oder Wechseln, Börsengeschäfte usw. — anzunehmen. Die Bank schulde aus dem Bankvertrag die „Bereitschaft zum Abschluß von Einzelverträgen"; dies gelte jedoch nicht für Aktiv-(Kredit-)Geschäfte.

Richtig dürfte im allgemeinen folgendes sein: Soweit der Bankvertrag den Zahlungsverkehr im weitesten Sinne[111] betrifft, ist er Dienstvertrag zur Geschäftsbesorgung, innerhalb dessen die „Aufträge" des Kunden nur unselbständige Weisungen darstellen[112]. Das Girokonto, das

---

[109] Vgl. *Koch*, AGB, S. 11, 12, 16, für die von ihm sog. „neutralen" Geschäfte, d. h. diejenigen, die keine Kreditgewährung durch die Bank zum Gegenstand haben. Ebenso für die meisten Bankgeschäfte auch *RGRK-Godin*, HGB, § 365 Anh. I Anm. 1 Z. 1 — vgl. aber auch Anm. 4 a). Unklar *Staudinger-Nipperdey*, BGB, § 675 Rdn. 27; unter Berücksichtigung ihrer Ausführungen zum Giroverkehr kann angenommen werden, daß sie nur für diesen entsprechende rechtliche Beziehungen für gegeben halten, im übrigen aber der Ansicht sind, die „Aufträge" des Kunden stellten neue Vertragsangebote dar, die die Bank auf Grund des Bankvertrages anzunehmen verpflichtet sei.

[110] AGB, S. 145 mit Anm. 4.

[111] „Giroverkehr" (Girovertrag) wäre zu eng, weil dazu nur bare Ein- und Auszahlungen, Einlösung von Wechseln und Schecks, Ausführung und Entgegennahme von Überweisungen, nicht aber z. B. Inkassogeschäfte gehören.

[112] So für den Giroverkehr: *Düringer-Hachenburg-Breit*, HGB, Anh. II zu §§ 363—365 Anm. 2, 3; *Staub-Koenige*, HGB, Anh. zu § 363 Anm. 2; *Schlegelberger-Hefermehl*, HGB, § 365 Anh. Rdn. 13; *Meyer-Cording*, Banküberweisung, S. 10; *Koch*, ZHR 105, 262; ders. BA 33, 165; *Sprengel*, MDR 1952, 8 (9); *Scherer*, NJW 1955, 1426; *Staudinger-Nipperdey*, BGB, § 675 Rdn. 27; BGH JR 1960, 258 (259); in NJW 1953, 1911 (1912) führt der BGH zwar unter Hinweis auf die Einleitung zu den AGB der Banken aus, die Bank sei durch den Girovertrag verpflichtet, dem Kunden ihre Geschäftseinrichtungen zur Ausführung „banküblicher Geschäfte, insbesondere zur Durchführung des bargeldlosen Verkehrs" zur Verfügung zu stellen, handelt aber im weiteren nur noch vom „Überweisungsauftrag".

sich der Kunde eröffnen läßt, soll nach seinem Willen und nach dem der Bank der Vereinfachung und Beschleunigung seines gesamten Zahlungsverkehrs dienen; die Bank erhält insoweit gewissermaßen die Funktion einer „Geldbörse“[113] des Kunden. Sie muß nicht nur Einzahlungen und Überweisungen für den Kunden entgegennehmen, Barauszahlungen leisten, Überweisungen zu Lasten seines Kontos ausführen[114] und Schecks und bei ihr zahlbar gestellte Wechsel einlösen[115] [116], sondern auch Inkassi von Schecks und Wechseln[117] durchführen. Alle Weisungen, die zu Belastungen des Kontos führen können, braucht die Bank jedoch nur dann zu befolgen, wenn ausreichende Deckung vorhanden ist[118] und Rechte der Bank — etwa ein Pfandrecht an dem Guthaben des Kunden — nicht beeinträchtigt werden.

Das andere Extrem — keinerlei Bindung der Bank auf Grund des Bankvertrages — bildet das Kreditgeschäft im weitesten Sinne[119] (z. B. Gewährung von Darlehen, Diskontierung von Wechseln, Übernahme von Bürgschaften usw.)[120].

Dazwischen liegt eine große Anzahl von Geschäften (z. B. Vermietung von Schrankfächern, Erteilung von Auskünften[121], Börsengeschäfte, Verwahrung von Wertpapieren, Stellung von Akkreditiven), bei denen die Rechtslage zweifelhaft ist. M. E. enthält die Einleitung zu den AGB, die den Inhalt des Bankvertrages umschreibt, nicht mehr als eine Einladung an den Kunden, der Bank Vertragsangebote für die Erledigung einzelner Geschäfte zu machen. Dies folgt aus der allgemeinen Fassung der Einleitung[122] und entspricht auch der Verkehrsauffassung.

---

[113] *Düringer-Hachenburg-Breit,* HGB, Anh. II zu §§ 363—365 Anm. 3 nennen die Bank „Kassenhalter“ des Kunden.

[114] Nur zur Vornahme der bis hier aufgezählten Geschäfte halten *Düringer-Hachenburg-Breit,* aaO., die Bank für verpflichtet.

[115] Vgl. BFB 1962, S. 49, AGB Nr. 47.

[116] Die Durchführung von Dauer(zahlungs)aufträgen haben die Banken durch Nr. 4 Abs. 4 AGB — vgl. BFB 1962, S. 12 — von einer besonderen darauf gerichteten Vereinbarung abhängig gemacht.

[117] Vgl. BFB 1962, S. 44, AGB Nr. 40 Abs. 3.

[118] *Düringer-Hachenburg-Breit,* aaO. Anm. 4.

[119] Vgl. *Koch,* AGB, S. 12; *RGRK-Godin,* HGB, § 365 Anh. I Anm. 1 Z. 2 a; *Raiser,* AGB, S. 145 Anm. 4; *Schoele,* Überweisung, S. 53.

[120] Vgl. § 19 Abs. 1 KWG 1961.

[121] Vgl. darüber AGB Sparkassen Nr. 7 Rdn. 109, S. 117.

[122] „... stellt ihrem Kunden ihre Geschäftseinrichtungen zur Erledigung verschiedenartigster Aufträge zur Verfügung. Der Kunde darf sich darauf verlassen, daß die Bank seine Aufträge mit der Sorgfalt eines ordentlichen Kaufmanns erledigt.“ (Vgl. BFB 1962, S. 7; der Ton liegt auf der Sorgfalt, nicht auf der Erledigung überhaupt).

Allerdings muß die Bank den angetragenen Einzelvertrag auf Grund des Bankvertrages abschließen[123], wenn sie sich überhaupt mit der betreffenden Geschäftsart befaßt. Sie kann sich nur weigern, wenn ihr der Abschluß aus besonderen Gründen nach Treu und Glauben und mit Rücksicht auf die Verkehrssitte (§ 242 BGB) nicht zuzumuten ist. Dies ist z. B. der Fall, wenn der Kunde ein Schrankfach mieten möchte, die Bank aber sämtliche Fächer bereits vermietet hat, oder wenn die erbetene Auskunft die eigenen Interessen der Bank oder die eines anderen Kunden beeinträchtigen würde.

Betreibt dagegen die Bank Geschäfte der angetragenen Art nicht, so muß sie das Angebot des Kunden zwar nicht annehmen, wohl aber hat sie es wegen des bestehenden Bankvertrages gemäß § 362 Abs. 1 HGB unverzüglich abzulehnen, wenn sie nicht abschließen möchte; schweigt sie, so kommt der Vertrag zustande[124], § 362 Abs. 1 Satz 1, 2. Halbsatz HGB.

Im Rahmen des geschilderten Bankvertrages wird ggf. auch die Kontokorrentabrede getroffen.

B. Die gesetzliche Regelung

Zwar ist das Kontokorrent kein spezifisches Institut des bankgeschäftlichen Verkehrs, doch ist das Bankenkontokorrent heute der Hauptfall des Kontokorrents[125]. Das Kontokorrent ist aus kaufmännischer Übung hervorgegangen und hat im Gesetz nur eine ganz magere Regelung erfahren (§§ 355—357 HGB). Der Vorläufer des HGB, das Allgemeine Deutsche Handelsgesetzbuch von 1869 (ADHGB) behandelte es nur in seinem Art. 291 und gestattete für den Fall, daß bei Kaufleuten, die untereinander in laufender Rechnung (Kontokorrent) ständen, derjenige, dem beim Rechnungsabschluß ein Überschuß gebühre, von diesem Zinsen verlangen könne, auch wenn darin bereits Zinsen enthalten seien[126]. Ferner sollte der Abschluß mangels abweichender Parteivereinbarung jährlich einmal stattfinden. Das Gesetz umschrieb den Begriff des Kontokorrents somit nicht, sondern setzte ihn als gegeben voraus; die einzige wirklich rechtliche Regelung bestand in der Aufhebung des Zinseszinsverbots.

Auch die das Kontokorrent betreffenden Vorschriften des HGB wurden aus der Überlegung heraus geschaffen, daß „die für das Konto-

---

[123] Vgl. *Raiser*, AGB, S. 145 mit Anm. 4; s. auch für einen besonderen Fall *Staub-Koenige*, HGB, § 362 Anm. 14.

[124] Vgl. *Düringer-Hachenburg-Breit*, HGB, § 362 Anm. 4.

[125] *Baumbach-Duden*, HGB, §§ 355—357 Anm. 1 A; *Schlegelberger-Hefermehl*, HGB, § 355 Rdn. 6; *Kühne*, Kontokorrentverhältnisse, S. 3.

[126] Ähnlich schon das Preußische ALR von 1794 in II, 8, 697.

korrentverhältnis maßgebenden Rechtssätze" sich „im Allgemeinen aus dessen Wesen und Zweck" ergäben[127]. Demgemäß sollten durch die neuen Vorschriften „nur" das „Wesen des Kontokorrentvertrages" festgelegt sowie einzelne der Fragen bezüglich seiner rechtlichen Wirkungen geregelt werden, bei deren Behandlung die Praxis zu Ergebnissen gelangt war, die mit den Verkehrsbedürfnissen nicht mehr im Einklang standen[128].

Nach § 355 Abs. 1 HGB liegt ein Kontokorrentverhältnis dann vor, wenn jemand mit einem Kaufmann derart in Geschäftsverbindung steht, daß die beiderseitigen Ansprüche und Leistungen nebst Zinsen in Rechnung gestellt und in regelmäßigen Zeitabschnitten durch Verrechnung und Feststellung eines Überschusses ausgeglichen werden. Ob damit die Bestimmung des „Wesens" des Kontokorrents gelungen ist, erscheint angesichts des Meinungsstreits, der dazu in Literatur und Rechtsprechung entbrannt und bis heute nicht beigelegt ist, sehr zweifelhaft:

Einigkeit herrscht über den Zweck des Kontokorrents. Er besteht in der Vereinfachung komplizierter sich aus dauerndem Geschäftsverkehr zwischen zwei Parteien ergebenden Beziehungen auf dem Gebiete des Zahlungs- und Abrechnungsverkehrs[129]. Es wäre umständlich, viele aus einer Geschäftsverbindung entstehende Geldansprüche durch entsprechend viele Erfüllungshandlungen zu befriedigen, zumal dann, wenn beide Parteien bald Gläubiger, bald Schuldner sind. Vielmehr ist es zweckmäßiger, die erbrachten Leistungen mit ihrem Geldwert lediglich zu verbuchen („in Rechnung" zu stellen) und dadurch die Geldansprüche auszuweisen, die dem Leistenden dafür zustehen; der Leistungsempfänger hat umgekehrt zu buchen[130]. Durch Verrechnung der Buchungsposten wird sodann der einer Partei zukommende Überschuß ermittelt.

---

[127] Vgl. *Denkschrift I*, S. 196/197; *Denkschrift II*, S. 212.

[128] *Denkschrift I*, S. 196, 197; *Denkschrift II*, S. 212.

[129] *Denkschrift I*, S. 197; *Denkschrift II*, aaO. Vgl. statt vieler: *Schlegelberger-Hefermehl*, HGB, § 355 Rdn. 2; *Baumbach-Duden*, §§ 355—357 Anm. 1 A; *Kühne*, Kontokorrentverhältnisse, S. 42 unter 4); *Graf*, Interessen, S. 31, 36, 37, 55; *Bierhoff*, Kontokorrentsaldo, S. 52.

[130] Vgl. *Kühne*, aaO., S. 29—43. *Kühne* weist unter Bezugnahme auf R. *Fischer* — in Ehrenbergs Handbuch des gesamten Handelsrechts Bd. II, S. 462 (481): Die kaufmännischen Bücher und Papiere; und: Die Bilanzwerte, was sie sind und was sie nicht sind, Teil 2 S. 144 — überzeugend nach, daß im kaufmännischen Verkehr nicht „Ansprüche und Leistungen" verbucht werden (§ 355 Abs. 1 HGB), sondern nur liquide Vermögensverschiebungen, eben Leistungen — vgl. auch *Graf*, aaO. S. 41; wie *Kühne*, aaO., mit Ausnahme für die Verbuchung von ausstehenden Zinsen durch den Gläubiger, auch *RGRK-Godin*, HGB, § 355 Anm. 4 und 15, sowie *Göppert*, ZHR 102, 161 (165, 166) und ZHR 103, 318 (322); a. A. z. B. *Schlegelberger-Hefermehl*, HGB, § 355 Rdn. 16. Im folgenden soll aber unter Außerachtlassung dieser buchungstechnischen Erkenntnis dem allgemeinen Sprachgebrauch folgend von ins Kontokorrent eingestellten Ansprüchen oder Forderungen die Rede sein.

C. Die Rechtstatsachen beim Girokonto und beim Kreditsonderkonto

Um bestimmen zu können, ob das „Bankenkontokorrent" den soeben aufgezeigten Anforderungen entspricht, sollen zunächst die tatsächlichen Vorgänge für zwei der wichtigsten Konten des bankgeschäftlichen Verkehrs kurz dargestellt werden.

Die Bank stellt dem Kunden ihre Dienste für die verschiedenartigsten Geschäfte zur Verfügung. Der Kunde seinerseits kann innerhalb seines Geschäftsbetriebes mit ganz unterschiedlichen Geschäftsvorfällen befaßt sein. Deshalb werden für *einen* Kunden zur Erleichterung der Übersicht über die wirtschaftlichen Vorgänge und aus anderen Gründen häufig mehrere Konten geführt, von denen an dieser Stelle nur die zwei genannten zunächst beschrieben seien, um zu zeigen, daß die Konten von den Beteiligten, je nach dem Zweck, für den sie eingerichtet sind, verschieden behandelt werden.

1. Girokonto

Das wichtigste und — abgesehen vom Depotkonto — am häufigsten vorkommende Konto dient dem allgemeinen Zahlungsverkehr des Kunden (Girokonto)[131]. Über sein Guthaben auf diesem Konto verfügt er durch Überweisungen an Dritte, durch Schecks oder Barabhebungen. Umgekehrt läßt er seine Schuldner Beträge auf das Konto überweisen, bar einzahlen, läßt von Dritten erhaltene Schecks oder Wechsel dort gutschreiben oder leistet selbst bare Einzahlungen. Die gleichen Geschäftsvorfälle sind auch dann möglich und werden über das Girokonto abgewickelt, wenn der Kunde dort im Debet steht. Dann bedarf es aber grundsätzlich einer zusätzlichen (Kredit)Vereinbarung dergestalt, daß die Bank dem Kunden gestattet, sein Konto bis zu einem bestimmten Betrage zu überziehen. Fehlt es hieran, so wird die Bank z. B. einen Überweisungsauftrag nicht — jedenfalls nicht den jedes Kunden — ausführen; dazu ist sie nach dem Bankvertrag auch nicht verpflichtet[132].

Für dieses Konto führt die Bank ein Kontoblatt, auf dem jeder Geschäftsvorfall nach Art und Betrag sofort verbucht und der augenblickliche Saldo ermittelt wird (Kontoführung in Staffelform). Der Kunde erhält nach jedem Tag, an dem Geschäftsvorfälle verbucht worden sind, einen Tagesauszug[133]. Solche Auszüge werden seit der Zeit nach dem ersten Weltkrieg, in größerem Umfang seit der Mitte der zwanziger Jahre mit dem Aufkommen von Buchungsmaschinen er-

---

[131] conto ordinario; vgl. *Meyer-Cording*, Banküberweisung, S. 9; oft werden für diesen einen Zweck auch mehrere Konten eingerichtet, dann etwa, wenn der Kunde seinen Zahlungsverkehr mit verschiedenen Geschäftspartnern auf getrennten Konten verbuchen lassen möchte.

[132] Vgl. oben 2. Abschnitt, A, S. 31.

[133] *Schlegelberger-Hefermehl*, HGB, § 355 Rdn. 30.

teilt[134]. Heute handelt es sich dabei durchweg um Durchschläge der Buchungen der Bank; ihre Herstellung verursacht also keine besonderen Kosten[135].

Von den so laufend ermittelten Salden werden auch die Zinsen berechnet, die dem Kunden oder der Bank zustehen, und zwar jeweils für die Anzahl der Tage, die der Saldo keine Veränderung erfahren hat[136]. Allerdings findet die Zinsberechnung nicht laufend statt, sondern in kürzeren oder längeren periodischen Abständen[137]. Daneben erhält der Kunde in regelmäßigen Abständen einen sogenannten Rechnungsabschluß[138]. Dieser besteht aus einer Aufstellung der seit dem letzten Rechnungsabschluß angefallenen Zinsen[139], Provisionen und Auslagen sowie der Mitteilung des unter Berücksichtigung dieser Posten ermittelten Saldos (Abschlußsaldo). Nach Nr. 14 Abs. 1 AGB werden die Rechnungsabschlüsse jetzt in der Regel halbjährlich zum 30. Juni und zum 31. Dezember erteilt[140]. Diese Regel ist aber vielfach durchbrochen. „Große Debitoren" werden vierteljährlich oder sogar monatlich abgeschlossen. Dadurch sichert sich die Bank einen erhöhten Gewinn aus Zinseszins. Nicht selten entspricht dieses Verfahren aber auch einem ausdrücklichen Wunsch des Kunden, der stets über seine Verpflichtungen auf dem laufenden sein möchte. Umgekehrt findet bei „großen Kreditoren" oft nur einmal jährlich ein Abschluß statt[141].

Bei vielen, insbesondere bei den großen Banken, deren Buchhaltung nach dem Hollerithverfahren oder gar mit Computers (elektronischen

---

[134] Vgl. *RGRK-Godin*, HGB, § 355 Anm. 4 b; *Tang*, in Zahlungsverkehr und Bankbetrieb 1927, 68 f.; ders. Diss. 1928. Noch zu Beginn der fünfziger Jahre wurden Tagesauszüge nur für Konten mit größeren Umsätzen gefertigt (vgl. *Grigat*, Diss. S. 174, 210).

[135] *Kalveram-Günther*, Bankbetriebslehre, S. 217.

[136] Gewisse Verschiebungen, die hierbei durch die sog. Wertstellung eintreten (vgl. darüber im einzelnen unten 2. Abschnitt, K), haben keine grundsätzliche, sondern nur technische Bedeutung.

[137] Vgl. die sogleich folgenden Ausführungen und unten 2. Abschnitt, E, 2; s. *Obst-Hintner*, Geld-, Bank- und Börsenwesen, S. 454, 455 (Beispiel einer staffelförmigen Zinsberechnung).

[138] Nr. 14 Abs. 1 AGB — BFB 1962, S. 19; früher hieß er — ohne sachlichen Unterschied, vgl. *Schütz* in BFB 1955, S. 19 Anm. 1 zu Nr. 14 — häufig auch „Rechnungsauszug" — vgl. BFB 1952, S. 17 Nr. 14 Abs. 1; BFB 1912, S. 7 Nr. 2 Abs. 1; Berliner Handelsgesellschaft 1901 in *Friedberg*, Formelbuch, S. 165 und 1904 Nr. 2 bei *Buff*, Kontokorrentgeschäft, S. 118.

[139] Ursprünglich erhielt der Kunde daneben noch eine Tabelle mit sämtlichen Geschäftsvorfällen des verflossenen Zeitabschnitts; später übersandte die Bank nur noch die Zinsstaffel; heute geschieht selbst dies nur noch in den seltensten Fällen.

[140] Vgl. BFB 1962, S. 19; früher wurden die Konten zeitweilig vierteljährlich — vgl. BFB 1920, S. 2 Nr. 2 Abs. 1 — und in der Inflationszeit sogar täglich abgeschlossen.

[141] Vgl. *Schinnerer*, Bankverträge I, S. 161.

Datenverarbeitungsanlagen) arbeitet, ist in den letzten Jahren folgende, immer mehr um sich greifende Entwicklung zu beobachten:

Abschlußrechnung und Abschlußsaldo werden nicht zusammen, sondern zu verschiedenen Zeitpunkten ermittelt und dem Kunden mitgeteilt. Die Mitteilungen werden im übrigen über das ganze Jahr verteilt und nicht für alle Konten am 30. Juni oder am 31. Dezember hinausgeschickt[142]. Der Abschlußsaldo ist in diesen Fällen identisch mit dem an dem jeweiligen Stichtag bestehenden Tagessaldo, sei es, daß er an diesem Tage durch einen Umsatz auf dem Konto gebildet worden ist, sei es, daß er seit dem letzten vorangegangenen Tag mit einem Umsatz unverändert bestehen geblieben ist. Die einzelnen Geschäftsvorfälle des voraufgegangenen Zeitraums werden nicht nochmals durchgerechnet. Es wird lediglich der am Stichtag bestehende Saldo herausgegriffen.

Mit diesem Verfahren wird ein doppelter Zweck erreicht: Die Revisionsabteilungen der Banken, die den Abschlußsaldo fast durchweg feststellen, sind mit ihren teuren Maschinen das ganze Jahr hindurch gleichmäßig beschäftigt und nicht nur am 30. Juni und zum Jahresende, wenn ohnehin viel Arbeit anfällt. Zum anderen gewährleistet das Verfahren eine optimale Kontrolle des Kontoführers. Jede wie auch immer geartete Einflußnahme auf die Mitteilung des Abschlußsaldos durch ihn ist so gut wie ausgeschlossen. Etwaige Unregelmäßigkeiten werden durch den dem Kunden jetzt ermöglichten Vergleich zwischen dem von der kontoführenden Stelle zu einem bestimmten Zeitpunkt übersandten Tagesauszug und dem für denselben Zeitpunkt von der Revisionsabteilung zugestellten Abschlußsaldo sofort festgestellt bzw. von vornherein vermieden. Folgerichtig erbittet die Bank Erinnerungen gegen den Abschlußsaldo stets an die Revisionsabteilung[143].

Während dem Abschlußsaldo früher ein Formular beigelegt wurde, durch dessen Unterzeichnung und Rücksendung der Kunde den Saldo

---

[142] Eine ähnliche Entwicklung, die sogar schon in der Neufassung des § 39 HGB (Gesetz zur Änderung des Handelsgesetzbuches und der Reichsabgabenordnung vom 2. August 1965 — BGBl. I S. 665) Berücksichtigung gefunden hat, läßt sich bei der jährlichen Aufstellung des Inventars und der Vermögensbilanz durch den Kaufmann feststellen: Bisher war das Inventar grundsätzlich durch körperliche Bestandsaufnahme zu errichten (vgl. § 39 HGB a. F.). Aus praktischen Bedürfnissen heraus waren aber zahlreiche Firmen, insbesondere große Industrieunternehmen, zur sog. permanenten Inventur übergegangen: Sie führten ein Lagerbuch, in das jeder eingehende und jeder ausgehende Artikel aufgenommen wurde. Dieses Verfahren, das von den Steuerbehörden bereits seit einiger Zeit gebilligt wird (vgl. *Meilicke*, Steuerrecht, S. 210), ist jetzt in dem neuen Abs. 3 des § 39 HGB auch durch den Gesetzgeber anerkannt worden.

[143] Vgl. *Kühne*, Kontokorrentverhältnisse, S. 84 (Versendung durch Revisionsabteilung) BFB 1962, S. 85, Muster 25, und *Schütz* BFB 1962, S. 20 Anm. 2 zu Nr. 15.

als richtig anerkennen sollte[144], verlangen die Banken seit dem Jahresende 1959 ein solches ausdrückliches Anerkenntnis nicht mehr[145]. Sie begnügen sich jetzt mit Nr. 15 Sätze 2 und 4 ihrer AGB[146], nach der Rechnungsabschlüsse als genehmigt gelten, wenn nicht binnen 14 Tagen seit Zugang Erinnerung gegen ihre Richtigkeit erhoben wird[148]. In einem Begleitschreiben weisen die Banken auf diese Folge nochmals ausdrücklich hin[149]. Die Klausel fand sich in ähnlicher Form seit jeher in den AGB der Banken[150], diente vor 1959 aber lediglich als Auffangtatbestand. Grundsätzlich suchten die Banken von den Kunden ausdrückliche schriftliche Anerkenntnisse zu erlangen und mahnten sie gegebenenfalls sogar mehrfach an[151].

Gegen Tagesauszüge muß der Kunde heute gemäß Nr. 15 Sätze 3 und 4 AGB unverzüglich Erinnerung erheben, sonst gelten sie als genehmigt[152]. Diese Regelung besteht bereits länger als Tagesauszüge verschickt werden. Sie bezog sich früher demgemäß nur auf „sonstige Abrechnungen" oder „sonstige Abrechnungen ... und Anzeigen ..."[153]. Auf sie wird aber in den Tagesauszügen im Gegensatz zu dem bei den Begleitschreiben zu den Abschlußsaldomitteilungen gebräuchlichen Verfahren nicht eigens hingewiesen[154].

2. Kreditsonderkonto

Von den zahlreichen neben dem Girokonto vorkommenden Kontenarten[155] soll hier nur das Kreditsonderkonto behandelt werden. Ihm kommt in der Praxis neben und im Zusammenhang mit dem Giro-

---

[144] Formular der Dresdner Bank von 1904 bei *Buff*, Kontokorrentgeschäft, S. 117; BFB 1969, S. 57 Muster 11 und S. 58 Muster 12; BFB 1952, S. 65 Muster 22 und 23.

[145] Vgl. *Schütz* in BFB 1962, S. 85.

[146] BFB 1962, S. 20; dies übersehen *Schlegelberger-Hefermehl*, HGB, § 355 Rdn. 36 a. E.

[148] Vom BGH als ausreichend anerkannt — BGH WM 1962, 346.

[149] Vgl. BFB 1962, S. 85 Muster 25.

[150] Vgl. Direktion der Diskontogesellschaft 1900 bei *Buff*, Kontokorrentgeschäft, S. 112; Berliner Handelsgesellschaft 1901 bei *Friedberg*, Formelbuch, S. 165, dto. 1904 bei *Buff*, aaO. S. 118 Nr. 2; Dresdner Bank 1904 bei *Buff*, aaO. S. 114 unter II; BFB 1912, S. 8 Nr. 3 und bis heute im BFB.

[151] *Schinnerer*, Bankverträge I, S. 162; vgl. auch BFB 1939, S. 57 Muster 11; BFB 1952, S. 65 Muster 22, S. 66 Muster 26 und 27; BFB 1955, S. 72 Muster 22, S. 73 Muster 26 und 27.

[152] BFB 1962, S. 20.

[153] Vgl. Berliner Handelsgesellschaft 1901 bei *Friedberg*, Formelbuch, S. 165 und 1904 bei *Buff*, Kontokorrentgeschäft, S. 118 Nr. 2; Dresdner Bank 1904 bei *Buff*, aaO., S. 114 unter II — es ist dort jeweils von „sonstigen Abrechnungen" die Rede; seit BFB 1912, S. 8 Nr. 3 bis heute von „sonstigen Abrechnungen und ... Anzeigen über die Ausführung von ... Geschäften".

[154] BFB 1962, S. 86 Muster 26.

[155] Vgl. die Aufzählungen bei *Haupt*, AGB, S. 107 und bei *Graf*, Interessen, S. 51.

konto eine besondere Bedeutung zu, weil es oft der Abwicklung eines der wichtigsten Geschäfte der Banken, des Kreditgeschäfts (§ 19 KWG 1961), dient. Außerdem ist es deshalb von besonderem Interesse, weil es für die Entwicklung einer wesentlichen Klausel in den AGB der Banken von ausschlaggebender Bedeutung war[156].

Der in der Praxis ganz überwiegende Kredit ist der Buchkredit[157]. Ihn kann die Bank dem Kunden auf zwei Wegen gewähren. Der einfachere ist der, daß sie ihm gestattet, sein Girokonto (conto ordinario) bis zu einer bestimmten Höhe (Kreditlinie) zu überziehen. Seit Jahrzehnten[158] wird der Kredit häufig aber auch in der Weise eingeräumt, daß der Kunde auf einem besonderen Kreditkonto belastet und gleichzeitig auf conto ordinario mit dem entsprechenden Betrag erkannt wird[159]. Ab 1932[160] war dieses Verfahren theoretisch nur noch für Kredite von mindestens 25 000,— DM (RM) erlaubt[161], in der Praxis wurden aber stillschweigend auch niedrigere Kredite, sogar Kleinkredite bis zu 2 000,— DM[162], über Kreditsonderkonten abgerechnet. Das Kreditkonto durfte außer Rückzahlungen des Kunden keine anderen Umsätze aufweisen. Die Rückzahlungen ließen den Kredit in entsprechendem Umfang erlöschen. Wollten die Beteiligten dies vermeiden und dem Kunden die Wiederinanspruchnahme des Zurückgezahlten ermöglichen, so mußten die Rückzahlungen „in laufender Rechnung" gutgeschrieben werden (§ 4 Abs. 2 Satz 4 Sollzinsabkommen — SZA).

---

156 Vgl. darüber unten 2. Abschnitt, G 3.

157 Buchkredite sind solche Kredite, die „lediglich in den Büchern" der Bank erscheinen (*Müller-Löffelholz*, Banklexikon, S. 300). Sie werden auf Grund einfacher Vereinbarung gewährt. Alle anderen Kreditarten erfordern besondere, nach außen hervortretende Akte zwischen den Parteien (z. B. Verpfändung beweglicher Sachen beim Lombardkredit, Kauf eines Wechsels durch die Bank beim Diskontkredit, Übernahme einer Bürgschaft durch die Bank beim Avalkredit). Im übrigen unterscheidet sich der Buchkredit von den anderen Kreditarten dadurch, daß ihm stets ein Kreditvertrag im Rechtssinne zugrunde liegt. Bei den anderen Kreditarten ist dies nicht notwendig der Fall: So stellt z. B. die Diskontierung eines Wechsels rechtlich den Ankauf einer Forderung dar; wirtschaftlich handelt es sich aber um eine Kreditgewährung, weil die Bank den Wechsel zurückbelastet, wenn er nicht eingelöst wird. Ebenso räumt die Bank nur wirtschaftlich betrachtet Kredit ein, wenn sie für eine Schuld des Kunden die Bürgschaft übernimmt und diesem dadurch zeitweilig eine Leistung erspart.

158 *Herold*, Kreditgeschäft, S. 121.

159 Sog. „englische" Buchungsmethode; vgl. *Herold*, Kreditgeschäft, S. 121; *Schütz*, BFB 1959, S. 235 unter 4, BFB 1962, S. 277 unter 4; siehe auch *Menzel*, Hausbanken, S. 143 und 153.

160 Abschluß und Allgemeinverbindlichkeitserklärung der Zinsabkommen — vgl. darüber unten 2. Abschnitt, J 1 a) β) S. 100.

161 § 2 Abs. 4 Sollzinsabkommen, Fassung 1936, abgedruckt bei *Consbruch-Möller*, KWG, 5. Aufl. 1963 unter Nr. 11.03.

162 Vgl. Anordnung der Bankaufsichtsbehörden über die Kosten für Kleinkredite mit Verpflichtung zur regelmäßigen Tilgung vom 22. Dezember 1958 — BAnz Nr. 248 unter I.

Wegen der Beschränkung der Umsätze auf Rückzahlungen konnten Zinsen, Provisionen und Auslagen, die im Zusammenhang mit der Kreditgewährung anfielen, nicht über das Kreditsonderkonto verbucht werden, sondern waren über ein anderes Konto, meist das conto ordinario[163], abzurechnen. Dementsprechend wurden für die Kreditsonderkonten auch keine gesonderten Abschlußrechnungen erteilt. Sie wurden vielmehr in der Abrechnung des conto ordinario mitberücksichtigt. Wie für jedes andere Konto, so wurde auch bei den Kreditsonderkonten der Kunde über jede Kontobewegung unterrichtet, sei es durch einen Tagesauszug, sei es durch ein besonderes Schreiben der Bank.

Die auf Grund des § 23 KWG erlassene und am 1. März 1965 in Kraft getretene Verordnung über die Bedingungen, zu denen Kreditinstitute Kredite gewähren und Einlagen entgegennehmen dürfen (Zinsverordnung — ZVO — BGBl. I S. 33) hat u. a. auch hinsichtlich der Kreditsonderkonten einige wichtige Neuerungen gebracht (§ 4 ZVO). Die Umsatzarten auf Kreditsonderkonten sind nicht mehr auf Rückzahlungen beschränkt; es können also auch Zinsen, Provisionen und Auslagen direkt über solche Konten abgerechnet werden. Außerdem dürfen jetzt entsprechend der auch trotz der gegenteiligen Regelung des § 2 Abs. 4 SZA befolgten Übung Kredite in beliebiger Höhe auf Sonderkonten belastet werden. Schließlich bringen Rückzahlungen auf das Sonderkonto den Kredit nicht in dem entsprechenden Umfang zum Erlöschen, sondern können dem Kunden jederzeit wieder innerhalb der alten Kreditzusage zur Verfügung gestellt werden.

Die Zahl der Kreditsonderkonten wird in Zukunft voraussichtlich erheblich abnehmen, weil das Interesse der Banken an ihrer Einrichtung nachlassen wird. Nach der bisherigen Regelung (§ 2 Abs. 4 Satz 2 SZA) durften die Kreditsonderkonten zwar erst mit dem Tage der tatsächlichen Inanspruchnahme des Kredits mit dem jeweils abgerufenen Betrag belastet und damit verzinst werden, doch dauerte die Verzinsung in voller Höhe auch dann an, wenn das conto ordinario des Kunden ein Guthaben aufwies. Nur ausdrücklich auf das Kreditsonderkonto geleistete Rückzahlungen minderten die einmal entstandene Zinsbelastung des Kunden. Nach § 4 Satz 2 der neuen ZVO mindern dagegen Guthaben auf dem conto ordinario den auf dem Kreditsonderkonto zu verzinsenden Schuldsaldo.

D. Periodenkontokorrent und Staffelkontokorrent

Lehre und Rechtsprechung mühen sich seit jeher, die gesetzliche Regelung und die Rechtstatsachen miteinander in Einklang zu bringen,

---

[163] Vgl. *Kantel*, Zins- und Wettbewerbsabkommen, § 2 SZA Anm. 4 S. 235; *Herold*, Kreditgeschäft, S. 121/122.

um die rechtliche „Konstruktion“ für das Kontokorrent zu finden. Zwei Hauptrichtungen stehen sich gegenüber. Nach der in Deutschland von dem ganz überwiegenden Teil der Lehre[164] und von der Rechtsprechung[165] in strenger Anlehnung an den Wortlaut des § 355 HGB vertretenen Ansicht ist die *periodische* Verrechnung wesentliches Element des Kontokorrentverhältnisses (Lehre vom Periodenkontokorrent). Die in die laufende Rechnung eingestellten Forderungen sind danach unselbständige Rechnungsposten, die nur zur Verrechnung stehen und nicht selbständig geltend gemacht werden können. Sie bilden rechtlich eine untrennbare Einheit[166]. Bis zum Rechnungsschluß werden die eingestellten Forderungen als gestundet angesehen[167]. Erst mit der periodisch stattfindenden Verrechnung durch den einen Teil und der Anerkennung der Verrechnung durch den anderen[168] wird das Gesamtergebnis aus den Rechnungsfaktoren ermittelt (saldiert). Die alten Forderungen erlöschen und es entsteht durch ein abstraktes, formlos gültiges Schuldanerkenntnis des einen Teils (§§ 781, 782 BGB) eine neue, selbständige Forderung in Höhe des anerkannten Saldos, die von den alten Schuldgründen völlig losgelöst ist[169]. Sie wird allerdings sofort als erster Posten der neuen Rechnungsperiode auf neue Rechnung vorgetragen, falls das Abrechnungsverhältnis nicht mit dem Periodenschluß aufgelöst werden soll.

Eine in neuerer Zeit immer mehr an Boden gewinnende Auffassung betrachtet in Anlehnung an die abweichende kaufmännische Praxis verschiedene im Wirtschaftsleben vorkommende Abrechnungsverhältnisse, insbesondere solche des bankgeschäftlichen Verkehrs, nicht als

---

[164] *Ritter,* HGB, § 355 Anm. 5 h; *Schlegelberger-Hefermehl,* HGB, § 355 Rdn. 25—29; *Düringer-Hachenburg-Breit,* HGB, § 355 Anm. 6; *Staub-Koenige,* HGB, § 355 Anm. 19; *Müller-Erzbach,* Handelsrecht, S. 654; *Schumann,* Handelsrecht II, S. 50; *Breit,* ZHR 67, 507 (522); *Fuchs,* ZHR 103, 211 ff. und 106, 82 ff.; *Grigat,* NJW 1952, 812 und MDR 1952, 411; *Schmitt,* ZKW 1954, 690; *Schupp,* BB 1952, 217.

[165] RGZ 76, 330 (333); 115, 393 (396); 117, 34 (35); 123, 384 (386); 132, 218 (222); RG JW 1933, 2826 (2827); RG in DR 1941, 1622; BGH NJW 1951, 198 (199); BGH LM Nr. 3, 10 und 11 zu § 355 HGB; BGH BB 1955, 1111; BGH WM 1956, 188 (189); OLG Köln in MDR 1963, 138 — nur Leitsatz.

[166] ROHG 5, 41 (43); 16, 309; RD Gruchot 47, 676 (678); RG LZ 1908, 224; BGH LM Nr. 3 zu § 355 HGB.

[167] *Düringer-Hachenburg-Breit,* HGB, § 355 Anm. 34; *Staub-Koenige,* HGB, § 355 Anm. 16 b; *Müller-Erzbach,* Handelsrecht, S. 657; RGZ 59, 19 (24); 105, 233 (235); RG JW 1933, 2826 (2827); RGZ 125, 411 (416); RG HRR 1930 Nr. 1488, HRR 1937 Nr. 463; RG DR 1941, 1622 — a. A. *RGRK-Godin,* HGB, § 355 Anm. 16 b; *Schlegelberger-Hefermehl,* HGB, § 355 Rdn. 27; *Hefermehl* in Lehmann-Festschrift, S. 557; *v. Gierke,* Handels- und Schifffahrtsrecht, S. 496, der von einem „Bann mit lähmender Wirkung“ spricht.

[168] BGH WM 1956, 1125 (1126); BGH LM Nr. 10 zu § 355; BGH WM 1956, 188 (189); RG JW 1927, 2111 (2112); *Schmitt,* ZKW 1954, 690 (691).

[169] *Düringer-Hachenburg-Breit,* HGB, § 355 Anm. 41; *Ritter,* HGB, § 355 Anm. 5 h; *Schlegelberger-Hefermehl,* HGB, § 355 Rdn. 35; BGH LM Nr. 12 zu § 355 HGB.

Perioden-, sondern als Staffelkontokorrente[170]. Auch nach dieser Lehre verlieren die in das Abrechnungsverhältnis eingestellten Forderungen ihre rechtliche Selbständigkeit[171]. Anders als die Vertreter des Periodenkontokorrents lehren, soll aber die Verrechnung der Forderungen nicht bis zu bestimmten, regelmäßig wiederkehrenden Zeitpunkten aufgeschoben sein, sondern laufend stattfinden. Über die Frage, wann die Verrechnungswirkung eintreten soll, ob im Augenblick der Buchung, der Wertstellung (im bankgeschäftlichen Verkehr[172]) oder zu einem sonstigen Zeitpunkt, herrscht größte Unklarheit; sie wird fast durchweg nicht einmal gesehen[173]; sie braucht an dieser Stelle noch nicht entschieden zu werden. Die Folge ist nach dieser Lehre, daß zu jeder Zeit für einen Beteiligten eine Forderung in Höhe des für ihn errechneten Überschusses besteht. Das Staffelkontokorrent ist danach kein Kontokorrent im Sinne von § 355 HGB, weil es bei ihm an einer periodischen Verrechnung fehlt.

Periodenkontokorrent und Staffelkontokorrent sind somit verschiedene Formen von Abrechnungsverhältnissen[174]. Beide sind vom Gesetz als möglich anerkannt: das Periodenkontokorrent in § 355 HGB, das Staffelkontokorrent in § 19 Abs. 4 Depotgesetz. Angesichts der Nachgiebigkeit der handelsrechtlichen Vorschriften kommt es für die Entscheidung, ob ein bestimmtes einzelnes Abrechnungsverhältnis einem und, wenn ja, welchem dieser Typen zuzurechnen ist, maßgeblich auf den Willen der Beteiligten an[175]. Da dieser hierzu so gut wie nie ausdrücklich erklärt wird, muß er jeweils aus den Umständen ermittelt werden. Dabei ist, wie Bierhoff[176] richtig hervorhebt, insbesondere der

---

[170] *Baumbach-Duden*, HGB, §§ 355—357 Anm. 3 C, halten jedes Kontokorrentverhältnis für ein Staffelkontokorrent; vgl. *Brüggemann*, Kontokorrentvereinbarung, S. 41; *Göppert*, ZHR 102, 161 (203) und 103, 318 ff.; *Kopfstein*, ZHR 77, 78 (84); *Krapf*, Kontokorrentvertrag, S. 209, 210; *Nebelung*, NJW 1953, 449; *Völp*, NJW 1955, 818 (819); *Weispfennig*, JW 1938, 3091 (3093). Ansätze finden sich schon lange vor dem Inkrafttreten des HGB: vgl. Gutachten der Handelskammer Frankfurt/M. vom 6. April 1868 in ZHR 15, 542; *Thöl*, Handelsrecht, 4. Aufl. (1862) Bd. I S. 595 — anders *Thöl* aber schon in der 5. und 6. Aufl. (vgl. 6. Aufl. S. 1047 f.); *Eisele*, Compensation (1876), S. 377 f.

[171] Vgl. *Weispfennig*, JW 1938, 3091 (3094).

[172] Vgl. darüber unten 2. Abschnitt, K.

[173] Stellungnahmen dazu finden sich — soweit ersichtlich — nur bei *Baer*, Devisenarchiv 1939, 269 (273), *Göppert*, ZHR 102, 161 (196) und *Grigat*, Diss. S. 207 ff. (212, 213).

[174] *Beitzke*, in Gierke-Festschrift, S. 9; *v. Gierke*, Handels- und Schiffahrtsrecht, S. 496; *Schlegelberger-Hefermehl*, HGB, § 355 Anm. 30; *Kühne*, Kontokorrentverhältnisse, S. 107; vgl. RGZ 123, 386.

[175] Vgl. *Schlegelberger-Hefermehl*, HGB, § 355 Rdn. 30; *Beitzke* in Gierke-Festschrift, S. 9; *Weispfennig*, JW 1938, 3091 (3096); *Nebelung*, NJW 1953, 449; *Schumann*, Handelsrecht II, S. 50; *v. Gierke*, Handels- und Schiffahrtsrecht, S. 497; *Kühne*, Kontokorrentverhältnisse, S. 59.

[176] Kontokorrentsaldo, S. 60.

wirtschaftliche Zweck des Abrechnungsverhältnisses zu berücksichtigen, weil der Kontokorrentverkehr ein Kind der kaufmännischen Praxis ist[177].

E. Die Abrechnungsform des Giroverhältnisses

Das Bankgiroverhältnis war es, an dem die Lehre vom Staffelkontokorrent entwickelt worden ist. Die überwiegende Zahl der Autoren und die Rechtsprechung betrachten es aber als Periodenkontokorrent[178]. Sie verweisen darauf, daß bei den Girokonten in regelmäßigen Abständen ein Saldo festgestellt und den Kunden zur ausdrücklichen oder stillschweigenden[179] Anerkennung übermittelt werde. Dabei handele es sich um die in § 355 Abs. 1 HGB vorgesehene „Verrechnung und Feststellung des Überschusses in regelmäßigen Zeitabschnitten". Die ständige Saldierung nach jedem Tag mit Geschäftsvorfällen sei lediglich eine buchungstechnische Maßnahme zur Erleichterung der Zinsberechnung und des Überblicks über den jeweiligen Stand der Geschäftsbeziehungen ohne jede rechtliche Bedeutung[180]. Dementsprechend verlangten die Banken anders als bei den Abschlußsalden keine Anerkennung des Tagessaldos[181].

Eine Mindermeinung, die jedoch im Vordringen begriffen ist, sieht in der Kontokorrentabrede beim Bankgiroverhältnis die Vereinbarung eines Staffelkontokorrents[182]. Die Vertreter dieser Ansicht würdigen die Rechtstatsachen zutreffend. Für sie streiten die besseren Argumente.

---

177 Vgl. oben 2. Abschnitt, B.

178 *RGRK-Godin*, HGB, § 355 Anm. 4 b; *Meyer-Cording*, Banküberweisung, S. 40; *Schumann*, Handelsrecht II, S. 50; *v. Gierke*, Handels- und Schiffahrtsrecht, S. 496; *Sprengel*, MDR 1952, 8; Klee, BB 1951, 686; RGZ 135, 140; 140, 220; BGH NJW 1951, 598; in LM Nr. 12 zu § 355 HGB läßt der BGH dahinstehen, ob die Verrechnung bereits mit der Einstellung in das Kontokorrent oder erst bei der periodischen Abrechnung stattfindet.

179 Nr. 15 AGB — BFB 1962, S. 20.

180 *Mohr*, Kontokorrentverkehr, S. 117, spricht von „vorläufigen Notizen"; *Graf*, Interessen, S. 135, bezeichnet die Nachrichten hiervon an den Kunden als „vorläufige Mitteilungen über den Kontostand".

181 Vgl. *Kühne*, Kontokorrentverhältnisse, S. 81; dieses Argument hat seit Ende 1959 jede Bedeutung verloren, weil seitdem auch für periodische Saldomitteilungen kein Anerkenntnis mehr verlangt wird (vgl. oben 2. Abschnitt, C 1, S. 37).

182 Vgl. z. B. *Baumbach-Duden*, HGB, §§ 355—357 Anm. 3 C; *Göppert*, ZHR 102, 161 ff. (200 ff.); *Krapf*, Kontokorrentvertrag, S. 190; *Theusner*, Kontokorrentvertrag (1901), S. 32 f.; *Mohr*, Kontokorrentvertrag (1902), S. 21, 108; *Kopfstein* (1915), ZHR 77, 88; *Weispfennig*, JW 1938, 3091; *Beitzke*, in Gierke-Festschrift, S. 9; *Nebelung*, NJW 1953, 449; *Völp*, NJW 1955, 818; *Kühne*, aaO. S. 82 ff., Ergebnis S. 90; vgl. auch *Schoele*, Überweisung, S. 82; *Grigat*, Diss. S. 166 ff., insbes. S. 178—187.

Entscheidend ist, daß die Banken nach Kontobewegungen stets sofort den Saldo ermitteln und ihn dem Kunden mitteilen sowie die Zinsen nach dem jeweiligen Überschuß in Staffelform berechnen.

1. Die laufende Saldierung

Mit Recht weisen Weispfennig[183], Hefermehl[184] und Kühne[185] darauf hin, daß der gegebenenfalls täglichen Saldierung nach der Verkehrsanschauung nicht nur buchungstechnische Bedeutung zukommt. Nach ihr bleiben die gebuchten Forderungen nicht als unselbständige Rechnungsposten bis zum Ende einer Rechnungsperiode bestehen, sondern werden alsbald jeweils miteinander verrechnet, wodurch für einen Beteiligten eine Forderung in Höhe des Überschusses entsteht[186]. Göppert[187] und ihm folgend Kühne[188] veranschaulichen diese den kaufmännischen Verkehr beherrschende Überzeugung treffend an zwei Beispielen:

a) In den Bilanzen der Banken — z. B. zum Monatsende (Monatsstatus, § 25 KWG 1961), also auch unabhängig von Rechnungsabschlußterminen — erscheinen die Girokonten nur mit ihren jeweiligen Salden, sei es auf der Aktivseite (Forderung der Bank), sei es auf der Passivseite (Forderung des Kunden). Bank und Kunden sehen ihre sonstigen früheren Forderungen als getilgt an. Nach der Lehre vom Periodenkontokorrent müßten die betreffenden Kunden in den Bilanzen mit den auf der Habenseite ihrer Girokonten gebuchten Posten unter den Kreditoren, mit den Sollposten unter den Debitoren aufgeführt werden.

b) Deckt ein Kunde, der sein Konto überzogen hat, nach Aufforderung der Bank sein Debet ab, so müßte nach der Lehre vom Periodenkontokorrent der Wille der Parteien dahin gehen, ein Guthaben für den Kunden zu begründen, das dem Guthaben der Bank bis zur periodischen Verrechnung gegenüberzustehen hätte. So ist es aber tatsächlich nicht. Die Beteiligten gehen vielmehr davon aus, daß die Schuld des Kunden durch die Anschaffung erlischt[189].

Diese Anschauung der Praxis weist eindeutig auf den Willen der Beteiligten hin, das Girokonto als Staffelkontokorrent zu führen. Kaum noch Zweifel können hier bestehen, wenn man sich die Entwicklung der praktischen Handhabung bei der Kontoführung vor Augen hält. Ihr Angelpunkt ist der Bedeutungswandel, den Tagesauszug und periodische

[183] JW 1938, 3091 (3096).

[184] NJW 1951, 598.

[185] Interessen, S. 84, 85.

[186] Vgl. auch *Grigat*, Diss. S. 188, 189; ebenso für das Schweizer Recht *Kleiner*, AGB, S. 84.

[187] ZHR 102, 161 (201 f.).

[188] Interessen, S. 85, 86.

[189] Vgl. dazu auch *Grigat*, Diss. S. 188.

Saldomitteilung — insbesondere in jüngster Zeit — allgemein und im Verhältnis zueinander erfahren haben[190]: Der Tagesauszug enthält, wie seine Vorläufer, die monatlich oder wöchentlich erteilten „Postenauszüge“[191], eine Aufstellung der einzelnen angefallenen Geschäftsvorgänge, weist darüber hinaus aber den sich aus ihnen ergebenden neuen Saldo aus[192]. Er soll nicht nur dem Kunden die Übersicht über den Stand seiner Geschäftsbeziehungen zu der Bank erleichtern: Neben anderen — betriebswirtschaftlichen, hier nicht interessierenden — Zwecken[193] dient der Tagesauszug der Feststellung der Übereinstimmung bzw. der Klärung von Differenzen zwischen den Buchungen des Kunden und denen der Bank. Früher fand diese Abstimmung mit den periodischen Abschlüssen statt und drängte sich so auf wenige Zeiträume im Jahr zusammen. Mit der Zunahme der Zahl der Geschäftsvorfälle wurde eine häufigere Abstimmung notwendig. Dazu dienten zunächst die monatlichen oder wöchentlichen Postenauszüge und schließlich dann die Tagesauszüge[194], die heute für jedes Konto und für jeden Tag erteilt werden, an dem eine Kontobewegung stattgefunden hat[195]. Jetzt liegt hier das Schwergewicht ihrer Bedeutung. Die daneben in regelmäßigen Abständen stattfindende Feststellung, Mitteilung und Anerkennung des Saldos durch Schweigen des Kunden (Nr. 15 AGB[169]), der früher die Abstimmungsfunktion zukam, dient demgegenüber heute fast nur noch der internen Kontrolle der Bank mit Hilfe des Kunden[197].

Diese Auffassung wird durch folgende Tatsachen bestätigt: Den periodischen Saldomitteilungen wird im Gegensatz zur früheren Übung seit langem keine Aufstellung der seit der letzten Mitteilung abgewickelten

---

[190] Vgl. darüber auch oben 2. Abschnitt, C 1, S. 34 bis 37; s. auch *Hirsch*, praktische Fälle, 3. Aufl., S. 175 — ebenso schon in der 1. Aufl. (1933) S. 126/127.

[191] Vgl. darüber *Tang*, Diss. S. 24.

[192] Vgl. z. B. Formular der Deutschen Bank in Zahlungsverkehr und Bankbetrieb 1927, S. 72.

[193] Darüber ausführlich *Tang*, Diss.

[194] Vgl. *Tang* in Zahlungsverkehr und Bankbetrieb, 1927, S. 68; *derselbe* in Diss., S. 24; in Diss., S. 38/39 schlägt *Tang* für den Tagesauszug die Verwendung von Formularen vor, in denen es heißt: „Diese Tagesauszüge ersetzen den Halbjahresauszug. Es wird deshalb gebeten, die Auszüge sofort zu prüfen. Ihre Richtigkeit wird angenommen, wenn innerhalb 2 Wochen keine gegenteilige Mitteilung eingeht“; im Tagesauszugsformular der Deutschen Bank in Zahlungsverkehr und Bankbetrieb 1927, S. 72 wird dem Kunden mitgeteilt, daß zum Semesterschluß nur noch Abschlußziffern ohne Aufzählung der Geschäftsvorfälle versendet würden.

[195] Vgl. darüber oben 2. Abschnitt, C 1, S. 34 mit Anm. 133.

[196] BFB 1962, S. 20.

[197] Vgl. oben 2. Abschnitt, C 1, S. 36 und *Kühne*, Kontokorrentverhältnisse, S. 84, sowie BFB 1962, S. 85 Muster 25 und *Schütz*, BFB 1962, S. 20 Anm. 2 zu Nr. 15; vgl. auch Stellungnahme des Bankenfachausschusses Nr. 1/1960 in Die Wirtschaftsprüfung 1960, 140 (141).

Geschäftsvorfälle mehr beigefügt[198]. Ferner findet innerhalb der Bank vor den periodischen Mitteilungen keine Überprüfung der Geschäftsvorfälle der vorangegangenen Periode mehr statt; es wird lediglich der Saldo eines bestimmten Stichtages „abgelesen" und mitgeteilt, allenfalls ein neuer Saldo dadurch gebildet, daß Zinsen, Provisionen und Auslagen für den zurückliegenden Zeitraum ermittelt und mit dem Saldo des Stichtages verrechnet werden. Dies geschieht jedoch regelmäßig dann nicht, wenn die Revisionsabteilung die periodische Saldomitteilung übernimmt, wie dies in allen größeren Banken der Fall ist, weil die Kosten von der kontoführenden Stelle berechnet werden. Schließlich ist in diesem Zusammenhang auch der Verzicht der Banken auf schriftliches Anerkenntnis der periodischen Saldomitteilung seit Ende 1959 zu nennen[199].

Die periodische Mitteilung des Saldos und ihre Billigung durch den Kunden wurde bisher von den Vertretern der Lehre vom Bankgiroverhältnis als Periodenkontokorrent ausnahmslos[200] und von Anhängern des Staffelkontokorrents ganz überwiegend[201] als Abschluß eines Vertrages über ein abstraktes Schuldanerkenntnis, sei es der Bank, sei es des Kunden gemäß §§ 781, 782 BGB betrachtet. Während die meisten Verfechter des Periodenkontokorrents darin gleichzeitig einen Verrechnungsvertrag[202] über die eingestellten Forderungen mit Novation des für einen Beteiligten sich ergebenden Überschusses zu einer neuen, selbständigen Forderung erblicken[203], werten die Befürworter des Staffel-

---

[198] Vgl. Kontoauszugsformular der Deutschen Bank in Zahlungsverkehr und Bankbetrieb 1927, S. 72.

[199] Vgl. *Schütz*, BFB 1962, S. 85.

[200] Vgl. z. B. BGH LM Nr. 10 zu § 355 HGB; *Schlegelberger-Hefermehl*, HGB, § 355 Anm. 1; *Enneccerus-Lehmann*, BGB, Schuldverhältnisse, § 75 IV, 2 d, S. 302; *RGRK-Godin*, HGB, § 355 Anm. 5 und die Zusammenstellung dort.

[201] *Baumbach-Duden*, HGB, §§ 355—357 Anm. 3 D; *Völp*, NJW 1955, 818 (819); *Weispfennig*, JW 1938, 3091 (3094); *Krapf*, Kontokorrentvertrag, S. 117; a. A. *Brüggemann*, Kontokorrentvereinbarung, S. 52, der meint, die festzustellende Saldoforderung sei durch die laufende Verrechnung schon so eindeutig bestimmt, daß keine Notwendigkeit mehr bestehe, eine zusätzliche Forderung mit eigenem Rechtsgrund zu schaffen.

[202] Vgl. Anm. 178. Anders *Beitzke*, Gierke-Festschrift S. 9 (12); er befürwortet eine automatische Saldierung mit Schluß der Rechnungsperiode, die auf einer entsprechenden, innerhalb der Kontokorrentabrede getroffenen Vereinbarung beruhen soll; wie Beitzke auch *Baumbach-Duden*, HGB, §§ 355—357 Anm. 3 B für den von ihnen als Vertreter der Lehre vom Staffelkontokorrent unterstellten Fall der periodischen Saldierung.

[203] Vgl. RGZ 87, 434; 117, 34; 132, 221; BGH LM Nr. 10 und 12 zu § 355 HGB; *Düringer-Hachenburg-Breit*, HGB, § 355 Anm. 42; *RGRK-Godin*, HGB, § 355 Anm. 2; *Staub-Koenige*, HGB, § 355 Anm. 5 a; *Beitzke*, in Gierke-Festschrift S. 14; a. A. *Schlegelberger-Hefermehl*, HGB, § 355 Rdn. 39 und *Hefermehl*, in Lehmann-Festschrift S. 550 ff.; *Enneccerus-Lehmann*, BGB, Schuldverhältnisse, § 75, IV, 2 d, S. 302.

kontokorrents den Vorgang nur als Schaffung eines neuen, selbständigen Schuldgrunds, der zu der aus der letzten laufenden Verrechnung entstandenen und weiterbestehenden Forderung hinzutritt[204].

Keine dieser Auffassungen wird dem oben[205] dargelegten Bedeutungswandel gerecht, den Tagesauszug und periodische Saldomitteilung im Verhältnis zueinander erfahren haben. Bewertet man diesen richtig, so ergibt sich heute folgendes Bild: Die Übersendung des Tagesauszugs nach der Buchung und seine — stillschweigende — Billigung durch den Kunden[206] entfalten nach dem Willen der Beteiligten eine doppelte rechtliche Wirkung. Sie haben sowohl a) einen Verrechnungsvertrag als auch b) ein Schuldanerkenntnis im Sinne von § 781 BGB zum Inhalt, also genau das, was überwiegend von der Lehre vom Periodenkontokorrent für die periodische Saldomitteilung und ihre — seit 1959 stillschweigende — Billigung durch den Kunden angenommen wird.

a) Verrechnungsvertrag

In der Übersendung des Tagesauszugs ist das Angebot der Bank zum Abschluß eines Vertrages über die Verrechnung des vor der letzten Buchung bestehenden Saldos mit der neu verbuchten Forderung zu sehen. Das Schweigen des Kunden hierauf enthält die Annahme (AGB Nr. 15 Sätze 3 und 4)[207]. Göppert[208], Baer[209], Grigat[210] und Baumbach-Duden[211] meinen demgegenüber, die Verrechnung erfolge auf Grund einer bereits in der Kontokorrentabrede enthaltenen Vereinbarung der Parteien von selbst, ohne daß es einer Buchung, Saldierung und Mitteilung durch die Bank und deren Billigung durch den Kunden bedürfe. Die hierfür — nur von Grigat[212] — gegebene Begründung überzeugt nicht: Grigat gibt „vor allem" zu bedenken, daß Tagesauszüge nicht in jedem Falle erteilt würden, daß die Auszüge keine Aufforderung zu einer Gegenäußerung des Kunden enthalten und daß schließlich nach der hier vertretenen Ansicht u. U. auch „bloß vorläufige Notizen", noch nicht bestehende Forderungen, verrechnet werden würden.

Die ersten beiden Argumente sind überholt bzw. leicht zu entkräften. Der Kunde erhält heute über jede Bewegung auf jedem seiner Konten

---

[204] Vgl. Anm. 201.

[205] Vgl. Anm. 190.

[206] BFB 1962, S. 20, AGB Nr. 15 Sätze 3 und 4: „... Erinnerungen gegen sonstige Abrechnungen und Anzeigen müssen unverzüglich erhoben werden. Die Unterlassung rechtzeitiger Erinnerung gilt als Genehmigung."

[207] BFB 1962, S. 20; ebenso *Weispfennig*, JW 1938, 3091 (3094); vgl. auch *Krapf*, Kontokorrentvertrag, S. 36, 37.

[208] ZHR 103, 318 (335).

[209] Devisenarchiv 1939, 269 (272).

[210] Diss. S. 216, 217.

[211] HGB, §§ 355—357 Anm. 3 C, vgl. auch Anm. 3 B.

[212] Diss. S. 215.

einen Tagesauszug[213]. Eine Äußerung des Kunden auf den Auszug und eine darauf gerichtete Aufforderung der Bank sind wegen AGB Nr. 15 Sätze 3 und 4[214] nicht erforderlich. Was die eventuelle Verrechnung „bloß vorläufiger Notizen" angeht, so versteht Grigat darunter Buchungen und Saldierungen, die zwar, wie ihre Existenz zeigt, schon von der Buchungsmaschine durchgeführt sind, denen die Bar- und Buchgeldbestände der Bank aber noch nicht entsprechen[215]. Grigat führt als Beispiel den in der Praxis täglich vorkommenden Fall an, daß die Bank einen auf eine andere Bank ausgestellten Scheck hereinnimmt, „Eingang vorbehalten"[216] gutschreibt, d. h. verbucht und in einem sofort berechneten Saldo berücksichtigt, dem Kunden hierüber einen Tagesauszug erteilt, während die Bank des Ausstellers ihr selbst den Betrag erst einige Tage später gutbringt oder den Scheck gar unbezahlt zurückgehen läßt. Grigat ist der Ansicht, daß in solchen Fällen der Parteiwille dahin geht, die Verrechnungswirkung erst mit dem Eingang des Betrages bei der Bank eintreten zu lassen; er hält deshalb eine durch Übersendung und Billigung des Tagesauszuges inzwischen etwa stattfindende Verrechnung für ausgeschlossen.

Dem kann nicht gefolgt werden. Es geht hier um eine allgemeine, bisher nur im Zusammenhang mit der Überweisung und der darauf folgenden Gutschrift erörterte Frage: Soll die Bank es in der Hand haben, bestimmte Rechtswirkungen in ihrem Verhältnis zum Kunden praktisch ohne dessen Mitwirkung auszulösen? Der dagegen denkbare Einwand, der Kunde wirke doch dadurch mit, daß er sein Einverständnis bereits mit Abschluß des Bankvertrages oder innerhalb der Kontokorrentabrede erkläre, wäre lebensfremd. Es liegt hier ähnlich wie bei dem Sonderfall der Gutschrift auf Grund einer Überweisung. Für ihn geht die überwiegende Meinung dahin, die Bank gebe schon mit der Buchung eine Erklärung ab, die zusammen mit der bereits im voraus mit Abschluß des Bankvertrages erteilten Zustimmung des Kunden ein abstraktes Schuldversprechen oder -anerkenntnis (§§ 780, 781 BGB) darstelle[217]. Demgegenüber mahnt Koch[218] zur stärkeren Beachtung der Tatsachen und weist mit Recht darauf hin, daß der Bank bis zur Absendung der Gutschriftsanzeige jeder Wille fehlt, sich gegenüber dem Begünstigten zur Zahlung zu verpflichten. Darüber hinaus darf, wie

---

[213] Vgl. Anm. 133 mit Text.

[214] BFB 1962, S. 20; vgl. Anm. 152 mit Text.

[215] Diss. S. 175.

[216] AGB Nr. 41 — vgl. BFB 1962, S. 45.

[217] Vgl. z. B. RGZ 134, 73 (76); OLG Dresden BA 40, 53; OLG Celle WM 1960, 1398 (1399); BGH WM 1959, 81 (84) läßt dahingestellt; *Meyer-Cording*, Banküberweisung, S. 40 (42); *Rospatt*, BA 33, 325; 499 (500); *Düringer-Hachenburg-Breit*, HGB, Anh. II zu §§ 363—365 Anm. 12; *v. Gierke*, Handels- und Schiffahrtsrecht, S. 444; *Schlegelberger-Hefermehl*, HGB, Anh. zu § 365 Rdn. 45 mit weiteren Nachweisen in Rdn. 44.

[218] BA 33, 164, 165 und 388; ZHR 107, 273 (277—279, 282).

Bettermann[219] zutreffend hervorhebt, nicht außer acht gelassen werden, daß Schuldversprechen und Schuldanerkenntnis Verträge sind, so daß der Verpflichtungswille der Bank *erklärt* werden muß. § 151 BGB bestimmt nichts anderes, sondern eröffnet lediglich die Möglichkeit, die Empfangsbedürftigkeit der Erklärung auszuschalten. Treffend bemerkt Bettermann dazu, es wäre eine „wirklichkeitsfremde" Fiktion, dem Bankvertrag eine dahingehende Abmachung zu entnehmen[220]: Der Kunde möchte über jede Kontobewegung unterrichtet werden. Die oben dargelegte Gegenmeinung stammt aus einer Zeit, in der die Tagesauszüge noch nicht ihre heutige überragende Bedeutung erlangt hatten, sondern das Schwergewicht noch auf den Buchungen und auf den periodischen Saldomitteilungen lag.

Nicht nur von Gutschriften auf Grund von Überweisungen, sondern von jeder Buchung möchte der Kunde Kenntnis erhalten, insbesondere auch von den Belastungen. Er möchte darüber hinaus auch die Möglichkeit haben, sich zu jeder Buchung und zu jedem Tagesauszug zu äußern, um gegebenenfalls Unrichtigkeiten beanstanden zu können. Ebenso wie ein in den Bankvertrag hineingelesener Verzicht des Kunden auf den Tagesauszug wäre sein etwa aus diesem Vertrag entnommenes, im voraus erklärtes Einverständnis mit dem Tagesauszug eine „wirklichkeitsfremde Fiktion", dies um so mehr, als ihm der Tagesauszug allein — abgesehen von der Unterrichtung — wenig nützen würde, wenn er sich mit seinem Inhalt schon von vornherein einverstanden erklärt hätte. Deshalb sollen nach dem Parteiwillen nur Tagesauszüge nebst — stillschweigender — Billigung des Kunden die Verrechnung bewirken.

Diese Wirkung wollen die Beteiligten auch schon dann, wenn z. B. der Gegenwert eines bereits berücksichtigten Scheckbetrages noch nicht eingegangen ist. Zweifel könnten hier nur hinsichtlich der entsprechenden Willensrichtung der Bank bestehen. Sie müssen aber zurücktreten, wenn man bedenkt, daß die Bank bei Verfügungen des Kunden den gutgeschriebenen Betrag auch schon vor Eingang des Gegenwertes berücksichtigt. Dies tut sie immer, *wenn* sie gutschreibt. Bei Kunden, die ihr nicht sicher erscheinen, wird sie mit der Gutschrift bis zum Eingang warten[221]. Der in Nr. 41 der AGB enthaltene Eingangsvorbehalt[222] be-

---

219 ZHR 111, 136 (143, 144).

220 aaO. S. 144.

221 Vgl. *Schütz*, BFB 1962, S. 45 Anm. 2 zu Nr. 41, der mit Recht betont, daß die Bank (nach dem Bankvertrag) nicht verpflichtet ist, Einzugspapiere sogleich bei Eingang gutzuschreiben. Dies kommt auch in der Formulierung der Nr. 41 AGB zum Ausdruck: „Schreibt die Bank den Gegenwert von zum Einzug eingereichten Wechseln und Schecks schon vor Eingang gut, so geschieht dies unter Vorbehalt des Eingangs." Die Klausel findet sich in ähnlicher Fassung schon sehr früh in den AGB-Formularen — vgl. BFB 1912, S. 9 Nr. 10 Abs. 1.

222 Vgl. Anm. 221.

deutet, daß der Verrechnungsvertrag unter der auflösenden Bedingung (§ 158 Abs. 2 BGB) der Erlangung des Gegenwertes durch die Bank steht. Kommt der Scheck unbezahlt zurück, tritt der frühere Rechtszustand wieder ein (§ 158 Abs. 2 Satz 2 BGB); die alte Saldoforderung lebt wieder auf. Der Abschluß des Verrechnungsvertrages ist unter einer Bedingung möglich, da keiner der Beteiligten dabei das — bedingungsfeindliche[223] — Gestaltungsrecht der Aufrechnung ausübt, sondern weil ein Verrechnungs-(= Aufrechnungs-)*Vertrag*[224] zustande kommt. Die Rückbelastung des Kontos und die Erteilung eines neuen Tagesauszuges haben in diesem Zusammenhang grundsätzlich nur rechtsbekundende Wirkung. Haben dagegen inzwischen andere Buchungen stattgefunden, auf Grund deren neue Tagesauszüge erteilt und gebilligt worden sind, so bringen der unter Berücksichtigung der Rückbelastung und der inzwischen verbuchten Forderungen erteilte neue Tagesauszug und seine Anerkennung einen neuen Verrechnungsvertrag zustande, der sich auf die alte Saldoforderung und alle später als diese verbuchten Posten erstreckt, mit Ausnahme des rückbelasteten[225].

Ebensowenig können aus Nr. 4 Abs. 3 der augenblicklich geltenden AGB[226] Zweifel an dem Zustandekommen des Verrechnungsvertrages durch den Tagesauszug und seine Billigung hergeleitet werden. Die Klausel gibt der Bank das Recht, Gutschriften, die infolge eines Irrtums, eines Schreibfehlers oder aus anderen Gründen ohne entsprechenden „Auftrag" stattgefunden haben, durch einfache Buchung rückgängig zu machen; unrichtige Lastschriften fallen nicht unter die Regelung. Nach ihrem Wortlaut soll die Bestimmung nur für Buchungen gelten, nicht auch für die Kontoauszüge. Nach ihrem Sinn soll sie den Banken aber auch das Recht geben, nicht nur die Buchungen, sondern auch die durch deren Verlautbarung in Gestalt der Tagesauszüge etwa eingetretenen Rechtswirkungen ohne Mitwirkung des Kunden wieder zu beseitigen[227]:

---

[223] § 388 Satz 2 BGB.

[224] Vgl. *Palandt-Danckelmann*, BGB, § 387 Anm. 2 (Aufrechnungsvorvertrag); *Enneccerus-Lehmann*, BGB, Schuldrecht, § 69 I S. 276 f.; *Staudinger-Werner*, BGB, Vorbemerkung II vor § 387.

[225] Man kann den Eingangsvorbehalt auch als (im Bankvertrag ausbedungenen) Vorbehalt eines Rechtes der Bank zum Rücktritt vom Verrechnungsvertrag werten (§ 346 BGB). Mit der Übersendung des die Rückbelastung berücksichtigenden Tagesauszuges würde die Bank es ausüben und — falls inzwischen andere Buchungen stattgefunden hatten — gleichzeitig den Abschluß eines neuen Verrechnungsvertrages anbieten.

[226] BFB 1962, S. 12 — in dieser Fassung seit 1937; vgl. BFB 1939, S. 8 Nr. 4 Abs. 3; ähnlich schon 1927 Nr. 2 Abs. 1 Satz 4 der bei *Nußbaum*, Bank- und Börsenrecht, S. 60, abgedruckten AGB einer Großbank.

[227] Vgl. *Schütz*, BFB 1962, S. 12 Anm. 3: „Einer Anzeige an den Kontoinhaber bedarf es ... stets dann, wenn die Bank ihm die stornierte Buchung angezeigt hatte." Die Anzeige der Buchung erfolgt aber heute — durch den Tagesauszug — immer.

Auch diese Klausel könnte ein vertragliches Rücktrittsrecht enthalten oder die Vereinbarung einer auflösenden Bedingung bedeuten, deren Eintritt die Bank durch die Stornobuchung herbeiführt und dem Kunden in einem neuen Kontoauszug mitteilt[228]. Gegen einen Vertragsschluß in der dargestellten Weise spricht die Bestimmung jedenfalls nicht.

Die periodischen Saldomitteilungen spielen hinsichtlich des Zustandekommens von Verrechnungsverträgen nur noch eine untergeordnete Rolle. Sie führen nur dann dazu, wenn in ihnen, was heute nur noch selten der Fall ist, erstmals Zinsen, Provisionen und Auslagen oder eine sonstige Buchung aufgeführt sind, die noch in keinem voraufgegangenen Tagesauszug Berücksichtigung gefunden haben. Wiederholen die „Halbjahresauszüge" dagegen lediglich eine schon in einem früheren Tagesauszug enthaltene Mitteilung, so erfüllen sie nur noch die oben[229] dargestellte Kontrollaufgabe.

b) Schuldanerkenntnis

Ebenso wie der Verrechnungsvertrag kommt auf Grund des Tagesauszuges und seiner Billigung auch ein abstrakter Schuldanerkenntnisvertrag (§ 781 BGB) zustande. Ist das Konto debitorisch, so liegt in der Billigung die Anerkenntniserklärung des Kunden. Sie ist schon deshalb formlos gültig, weil sie auf Grund einer Abrechnung erteilt wird (§ 782 BGB). Handelt es sich um ein kreditorisches Konto, so liegt die dann erforderliche Schuldanerkenntniserklärung der Bank in der Übersendung des Tagesauszuges. Damit ist die in § 781 BGB grundsätzlich vorgeschriebene Schriftform gewahrt. Im übrigen brauchte sie einmal wegen § 782 BGB, zum anderen im Hinblick auf die Kaufmannseigenschaft der Bank nicht eingehalten zu werden (§ 350 HGB). Die Vorschriften kommen dann zum Zuge, wenn die Bank, neuerer Praxis folgend, den Tagesauszug ohne Unterschrift verschickt.

Mit dem Tagesauszug und seiner Billigung wollen die Parteien ihre Rechtsbeziehungen hinsichtlich des betroffenen Kontos auf eine neue, selbständige, von den verrechneten Forderungen und von dem Verrechnungsvertrag möglichst weitgehend losgelöste Grundlage stellen, um zwischen sich klare Verhältnisse zu schaffen und sich ggf. die Rechtsverfolgung zu erleichtern[230]. Ein Verrechnungsvertrag und ein entsprechend dessen Ergebnis abgeschlossener Schuldanerkenntnisvertrag werden diesem Zweck am besten gerecht. Nur wenn jeder Tagesauszug zu einem Schuldanerkenntnisvertrag führt, kann sein wirtschaft-

---

228 Vgl. im übrigen Anm. 225 mit Text.

229 2. Abschnitt, C 1, S. 36.

230 Vgl. *Weispfennig*, JW 1938, 3091 (3093).

licher Hauptzweck, laufende Abstimmung, voll verwirklicht werden[231]. Vor allem ist das Schuldanerkenntnis erforderlich, weil es in einem etwaigen Prozeß für den Kläger die vorteilhafte Wirkung hat, daß er nur dessen Zustandekommen, nicht auch das des Grundgeschäfts — hier des Verrechnungsvertrages und evtl. noch das der diesem zugrunde liegenden Forderungen — darzulegen braucht. Hieran liegt den Beteiligten. Zwar kann das Schuldanerkenntnis beim Fehlen eines gültigen Grundgeschäfts kondiziert werden, sei es im Wege des Angriffs (§ 812 Abs. 2 BGB), sei es im Wege der Bereicherungseinrede (§ 821 BGB). Doch trifft denjenigen, der sich auf die Bereicherung beruft, dafür immer die Beweislast[232]. Auch der BGH hat in einer Entscheidung aus dem Jahre 1962[233] anerkannt, daß nicht nur jährliche oder halbjährliche „Rechnungsabschlüsse", sondern auch sonstige Kontoauszüge Grundlage eines Schuldanerkenntnisvertrages sein können, wenn die Parteien dies wollen.

Im übrigen gilt das zum Verrechnungsvertrag hinsichtlich Nr. 41 und Nr. 4 Abs. 3 AGB Ausgeführte[234] für den Schuldanerkenntnisvertrag entsprechend.

c) Zeitpunkt der Verrechnung

Gewissermaßen als Nebenprodukt der Untersuchungen über den Verrechnungsvertrag[235] ergibt sich die Lösung der oben[236] unbeantwortet gelassenen Frage nach dem Zeitpunkt des Eintritts der Verrechnung: Er richtet sich nach dem Willen der Parteien des Vertrages. Gewöhnlich wird Rückwirkung auf den Zeitpunkt der Saldierung durch die Bank gewollt sein (vgl. § 389 BGB[237]), denn die Beteiligten gehen davon aus,

---

[231] Auch *Weispfennig*, aaO., scheint ein abstraktes Schuldanerkenntnis anzunehmen. *Völp* (NJW 1955, 818 [820]) hält diese Ansicht — ohne Begründung — für zu weitgehend. *Godin* (RGRK-Godin, HGB, § 355 Anm. 6) hält als Vertreter der Lehre vom Periodenkontokorrent das hier gewonnene Ergebnis für das Staffelkontokorrent mit Recht für zwingend. Im Ergebnis wie hier auch *Tang*, Zahlungsverkehr und Bankbetrieb 1927, 68 (70) und in Diss., S. 43, 44. *Tang* hält den Tagesauszug für einen Rechnungsabschluß im Sinne von § 355 Abs. 1 HGB. Er übersieht dabei, daß diese Vorschrift nur von periodischen Abschlüssen handelt, Tagesauszüge aber meist in unregelmäßigen Abständen erteilt werden. Das OLG Celle teilt — allerdings ohne jede Begründung — die hier vertretene Ansicht (WM 1960, 1398 [1400]). Das OLG Hamburg (WM 1959, 1100 [1103]) lehnt sie ab; zu Unrecht beruft es sich dabei auf Nr. 4 Abs. 3 der AGB: Das oben im 2. Abschnitt, E 1 a), S. 49/50, zum Verrechnungsvertrag Ausgeführte gilt hier entsprechend.

[232] Vgl. *Palandt-Gramm*, BGB, Einführung 2 zu §§ 780 ff.; *Staudinger-Kober-Müller*, BGB, § 780 Rdn. 1; *Enneccerus-Lehmann*, BGB, Schuldrecht, § 200, I, 2 S. 817.

[233] WM 1962, 346.

[234] Vgl. Anm. 224 und 225 mit Text.

[235] Oben 2. Abschnitt, E 1 a).

[236] 2. Abschnitt, D, S. 41.

[237] Vgl. dazu *Enneccerus-Lehmann*, BGB, Schuldrecht, § 69 I 3 S. 277.

daß von diesem Augenblick an, nicht erst mit dem Zustandekommen des Verrechnungsvertrages, der ermittelte Saldo Grundlage und Maß für ihre weiteren Dispositionen sein soll: So wird die Bank z. B. einen Scheck des Kunden, der erst durch den neuen Saldo gedeckt ist, auch schon dann einlösen, wenn der Tagesauszug noch nicht gebilligt ist.

2. Die Zinsberechnung

Für die Bewertung des Giroverhältnisses als Staffelkontokorrent spricht ferner die bereits oben[238] erwähnte Art der Zinsberechnung[239]. Seit Beginn dieses Jahrhunderts werden die Zinsen von dem jeweiligen Saldo für die Zeit berechnet, die er unverändert bleibt[240]. Der Zinsanspruch, der damit verwirklicht wird, setzt aber als Nebenanspruch das Bestehen eines Hauptanspruchs voraus; folglich muß der jeweilige Saldo einen wirklichen Anspruch verkörpern[241].

An sich könnten bei täglicher Saldierung auch täglich die Zinsen, Provisionen und Auslagen ermittelt und im Saldo berücksichtigt werden. Darin läge — hinsichtlich der Zinsen — kein Verstoß gegen das Zinseszinsverbot des § 248 Abs. 1 BGB, weil auf jeden Tagesauszug hin ein abstrakter Schuldanerkenntnisvertrag zustande kommt[242]: Durch die Anerkennung des Saldos wird die durch ihn ausgewiesene Forderung — auch soweit sie bereits Zinsen enthält — auf eine neue Rechtsgrundlage gestellt. Von der so entstandenen neuen Forderung können dann in vollem Umfang sofort wieder Zinsen berechnet werden[243] [244].

Daraus, daß beim Girokonto die Zinsen nicht laufend, sondern — meist zusammen mit den Provisionen und Auslagen — in gewissen, meist periodischen Abständen ermittelt und verrechnet und erst von diesem Zeitpunkt an ihrerseits verzinst werden, folgert Godin[245], daß die tägliche Saldierung eben doch keine echte Verrechnung sei. Er und Graf[246] glauben, dem weiter entnehmen zu können, daß auch die Banken

---

[238] Anm. 136 mit Text.

[239] So mit Nachdruck *Opitz*, Depotgesetz, § 19 Anm. 8 B und *Grigat*, Diss., S. 178—187; vgl. auch *Hirsch*, Praktische Fälle, S. 125.

[240] Vgl. *Opitz* und *Grigat*, aaO., sowie *RGRK-Godin*, HGB, § 355 Anm. 19 b.

[241] So richtig *Kühne*, Kontokorrentverhältnisse, S. 61, 87; vgl. auch *Göppert*, ZHR 102, 161 (197, 198); die Lehre vom Periodenkontokorrent sieht in dieser Art der Berechnung nur die Lösung eines technischen Problems, die keine rechtlichen Folgen oder Ursachen habe — vgl. *Schlegelberger-Hefermehl*, HGB, § 355 Rdn. 32.

[242] Vgl. oben 2. Abschnitt, E 1 b).

[243] Das türkische Handelsgesetzbuch (Art. 94) vom 9. Juli 1956 läßt den Zuschlag der Zinsen zum „Grundbetrag" nur in Abständen von mindestens 3 Monaten zu.

[244] Vgl. RGZ 95, 18 (19); KG JW 1925, 270.

[245] *RGRK*, HGB, § 355 Anm. 19 b.

[246] *RGRK-Godin*, HGB, § 355 Anm. 6 a. E.; *Graf*, Interessen, S. 60.

die Girokonten für Periodenkontokorrente halten; andernfalls wäre nicht verständlich, so meinen sie, warum die Zinseszinsrechnung nicht auf jeden Zwischensaldo angewendet wird.

Dabei übersehen Godin und Graf zwei entscheidende Umstände: Einmal besteht für die Beteiligten keinerlei Rechtspflicht, überhaupt Zinsen von Zinsen zu berechnen; auch für das Periodenkontokorrent eröffnet § 355 Abs. 1 HGB nur die Möglichkeit zur Zinsberechnung vom Saldo auch insoweit, als er bereits Zinsen enthält, verpflichtet die Beteiligten aber nicht dazu. Zum anderen verzichten die Banken, wie Kühne[247] mit Recht betont, bei debitorischen Konten nur aus Gründen der Arbeitserleichterung auf den erhöhten Zinsvorteil. Die Zins- und Provisionsberechnung nach jedem Geschäftsvorfall und ihre Verrechnung im Tagessaldo würden regelmäßig den Zinsgewinn durch den damit verbundenen Arbeitsaufwand weitgehend, wenn nicht ganz, wieder aufzehren. Bei kreditorisch geführten Konten sind die Banken naturgemäß an häufiger Zinsberechnung nicht interessiert.

Aus den angeführten Gründen und nicht, weil sie das Girokonto als Periodenkontokorrent betrachten, beziehen die Banken die Zinsen nicht in jede Saldierung ein.

3. Sicherheiten; Börsentermingeschäfte

Gegen die Wertung des Bankgiroverhältnisses als Staffelkontokorrent spricht nicht die Tatsache, daß bei jeder Saldierung die für die verrechneten Forderungen bestehenden Sicherheiten zwangsläufig erlöschen, weil die Forderungen durch die Verrechnung untergehen.

Für das Periodenkontokorrent ordnet § 356 HGB aus wirtschaftlichen Überlegungen heraus[248] das Fortbestehen der für einzelne in die Rechnung eingestellte Forderungen bestellten Sicherheiten für den Saldo an. Dies war erforderlich, weil sonst mit dem Erlöschen der Forderungen bei den periodischen Verrechnungen auch die Sicherheiten untergehen würden, ein Ergebnis, das wirtschaftlich nicht gerechtfertigt wäre.

Auf das Staffelkontokorrentverhältnis muß § 356 HGB entsprechend angewendet werden, denn der (zeitliche) Unterschied in der Saldierung führt zu keiner abweichenden Bewertung der Interessenlage gegenüber dem Periodenkontokorrent[249]. Im übrigen lassen sich in der Praxis die Banken alle Sicherheiten fast immer so bestellen, daß diese unbegrenzt oder bis zu einem bestimmten Betrage für sämtliche Ansprüche gegen den Kunden — also auch für die durch Verrechnung festgestellten

---

[247] Kontokorrentverhältnisse, S. 62, 63, 87.

[248] Vgl. *Denkschrift I*, S. 197, 198.

[249] Vgl. *Kühne*, Kontokorrentverhältnisse, S. 113.

Saldoansprüche — haften. Bei allen Gegenständen des Kunden, die irgendwie in ihren Verfügungsbereich gelangen, erreichen sie dies durch die allgemeine Pfandklausel in den AGB[250]. Bei Sicherheiten, die von Dritten gestellt werden, wird eine entsprechende Klausel in den Sicherungsvertrag eingefügt[251] oder es wird eine solche Sicherheit gewählt, daß der Eintritt der erstrebten Wirkung schon von deren Art her gesichert ist[252]. § 356 HGB hat somit für das Bankgiroverhältnis insoweit kaum noch Bedeutung.

Schließlich meint Godin[253], daß gerade auch die Praxis der Banken gegen ständige Verrechnung insofern spreche, als nach ihren AGB zunächst Forderungen aus Börsentermingeschäften gegeneinander verrechnet würden, was voraussetze, daß alle Forderungen als Rechnungsposten bis zum Periodenschluß bestehen blieben. Dem kann aus zwei Gründen nicht gefolgt werden: Seit 1931 werden in Deutschland keine Börsentermingeschäfte in Effekten mehr getätigt[254]. Demgemäß ist die betreffende Klausel seit dieser Zeit aus den AGB der meisten Banken[255] und spätestens seit November 1937 aus den AGB aller Banken verschwunden[256]. Dies übersieht Godin. Im übrigen hatte die Klausel nicht deshalb Eingang in die AGB gefunden[257], weil die Banken damit eine bestimmte Rechtsansicht zum Ausdruck bringen wollten; vielmehr handelte es sich um eine Reaktion auf eine bestimmte Rechtsprechung des Reichsgerichts zur Behandlung von Börsenterminforderungen[258].

4. Ergebnis

Im Ergebnis kann festgestellt werden, daß aus allen erörterten Umständen der Wille der Beteiligten hervorgeht, das Bankgiroverhältnis entsprechend der tatsächlichen Handhabung auch rechtlich als Staffelkontokorrent zu führen.

---

[250] Nr. 19 — BFB 1962, S. 22—28.

[251] Vgl. BFB 1962, S. 426 Muster 324 (Bürgschaft): „Für alle Ihnen ... gegen ... zustehenden Forderungen aus der Geschäftsverbindung mit ... (insbesondere aus der Gewährung von Krediten ..., aus laufender Rechnung ...) übernehme ich die selbstschuldnerische Bürgschaft. Die Bürgschaft erlischt nicht durch vorübergehende Rückzahlung der Kredite; ...“. Ähnlich S. 427 Muster 325 und S. 429 Muster 327.

[252] So lassen sich die Banken z. B. als Grundpfandrechte fast nie Hypotheken, sondern durchweg Grundschulden bestellen (vgl. *Schütz*, BFB 1962, S. 450, 451).

[253] RGRK, HGB, § 355 Anm. 6.

[254] Vgl. darüber unten 2. Abschnitt, L 2 c), S. 133.

[255] Vgl. BFB 1936, S. 17 Nr. 12; einige behielten die Vorschrift zunächst noch bei — vgl. *Haupt*, AGB, S. 116 Fußnote 48.

[256] Nach dem Zwangszusammenschluß aller Banken in der Wirtschaftsgruppe 1934 — vgl. darüber oben Einleitung, s. BFB 1939, S. 16 Nr. 15.

[257] Vgl. schon BFB 1912, S. 8 Nr. 7.

[258] Vgl. darüber unten 2. Abschnitt, L 2 c), S. 134.

Damit findet auch die in der Praxis selbstverständliche Handhabung ihre einfache und natürliche rechtliche Erklärung, daß die Bank jederzeit Anschaffung des Debetbetrages verlangen kann, wenn der Kunde sein Konto überzogen hat, und daß auf der anderen Seite der Kunde jederzeit Auszahlung seines Guthabens zu fordern berechtigt ist: Es besteht eben in jedem Augenblick für einen der Beteiligten eine wirkliche Forderung in Höhe des jeweiligen Saldos. Die Anhänger der Lehre vom Periodenkontokorrent können an der tatsächlichen Gestaltung auch nicht vorbeigehen. Sie erklären sie folgendermaßen: Zwar weise der jeweilige Saldo keine Forderung für eine Partei aus, doch sei er Maßstab für den Umfang der Leistung, den eine der Parteien auf Grund des Bankvertrages von der anderen verlangen könne. Aus dem Bankvertrag soll sich also ergeben, daß jederzeit die Bank Abdeckung eines Schuldsaldos und der Kunde Zahlung bis zur Höhe seines Habensaldos fordern können[259].

Entsprechendes gilt für die Saldopfändung. Nach der Lehre vom Staffelkontokorrent ist die Pfändung des gegenwärtigen Saldos selbstverständlich möglich, weil sie eine wirkliche Forderung erfaßt. Die Anhänger des Periodenkontokorrents müssen — gestützt auf § 357 HGB — mehr oder weniger plausible Hilfskonstruktionen heranziehen, um zu demselben, den Bedürfnissen der Praxis entsprechenden Ergebnis zu gelangen: Entweder leiten sie aus § 357 HGB die Möglichkeit der Pfändung des gegenwärtigen Saldos ab[260] und schaffen damit eine Ausnahme zu ihrer eigenen Lehre, nach der es eine gegenwärtige Saldoforderung nicht gibt, oder sie belassen es bei der Pfändung des sich beim nächsten Periodenschluß ergebenden Saldos mit der — dann notwendigen — Maßgabe, daß zwischen Zustellung des Pfändungsbeschlusses und Periodenschluß entstehende neue Schuldposten dem Vollstreckungsgläubiger gegenüber das Guthaben nicht mindern[261].

---

[259] Vgl. *RGRK-Godin*, HGB, § 355 Anm. 1, 4 b und 16; *Schlegelberger-Hefermehl*, HGB, § 355 Rdn. 43 (S. 1659 Mitte); *Sprengel*, MDR 1952, 8; auch *Grigat*, Diss., S. 242, 243 und MDR 1952, 411 (412) vertritt diese Ansicht. Es wäre aber verfehlt, ihm als Anhänger der Lehre vom Girokonto als Staffelkontokorrent deshalb Inkonsequenz vorzuwerfen. *Grigat* ist dahin zu verstehen, daß er den Abdeckungs- bzw. Auszahlungsanspruch als *mittelbar* aus dem Bankvertrag und nicht aus der Kontokorrentabrede folgend ansieht, die er mit Recht als Annex des Bankvertrages ohne Eigenständigkeit behandelt wissen will. Diese Betrachtungsweise ist nicht abwegig, denn der Bankvertrag enthält in Verbindung mit der Kontokorrentabrede bereits die Vereinbarung darüber, daß laufend Verrechnungsverträge geschlossen werden sollen. Es erscheint jedoch klarer, den Bankvertrag hier aus dem Spiel zu lassen und die erörterten Ansprüche der Beteiligten unmittelbar als Ergebnis der einzelnen Verrechnungsverträge zu betrachten.

[260] Vgl. *RGRK-Godin*, HGB, § 357 Anm. 3, 4; *Schlegelberger-Hefermehl*, HGB, § 357 Anm. 3; *v. Gierke*, Handels- und Schiffahrtsrecht, S. 499; *Schoele*, Überweisung, S. 86 f.; *Sprengel*, MDR 1952, 8 (9).

[261] Vgl. *Düringer-Hachenburg-Breit*, HGB, § 357 Anm. 3, 6, 10; *Ritter*, HGB, § 357 Anm. 1; *Schupp*, BB 1952, 217 (218).

F. Die Abrechnungsform des Kreditsonderkontos

Hinsichtlich der Möglichkeit, Kreditsonderkonten als Kontokorrentkonten zu führen, gilt heute im Vergleich zu den Girokonten nichts besonderes. Es kann vereinbart werden, daß bestimmte Leistungen der Beteiligten als unselbständige Rechnungsgrößen behandelt und über das Sonderkonto abgewickelt werden sollen.

Bis zum Inkrafttreten der ZVO am 1. März 1965 konnten allerdings Bedenken gegen die Führung von Kreditsonderkonten als Kontokorrentkonten bestehen, weil nach § 2 Abs. 4 Satz 1 SZA als Umsätze auf dem Konto nur Rückzahlungen des Kunden in Frage kamen[262], eine Beschränkung, die die ZVO abgeschafft hat. Es konnte deshalb zweifelhaft sein, ob die Möglichkeit der Entstehung von Forderungen für beide Beteiligten auf diesem Konto bestand. Diese Möglichkeit muß aber sowohl für ein Periodenkontokorrent[263] als auch für ein Staffelkontokorrent[264] gegeben sein[265], weil sonst von vornherein ausgeschlossen ist, daß der Zweck des betreffenden Verhältnisses die Vereinfachung des sich aus einer längeren Geschäftsverbindung ergebenden Zahlungsverkehrs ist. Dieser Zweck muß aber verfolgt werden, wenn ein Rechnungsverhältnis als Kontokorrent geführt werden soll[266].

In Lehre und Rechtsprechung[267] ist seit langem anerkannt, daß auch ein Verhältnis, in dem der eine Teil nur kreditiert, der andere nur zurückzahlt, kontokorrentmäßig abgewickelt werden kann. Bei einem solchen Verhältnis besteht grundsätzlich die Möglichkeit, daß für den Kreditnehmer Forderungen entstehen, die dann im Wege der Verrechnung mit der Kreditforderung beglichen werden können. Dies ist z. B. dann der Fall, wenn der Kreditnehmer nicht in bar zurückzahlt, sondern Schecks Dritter einreicht oder von Dritten Überweisungen auf sein Konto vornehmen läßt. Dann erlangt die Bank für den Kunden Beträge,

---

[262] Vgl. oben 2. Abschnitt, C 2, S. 38.

[263] Vgl. *Schlegelberger-Hefermehl*, HGB, § 355 Rdn. 8; *RGRK-Godin*, HGB, § 355 Anm. 8; *Düringer-Hachenburg-Breit*, HGB, § 355 Anm. 18; *Staub-Koenige*, HGB, § 355 Anm. 8; *Ritter*, HGB, § 355 Anm. 5 b; *Herold*, ZAkDR 1940, 158; BGH LM Nr. 11 zu § 355; *Hefermehl* in Lehmann-Festschrift, S. 547 (562).

[264] Vgl. *Baumbach-Duden*, HGB, §§ 355—357 Anm. 2 C.

[265] Nach einer früher in der Lehre — *Leitner*, Bankbetrieb, S. 169 —, aber auch vereinzelt vom Reichsoberhandelsgericht (ROHG 3, 148 (149)) und vom Reichsgericht — RGZ 95, 19; RGZ 1, 18 (19); RGZ 22, 148 (151); JW 1933, 2826 (2827), vgl. aber auch RG Gruchot 54, 407 (411) — vertretenen Ansicht mußten sogar tatsächlich auf beiden Seiten Forderungen entstehen — vgl. auch OLG Stuttgart BB 1960, 540.

[266] Anm. 129 mit Text.

[267] Vgl. z. B. *RGRK-Godin*, HGB, § 355 Anm. 8; *Schlegelberger-Hefermehl*, HGB, § 355 Rdn. 8; RG JW 1892, 374; RG BA 21, 385; RFinH BA 22, 13 (14); RGZ 88, 373 (375).

deren Auszahlung an sich der Kunde auf Grund des Bankvertrages grundsätzlich verlangen könnte. Diese Forderungen können als Buchungsposten zugunsten des Kunden in die Rechnung aufgenommen werden[268]. Kreditsonderkonten konnten somit auch unter der Geltung des Sollzinsabkommens nur dann nicht als Kontokorrentkonten geführt werden, wenn die Beteiligten vereinbart hatten, daß gar keine Umsätze über das Konto laufen sollten oder nur solche, die die Schuld des Kunden erhöhten oder daß der Kunde den Kredit nur durch Barzahlungen oder durch Überweisungen von anderen eigenen, bei derselben Bank geführten Konten tilgen dürfe.

Entsprechendes gilt auch heute nach dem Inkrafttreten der ZVO. Entscheidend ist die Vereinbarung der Beteiligten. Geht sie nicht in eine der soeben aufgezeigten Richtungen, so darf sie eine Kontokorrentabrede einschließen. Ist das der Fall, so wird regelmäßig auch für das Kreditsonderkonto die Form des Staffelkontokorrents vereinbart sein[269].

G. Das Verhältnis mehrerer Konten zueinander

1. Die Einheitlichkeitsklausel (1903 bis 1937)

a) *Entstehungsgründe und Bedeutung*

Etwa seit 1903 enthalten die meisten Bankbedingungen eine Regelung über das Verhältnis mehrerer für einen Kunden bei einer Bank geführten Konten zueinander[270]. Sie ging ursprünglich dahin, daß sämtliche Konten eines Kunden ein einheitliches Kontokorrent im Sinne des HGB bilden sollten[271]. Nach allgemeiner Ansicht[272] sollte anfangs damit

---

[268] Vgl. *Düringer-Hachenburg-Breit*, HGB, § 355 Anm. 18; *RGRK-Godin*, HGB, § 355 Anm. 8; *Beeser*, AcP 155, 418 (429); RGZ 105, 233 (234); 115, 393 (396).

[269] Vgl. oben 2. Abschnitt, C 2, D.

[270] *Koch*, AGB, S. 41. Im Gegensatz zu den Angaben *Haupts*, AGB, S. 106, findet sich die Klausel auch schon in den Allgemeinen Bedingungen für laufende Rechnungen der Berliner Handelsgesellschaft (1904) bei *Buff*, Kontokorrentgeschäft, S. 118; dagegen fehlt sie noch in den 1901 herausgegebenen Bedingungen dieser Bank bei *Friedberg*, Formelbuch, S. 164 f., in den Bedingungen für laufende Rechnungen der Direktion der Diskontogesellschaft Berlin bei *Buff*, aaO. S. 110, sowie in den Bedingungen der Dresdner Bank von 1904 bei *Buff*, aaO. S. 113, desgl. in den Bedingungen für den Geschäftsverkehr bei der Königlichen Seehandlung von 1905, mitgeteilt von *Keyßner* in ZHR 56 S. 496 ff.

[271] Vgl. BFB 1912, S. 7 Nr. 1 sowie Nr. 1 der Bedingungen der Berliner Handelsgesellschaft von 1904 bei *Buff*, Kontokorrentgeschäft, S. 118.

[272] *Sontag*, BA 3, 181 (182); *Koch*, AGB, S. 41; *Haupt*, AGB, S. 106; *Leitner*, Bankbetrieb S. 159; *Schütz*, BFB 1925, S. 2 Anm. 6; *Schlegelberger-Hefermehl*, HGB, § 355 Rdn. 25; RG JW 1919, 676; JW 1928, 618; BGH BB 1952, 331; *AGB Sparkassen*, S. 92 Rdn. 43; *Merckens*, Rechtsfragen, S. 94, 95.

erreicht werden, daß die im Kontokorrentverkehr vorkommenden Urkunden, insbesondere die dem Kunden übersandten Kontoauszüge, dem Urkundenstempel des Preußischen Stempelsteuergesetzes bzw. der entsprechenden Urkundensteuergesetze der anderen Länder entzogen wurden. Nach Tarifstelle 58 des Preußischen Stempelsteuergesetzes[273] mußten Schuldverschreibungen aller Art[274] versteuert werden. Als Schuldverschreibungen im Sinne dieser Tarifstelle galten aber nur diejenigen urkundlichen Erklärungen, durch die einseitige, neue und selbständige Verpflichtungen zur Zahlung einer bestimmten Summe Geldes begründet oder übernommen wurden[275]. Nicht dazu rechneten Gutschriftsanzeigen oder Saldoauszüge und deren Anerkennungen innerhalb einer bestehenden Kontokorrentverbindung[276], weil nach damals ganz einhelliger und auch heute noch überwiegender Ansicht[277] durch sie keine Zahlungsverpflichtung begründet oder übernommen werden sollte. Diese Mitteilungen dienten vielmehr nur der Unterrichtung des Kunden über den Stand der Geschäftsbeziehungen. Für den Jahres- oder Halbjahresabschluß kam hinzu, daß der mit ihm für einen der Beteiligten ermittelte Überschuß nicht an diesen ausgezahlt wurde, sondern regelmäßig auf neue Rechnung vorgetragen werden sollte, solange das Kontokorrentverhältnis bestand. Die Anerkennung des Abschlusses durch den Kunden hatte nach damaliger Auffassung für das Stempelrecht in aller Regel nur die Bedeutung, daß der Kunde die Übereinstimmung der Buchungen der Bank mit seinen eigenen und damit die Richtigkeit des auf neue Rechnung vorzutragenden Postens bescheinigte[278]; sie war daher nicht als Schuldverschreibung im Sinne der Tarifstelle zu versteuern[279].

---

[273] Vom 31. Juli 1895 (GS S. 413) — seit 21./25. Oktober 1924 Tarifstelle 18 (GS S. 611, 620).

[274] Das Reichsgericht bezeichnet die Gutschriftsanzeigen in JW 1928, 618 (1927) als „Verpflichtungsscheine" (II der Tarifstelle unterwirft kaufmännische, nicht an Order lautende Verpflichtungsscheine ebenfalls der Stempelsteuer). Es kann hier dahinstehen, ob die Gutschriftsanzeigen den Schuldverschreibungen oder den Verpflichtungsscheinen im Sinne des Stempelrechts zuzuordnen sind; beide unterscheiden sich nicht hinsichtliche der Steuerpflicht überhaupt, sondern nur in der Höhe des zu erhebenden Stempels, vgl. *Heinitz*, StStG, TSt 58 Anm. IV C 1 S. 618.

[275] *Heinitz*, StStG, TSt 58 Anm. I, 2 S. 597, I, 2, A, c, *α*, S. 598; *Eiffler*, UrkStG, Begründung zu § 22; *Loeck-Eiffler* StStG, TSt 14 Anm. 2 a S. 223; *Schumann-Obst*, StStG, TSt 58 S. 394; *Becher*, StStG, TSt 14 unter 7 S. 101 und unter 11 S. 104; *Quednau*, StStG, TSt 58 Anm. 3 S. 394; RGZ 77, 373 (374).

[276] Vgl. *Heinitz*, StStG, TSt 58, I D b γ S. 605; *Loeck-Eiffler*, StStG, TSt 14 8 b S. 231; RGZ 8, 258 (259); RG JW 1894, 33/34.

[277] Vgl. Anm. 178, 180.

[278] *Boruttau*, UrkStG, § 22, 8 (2), 1.

[279] *Heinitz*, StStG, TSt 58 I D b γ; *Wenz*, StStG, TSt 14 Anm. I 16 a. E.

Dementsprechend hatte die später in das die Landesstempelgesetze ablösende Urkundensteuergesetz des Reiches vom 5. Mai 1936 (RGBl I S. 407) in § 22 Abs. 4 Nr. 2 aufgenommene Befreiungsvorschrift für die „Schulderklärung einer Bank oder eines Bankiers in einem Kontoauszug (laufende Rechnung)" und die „Erklärung eines Bankkunden über die Anerkennung eines solchen Kontoauszugs" nur noch Bedeutung für solche Kontoauszüge und -anerkenntnisse, die eine selbständige Schuldverpflichtung enthielten, z. B. die Erklärung des Kunden, er erkenne den Saldo als sofort fällig an, oder die Anerkenntniserklärung bei Auflösung des Kontokorrentverhältnisses[280]. Der gewöhnliche Auszug und die normale Anerkennung waren aus den dargelegten Gründen ohnehin steuerfrei[281]. Anzeigen über Gutschriften auf Separatkonten außerhalb der laufenden Rechnung waren zu versteuern, jedenfalls dann, wenn klar war, daß der betreffende Posten tatsächlich in kein Kontokorrent eingestellt, sondern selbständig geltend gemacht werden sollte[282]; denn die Mitteilung allein, daß auf Separatkonto gebucht sei, läßt nicht erkennen, ob es sich dabei um ein Kontokorrentkonto handelt oder nicht[283].

Es könnte sein, daß die Banken sich bei der Einführung der Einheitlichkeitsklausel von dem Bestreben leiten ließen, für möglichst viele Konten die Kontokorrentabrede herbeizuführen, um dadurch den diese Konten betreffenden Mitteilungen an den Kunden die Stempelfreiheit zu sichern. Diese Annahme ist jedoch nicht zweifelsfrei, weil zur Zeit des Aufkommens der Klausel ebensowenig wie heute jedes beliebige Konto auf Grund bloßer Vereinbarung als (Perioden- oder Staffel-)Kontokorrent geführt werden konnte, wenn es nicht bestimmten Grundanforderungen entsprach. Eine davon war und ist z. B. das Bestehen der Möglichkeit, daß auf beiden Seiten Forderungen entstehen[284]. Für Verhältnisse, bei denen der eine Teil nur kreditiert, der andere nur zurückzahlt, war unter diesem Gesichtspunkt lange heftig umstritten, ob sie als Kontokorrente behandelt werden dürften[285]; bei Einführung der Ein-

---

[280] RFinH in RStBl 1939, 1060.

[281] *Boruttau*, UrkStG, § 22 unter 8 (2) 1; *Eiffler*, § 22 UrkStG Anm. 19 S. 446; anders *Ringelmann-Freudling*, UrkStG, § 22 IV 2 a S. 241.

[282] *Heinitz*, StStG, TSt 58, I D c; RGZ 8, 258 ff.; vgl. RG JW 1894, 33/34; RG JW 1952, 159; RG Gruchot 47, 676 (681); RGZ 34, 137 (139); selbständig konnten z. B. sog. Ultimogelder geltend gemacht werden — vgl. RG Gruchot 47, 676 (687).

[283] RG Gruchot 47, 676 (681): Steuerfreiheit, wenn die Separatbuchung nur aus Gründen der Buchführung (Übersichtlichkeit), aber auch innerhalb eines Kontokorrents erfolgt.

[284] Vgl. Anm. 263/4 mit Text.

[285] Dagegen: ROHG 3, 148 (149); *Staub-Koenige-Pinner-Bondi*, HGB, 10. Aufl. 1920, Zweiter Band, Erster Halbband § 355 Anm. 8; RG JW 33, 2826 (2827); RGZ 95, 18 (19); vgl. auch RGZ 22, 148 (151); dafür: RG JW 1892, 374; RGZ 88, 373 (375) — 1916; RG BA 21, 385; RFinH BA 22, 13 (14).

heitlichkeitsklausel (1904—1915) war der Streit noch keineswegs entschieden[286].

Im übrigen konnte die Stempelfreiheit durch eine Klausel in den AGB überhaupt nicht erreicht werden: Nach § 3 Abs. 1 des Preußischen Stempelsteuergesetzes war für die Steuerpflicht der Urkundeninhalt maßgeblich; aus ihm mußte ersichtlich sein, daß die Urkunde ein im Stempeltarif aufgezähltes Geschäft zum Gegenstande hatte. Haupt[287] irrt also, wenn er meint, die Aufnahme der Klausel von der Konteneinheit in die AGB haben den Kontoauszügen tatsächlich Stempelfreiheit gesichert, ohne daß ein besonderer Hinweis auf das Kontokorrentverhältnis in den einzelnen Gutschriftsanzeigen und Abschlüssen erforderlich gewesen sei. Der bei Buff[288] abgedruckte Abschluß der Dresdner Bank ergibt eindeutig seine Eigenschaft als Kontokorrenturkunde, weil darin gesagt ist, daß der Saldo auf neue Rechnung vorgetragen sei. Dies war aber nicht bei den Abschlüssen aller Banken und bei den einfachen Tagesauszügen fast nie der Fall.

Abgesehen davon ist aber, mindestens was die *Einheitlichkeit* aller Konten angeht, die Klausel wahrscheinlich nicht aus Steuergründen entstanden. Aus den Stempelüberlegungen heraus hätte es völlig genügt, alle Konten zu (selbständigen) Kontokorrentkonten zu erklären. Dadurch wäre sogar die mit der Einrichtung verschiedener Konten angestrebte Übersichtlichkeit der verschiedenen Arten der Geschäftsvorfälle, die gewöhnlich Ursache für die Aufteilung in mehrere Konten ist, noch gefördert worden. Viel näher liegt der Gedanke, daß die Konten deshalb zu einem einheitlichen Kontokorrent zusammengefaßt wurden, weil verhindert werden sollte, daß der Kunde über sein Guthaben auf einem Konto verfügte, während er mit einem anderen Konto noch im Debet stand. Waren alle Soll- und Habensalden und auch die einzelnen Buchungsposten der Konten nur unselbständige Rechnungsgrößen eines einheitlichen Kontokorrents, so war ihm dies unmöglich.

Haupt[289] und Koch[290] meinen allerdings, diese Funktion sei der Klausel erst im Laufe der Zeit zugewachsen, während die steuerlichen Überlegungen allmählich in Vergessenheit geraten seien. Ähnlich argumentiert Schütz[291], der 1925 glaubte, die steuerlichen Bedenken seien „jetzt wohl hinfällig geworden“. Daß Steuerrücksichten vergessen worden sind, erscheint ausgeschlossen, wenn man bedenkt, wie sorgfältig

[286] s. zur heutigen allgemeinen Auffassung oben 2. Abschnitt, F.
[287] AGB, S. 106.
[288] Kontokorrentgeschäft, S. 113.
[289] AGB, S. 106.
[290] AGB, S. 41, 43.
[291] BFB 1925, S. 2 Anm. 6.

die Banken sich sonst den Steuervorschriften und der Rechtsprechung dazu in ihrem Geschäftsgebaren anpaßten, wenn dadurch Steuerersparnisse möglich waren[292]. Auch daß die steuerlichen Bedenken mit der Zeit hinfällig geworden sind, kann nicht richtig sein: Weder in den Steuergesetzen noch — soweit ersichtlich — in ihrer Anwendung durch Gerichte und Finanzbehörden hat sich hinsichtlich des Schuldverschreibungsstempels, um den es hier geht, bis zur Abschaffung der Urkundensteuer im Jahre 1941[293] etwas geändert.

Dies alles stützt die hier vertretene Ansicht, daß die Zusammenfassung der Konten in ein einheitliches Kontokorrent von Anfang an nur dem Schutz der Banken vor Verfügungen des Kunden über Guthaben in dem soeben dargelegten Fall dienen sollte. Die hier von Gesetzes wegen sich anbietenden Möglichkeiten wurden als nicht ausreichend erachtet[294]:

Die §§ 369, 371 HGB, die ein Zurückbehaltungs- und Verwertungsrecht wegen Forderungen gewähren, genügten den Bedürfnissen der Banken nicht, weil sie sich

α) nur auf bewegliche Sachen und Wertpapiere, nicht dagegen auf Forderungen beziehen[294].

Gerade auf die (Geld)Forderungen des Kunden kam es den Banken aber in diesem Zusammenhang an, weil sein Kontokorrent-Guthaben eben immer in einer Geldforderung besteht. Darüber hinaus gelten die genannten Vorschriften — abgesehen von dem Sonderfall des § 369 Abs. 2 HGB —

β) nur für Kaufleute untereinander[295];

die Bankkunden sind aber keineswegs immer Kaufleute. Das nicht auf Kaufleute beschränkte und auch für Forderungen geltende Zurückbehaltungsrecht des § 273 BGB genügte den Banken ebenfalls aus zwei Gründen nicht:

α) fürchteten sie Schwierigkeiten bei der Frage der Konnexität[295];

dies allerdings nicht ganz zu Recht, denn spätestens seit 1909 stand in der Rechtsprechung des Reichsgerichts im wesentlichen fest, daß für das Erfordernis des „selben rechtlichen Verhältnisses" das ein-

---

292 Vgl. z. B. oben 1. Abschnitt, B zur Verstempelung der mit der Übersendung der AGB-Formulare und der Empfangs- und Anerkenntnisbestätigung durch den Kunden verbundenen Korrespondenz.

293 Verordnung über die Änderung von Steuergesetzen vom 20. August 1941, Abschnitt IV, § 5 — RGBl I S. 510.

294 *Schütz* in BFB 1925, S. 2 Anm. 6; vgl. auch *Koch*, AGB, S. 43.

295 Vgl. Anm. 294.

heitliche Lebensverhältnis genügt[296], das man in der Geschäftsverbindung zwischen Bank und Kunden ohne weiteres sehen kann; dies verkennt heute noch Graf[297]. Im übrigen hatten die Banken die Notwendigkeit der Konnexität seit etwa 1912 in den AGB abbedungen[298].

β) ist das Zurückbehaltungsrecht des § 273 BGB nicht mit einem Verwertungsrecht verbunden wie das kaufmännische Zurückbehaltungsrecht.

Die Einheitlichkeit aller Konten gestattete es der Bank dagegen meist, sämtliche Forderungen aus allen Konten zu einem Saldo zusammenzurechnen, und ermöglichte ihr dadurch den Ausgleich ihrer Forderung mit der des Kunden, wann immer ihr es gefiel: Sie war dabei nicht auf die periodischen Abschlüsse beschränkt, sondern konnte durch Aufhebung der Geschäftsverbindung gemäß der entsprechenden Klausel in den AGB den Gesamtsaldo jederzeit fällig machen[299]. Dies war auch dann erforderlich, wenn einzelne oder alle Konten in Staffelform geführt wurden, denn trotz der Einheitlichkeitsklausel bildeten doch die Konten kein einheitliches *Staffel*kontokorrent mit einer dauernd vorhandenen Forderung für einen Beteiligten, weil keine einheitliche Staffel für alle Konten geführt wurde. Dem Kunden war es verwehrt, über irgendeine Forderung oder einen Saldo ohne Zustimmung der Bank zu verfügen, weil sie nur unselbständige Rechnungsposten innerhalb des einheitlichen Kontokorrents waren; allerdings konnte auch er die Geschäftsverbindung jederzeit lösen und dadurch den Gesamtsaldo fällig machen[299], aber eben nur diesen; dadurch war ausgeschlossen, daß die Bank ein Guthaben des Kunden auszahlen mußte, selbst aber auf einer Forderung gegen diesen „sitzen blieb". Dies war der Zweck der Klausel. Die gelegentlich vom Reichsgericht[300] geäußerte Ansicht, die Bestimmung diene auch der Geltendmachung des Pfandrechts und des Zurückbehaltungsrechts, das sich die Banken an den Guthaben des Kunden auszubedingen pflegten[301], ist nach dem soeben Ausgeführten unrichtig, mindestens aber ungenau.

---

[296] RGZ 72, 61 (65); vgl. schon RGZ 57, 1 (7) — 1904 — und RGZ 14, 231 (234) — 1885 — sowie die Motive zu § 233 des Entwurfs eines BGB, Mot. II S. 41/42 — schwankend allerdings nochmals RG in BA 11, 342 — 1912.

[297] Interessen, S. 118.

[298] BFB 1912, S. 10 Nr. 12, letzter Absatz.

[299] Vgl. Bedingungen der Berliner Handelsgesellschaft von 1901, *Friedberg*, Formelbuch, S. 164 (165); Berliner Handelsgesellschaft 1904 Nr. 1, vorletzter Absatz bei *Buff*, Kontokorrentgeschäft, S. 118; Dresdner Bank, 1904, I, Abs. 2, bei *Buff*, aaO., S. 114; BFB 1912, S. 7 Nr. 2 Abs. 2 bis BFB 1962, S. 21 Nr. 17 — vgl. im übrigen § 355 Abs. 3 HGB.

[300] RG BA 27, 300 (301).

[301] Pfandrecht: BFB 1920, S. 7 Nr. 11 bis BFB 1962, S. 24 Nr. 19 Abs. 2. Zurückbehaltungsrecht: BFB 1912, S. 10 Nr. 12 bis BFB 1962, S. 27 Nr. 19 Abs. 5.

Die Einheit der verschiedenen Konten in einer laufenden Rechnung wurde 1919 einer Bank in einem bis zum Reichsgericht getragenen Rechtsstreit[302] zum Verhängnis, als sie den Saldo eines mehrerer Konten eines Kunden geltend machte. Ihre Klage wurde unter Hinweis auf § 355 HGB und die Einheitlichkeitsklausel in den AGB der Bank abgewiesen. Daraufhin fügten die Banken dieser Klausel sofort den Zusatz bei, daß sie berechtigt seien, die Salden der einzelnen Konten selbständig einzuklagen[303] bzw. geltend zu machen[304]. Damit war die Konteneinheit weitgehend wieder beseitigt. Die Einheitlichkeitsklausel war zu einer reinen Schutzvorschrift für die Banken geworden. Mit dem eigentlichen Sinn und Ursprung des Kontokorrents, der Vereinfachung und Erleichterung des geschäftlichen Verkehrs insbesondere der Kaufleute untereinander hatte sie nun nichts mehr gemein. Mit der Abschaffung der Konteneinheit im Jahre 1937[305] fiel der Zusatz dann wieder fort.

b) *Das Recht der Banken zur Einrichtung besonderer Konten außerhalb der laufenden Rechnung*

Um 1912 wurde die Einheitlichkeitsklausel ferner um den Satz erweitert, daß die Bank berechtigt sei, für bestimmte Zwecke Konten außerhalb der laufenden Rechnung einzurichten[306]. Seit 1927 ist diese Erweiterung als überflüssig wieder gestrichen[307]. Koch[308] meint, dies sei „nicht ganz mit Recht" geschehen. Dem ist nicht zu folgen. Der Zusatz war schon überflüssig, als sich die Banken das Recht vorbehielten, den Saldo eines jeden Kontos jederzeit selbständig geltend machen zu dürfen[309]. Gerade diesem Zweck sollte auch die soeben behandelte Erweiterung dienen[310].

c) *Zinsberechnung bei Führung mehrerer Konten*

Von 1928 bis zur Aufhebung der Konteneinheit 1937 war außerdem in der Kontokorrentklausel der AGB noch klargestellt, daß die Bank zur Verrechnung der Zinsen aus den verschiedenen Konten trotz ihrer

---

302 RG BA 18, 266 = JW 1919, 676.

303 BFB 1920, S. 2 Nr. 1 und *Schütz* in Anm. 5 dazu; *Haupt*, AGB, S. 106.

304 Diese allgemeinere Formulierung wurde etwa seit 1928 üblich, vgl. BFB 1928, S. 11 Nr. 1.

305 BFB 1939, S. 5 Nr. 2.

306 BFB 1912, S. 7 Nr. 1; *Koch*, AGB S. 41, führt diese Ergänzung also zu Unrecht auf eine Entscheidung des RG aus dem Jahre 1920 (BA 20, 41) zurück.

307 BFB 1927, S. 10 Nr. 1; *Koch*, AGB, S. 41.

308 Vgl. Anm. 307.

309 Vgl. Anm. 303, 304 mit Text.

310 *Koch*, AGB, S. 41, nennt auch keinen anderen.

Zusammenfassung in einem einheitlichen Kontokorrent nicht verpflichtet sei[311]. Diese von den Banken gewählte Fassung war unklar. Gemeint war, daß die einzelnen Konten trotz ihrer Einheitlichkeit nicht in der Weise zusammengerechnet werden sollten, daß eine Vertragspartei den sich dann gegen sie ergebenden Saldo zu verzinsen hätte[312]. Der Kunde hatte also gegebenenfalls für ein Debet auf einem Konto hohe Kreditzinsen zu entrichten, während ihm für ein möglicherweise sogar größeres Guthaben auf einem anderen Konto nur die niedrigeren Habenzinsen vergütet wurden[313]. Begründet wurde dieses Verfahren — wohl zu Recht — damit, daß eine fortlaufende Zusammenrechnung der gesondert geführten Konten technisch nahezu unmöglich sei und einen unverhältnismäßig hohen Verwaltungsaufwand von seiten der Bank erfordern würde[314]. Daneben mag auch das Gewinnstreben der Banken eine Rolle gespielt haben[315]. Immerhin stand es aber dem Kunden frei, durch entsprechende Überweisungen dafür zu sorgen, daß sein Debet möglichst niedrig blieb, wenn er auf anderen Konten über Guthaben verfügte[316]. Heute würden die technischen Schwierigkeiten allein mit Rücksicht auf die fortgeschrittene Technisierung und Automatisierung des Bankbetriebs die unterschiedliche Zinsberechnung kaum noch rechtfertigen; mit dem Verschwinden der Einheitsklausel im Jahre 1937[317] ist die selbständige Abrechnung der einzelnen Konten aber selbstverständlich geworden[318].

Die getrennte Abrechnung der einzelnen Konten war bei den Banken schon üblich, lange bevor in den Geschäftsbedingungen darüber etwas gesagt war[319]. Anlaß für die ausdrückliche Regelung in den AGB war vermutlich die Entscheidung des Reichsgerichts vom 29. November 1927[320]. Zwar fiel sie im Sinne der klagenden Bank aus, doch wirkte sie wahrscheinlich für die Banken deshalb aufrüttelnd, weil sie zeigte, daß trotz der Üblichkeit des Abrechnungsverfahrens ein Streit darüber bis vor das höchste Gericht gelangen konnte; die neue Ergänzung der Geschäftsbedingungen sollte dem vorbeugen.

---

[311] BFB 1928, S. 11 Nr. 1 bis BFB 1936, S. 13 Nr. 3.

[312] Ebenso für einen entsprechenden, allerdings klarer gefaßten Satz in den AGB der österreichischen Kreditinstitute (abgedruckt bei *Schinnerer*, Bankverträge, I., S. 178 (199) unter Punkt 2), *Schinnerer*, aaO. S. 23/24.

[313] Vgl. *Koch* AGB, S. 45; siehe auch *Graf*, Interessen, S. 64.

[314] *Koch*, AGB, S. 45; RG BA 27, 300 (301).

[315] Vgl. die Berechnung bei *Koch*, AGB, S. 46.

[316] Vgl. Gutachten der Industrie- und Handelskammer Berlin vom 28. Oktober 1929 in HR und HB 1929 S. 517 Nr. 181.

[317] BFB 1939, S. 5 Nr. 2.

[318] Über die Einschränkungen, die hier die am 1. März 1965 in Kraft getretene ZVO gebracht hat, vgl. oben 2. Abschnitt, C 2, S. 39.

[319] Siehe Anm. 317 sowie *Haupt*, AGB, S. 108.

[320] In BA 27, 300 f. = JW 1928, 618.

2. Das Ende der Einheitlichkeitsklausel

a) *Die Gründe für die Abschaffung der Konteneinheit*

Wie soeben gezeigt, hatte sich die Einheitlichkeitsklausel im Laufe der Zeit immer mehr zu einem reinen Schutzinstrument für die Banken entwickelt. Mit Recht bemängelte deshalb im Jahre 1937 Haupt[321], daß sich die Banken einer so versteckten, für den Laien nicht ohne weiteres überschaubaren Rechtsfigur bedienten, um ihre Interessen zu wahren, statt dies durch Aufnahme entsprechender klarer Klauseln in die Geschäftsbedingungen zu tun. Haupt war sogar der Ansicht, daß sämtliche Wirkungen der Einheitlichkeitsklausel durch gesetzliche Vorschriften und durch bestehende Bestimmungen in den AGB ohnehin bereits voll erreicht würden (§§ 273, 387 BGB, übliche Pfandklausel mit Pfandrecht an den Guthaben des Kunden). Daß das Zurückbehaltungsrecht des § 273 BGB den Bedürfnissen der Banken nicht genügte, wurde oben[322] bereits dargelegt. Aber auch das gesetzliche Aufrechnungsrecht des § 387 BGB konnte die Banken nicht davor bewahren, daß der Kunde seinerseits von diesem Recht Gebrauch machte und durch Aufrechnung gegen die Salden einzelner Konten seiner Bank mit zweifelhaften oder erdichteten Forderungen, die er außerhalb der Geschäftsverbindung mit seiner Bank — z. B. durch Abtretung von einem Dritten — erlangt haben wollte, Schwierigkeiten bereitete.

Was schließlich die „übliche Pfandklausel" angeht, so umfaßt sie erst seit etwa 1920 auch ein Pfandrecht für die Bank an den Guthaben des Kunden bei ihr[323]. Daß die Bestellung eines Pfandrechts an eigener Schuld rechtlich möglich und zulässig ist, wird seit langem allgemein anerkannt[324]; einer Anzeige gemäß § 1280 BGB bedarf es dabei wegen der Identität des Schuldners und des Pfandgläubigers nicht[325]. Fraglich ist, ob die Bank durch dieses Pfandrecht ebenso gestellt würde wie durch die Einheitlichkeitsklausel.

Zunächst gewährt das Pfandrecht die Befugnis, die Auszahlung des Guthabens an den Kunden zu verweigern. Das ergibt § 1281 BGB, wonach der Schuldner der pfandverhafteten Forderung nur an den Gläubiger und den Pfandgläubiger gemeinschaftlich leisten darf[326]. Eine

---

321 AGB, S. 112, 113.

322 2. Abschnitt, G 1 a), S. 62.

323 BFB 1920, S. 7 Nr. 11.

324 RGZ 20, 365 (372); RGZ 57, 358 (363); RG Recht 1923 Nr. 350; RGZ 116, 198; BGH Betrieb 1956, 183; *Klee*, BB 1951, 351 (353); *Staudinger-Spreng*, BGB, § 1279 Rdn. 1 a.

325 RGZ 116, 198; RG Recht 1923 Nr. 350; BGH Betrieb 1956, 183.

326 Vgl. BGH Betrieb 1956, 183.

Gefahr bestand aber für die Bank insofern, als der Kunde möglicherweise gemäß § 1281 Satz 2, 2. Halbsatz BGB die Hinterlegung des Guthabens verlangen konnte — ein für die Bank höchst unerwünschtes Ergebnis, denn sie hätte die entsprechenden Mittel dann nicht mehr für ihre Geschäftstätigkeit zur Verfügung. Ob der Kunde Hinterlegung hätte verlangen können, erscheint zweifelhaft, denn die Banken pflegten sich ebenfalls seit etwa 1920 in den AGB das Recht vorzubehalten, ihnen verpfändete Forderungen ohne Zustimmung des Verpfänders (hier des Kunden) einziehen zu dürfen[327], allerdings erst bei Lösung der Geschäftsverbindung. Diese Regelung war zwar in erster Linie wohl für Forderungen Dritter, also nicht für solche des Kunden gegen die Bank gedacht, doch erfaßte sie in ihrer allgemeinen Fassung auch diese. Es mag dahinstehen, ob sich aus diesen Überlegungen der Schluß herleiten läßt, der Kunde habe Hinterlegung verlangen können. Unter der Geltung der Einheitlichkeitsklausel konnten solche Zweifel erst gar nicht aufkommen. Ganz überflüssig war die Bestimmung also neben der Pfandklausel entgegen der Ansicht Haupts[328] schon aus diesem Grunde nicht. Allerdings ist Haupt zuzugeben, daß die Bestimmung des § 355 HGB hier gewissermaßen „zweckentfremdet" wurde. Dasselbe Ergebnis hätte auch mit einem deutlicheren Satz erreicht werden können, wie etwa:

> **„Der Kunde kann keine Rechte aus § 1281 Satz 2 BGB herleiten".**

oder noch klarer:

> **„Der Kunde kann in keinem Fall Hinterlegung seines Guthabens verlangen".**

Dies wäre angesichts der Abdingbarkeit des § 1281 BGB (vgl. § 1284 BGB) ohne weiteres möglich gewesen.

Darüber hinaus zeitigte die Einheitlichkeitsklausel mit der Pfandbestimmung noch in anderer Beziehung eine weitergehende, für die Bank ungleich bedeutsamere Wirkung: Dem Kunden war durch sie die Möglichkeit der Aufrechnung mit seinem Guthaben gegen eine Forderung der Bank genommen; das Pfandrecht der Bank an dem Guthaben hätte die Aufrechnung durch den Kunden nicht ausgeschlossen[329]. Gerade insoweit waren und sind die Banken aber stark daran interessiert, daß ohne ihre Zustimmung keine Aufrechnung stattfindet[330]. Bedeutungslos war die Einheitsklausel also trotz des Bestehens der Pfandklausel keineswegs. Allerdings wäre auch hier eine offene

---

[327] BFB 1920, S. 8 Nr. 11.

[328] AGB, S. 112, 113.

[329] RGZ 57, 358 (364); vgl. auch RGZ 6, 277 (279/280).

[330] Vgl. oben 2. Abschnitt, G 1 a), S. 60.

Bestimmung in den AGB glücklicher und den Kunden gegenüber fairer gewesen:

„Der Kunde darf mit Forderungen gegen die Bank nicht aufrechnen, es sei denn mit Zustimmung der Bank."[331]

Eine weitere Aushöhlung hatte die Einheitsklausel dadurch erfahren, daß die Banken sich das Recht vorbehielten, vom Kunden eingereichte Wechsel oder Schecks ohne Rücksicht auf das bestehende Rechnungsverhältnis einzuklagen, wenn sie nicht bezahlt werden sollten, selbst dann, wenn sie dem Kunden zurückbelastet worden waren, was regelmäßig geschah[332].

Die Rechtsprechung des Reichsgerichts zur Bedeutung der Klausel von der Konteneinheit war nicht einheitlich. Im Jahre 1919 ließ der I. Senat gegenüber der klagenden Bank die Berufung eines Kunden auf die Einheitlichkeit aller Konten innerhalb eines Kontokorrents zu mit der Begründung, das Publikum verstehe die Klausel dahin, daß die verschiedenen Konten ein Gesamtkonto bildeten und darum einzeln nicht einklagbar seien[333]; solle der Klausel eine andere Bedeutung beigemessen werden, so müsse das im Einzelfall erkennbar vereinbart sein[334].

Der II. Senat des Gerichts erkannte dagegen in einer Entscheidung aus dem Jahre 1927[335] die Argumente des Berufungsgerichts ohne weiteres an, die Einrichtung mehrerer Konten für verschiedene Zwecke habe gerade den Sinn, die auf den einzelnen Konten verbuchten Geschäfte hinsichtlich Zins- und Provisionsberechnung einer gesonderten kontokorrentmäßigen Behandlung zu unterwerfen und die Verrechnung der auf verschiedenen Konten gebuchten Ansprüche untereinander auszuschließen; dies sei dem Beklagten als Bankfachmann auch bekannt gewesen.

---

[331] Seit Auflösung der Konteneinheit findet sich diese Bestimmung folgerichtig — etwas anders formuliert — in den AGB aller Banken: BFB 1939, S. 5 Nr. 2.

[332] BFB 1912, S. 10 Nr. 13; Direktion der Diskontogesellschaft (1900) bei *Buff*, Kontokorrentgeschäft, S. 112; Berliner Handelsgesellschaft (1901) bei *Friedberg*, Formelbuch, S. 165; AGB einer Großbank bei *Nußbaum*, Bank- und Börsenrecht, S. 68 Nr. 10; Berliner Handelsgesellschaft (1904) bei *Buff*, aaO. S. 122 Nr. 7; Deutsche Bank (1932) in *Müllereisert*, Formularrecht, S. 186 Nr. 17; ebenso die Genossenschaftsbanken: vgl. *Lang-Bünte*, Volksbanken, S. 6 ff. Nr. III, 1; BFB 1950, S. 40 Nr. 43 Abs. 3, BFB 1962, S. 46 Nr. 42 Abs. 4.

[333] JW 1919, 676; vgl. auch die kritische Anmerkung von *Nußbaum*, JW 1919, 676. Ebenso wie der I. Senat des RG äußerte sich auch der RFinH in BA 21, 340 (342) in einem obiter dictum bei der Frage, ob die Kapitalertragssteuer von den einzelnen Salden oder von dem Gesamtsaldo zu berechnen sei.

[334] Die Reaktion der Banken hierauf ist oben 2. Abschnitt, G 1 a), S. 63, bereits erörtert.

[335] JW 28, 618 = BA 27, 300 (301).

Es zeigt sich, daß das Reichsgericht im Grunde stets auf den einzelnen Fall abstellte[336], dabei der allgemeinen Einheitlichkeitsklausel allerdings unterschiedliche Bedeutung beimaß: Während es 1902[337] — also vor Einführung der Klausel — noch alle Umstände des Einzelfalls peinlich genau gegeneinander abgewogen hatte, flüchtete es sich 17 Jahre später[338] in die formale Erwägung, die Konteneinheit sei mit der Anerkennung der AGB vereinbart und müsse beachtet werden, weil das Publikum mit der Einheit aller Konten rechne. Diese Überlegung ist insofern nicht sehr wirklichkeitsnah, als der großen Masse des Publikums die Klausel entweder gar nicht bekannt, jedenfalls aber in ihren versteckten Auswirkungen nicht gegenwärtig war[339]. Die den tatsächlichen Verhältnissen am besten gerecht werdende Entscheidung aus dem Jahre 1928[340] machte den Banken schließlich deutlich, daß Einheitlichkeitsklausel und Praxis in einen Widerstreit geraten waren, der nur durch verschiedene Zusätze zu der Klausel notdürftig überbrückt worden war: Insbesondere fand die ständige Zusammenrechnung der einzelnen Salden zum Zwecke der Zinsberechnung, die die Konteneinheit an sich logisch erfordert hätte, nicht statt[341]. Deshalb[342] und deutlich auch unter dem Einfluß der Kritik Haupts[343] ersetzten die Banken die Einheitlichkeitsklausel im Dezember 1937 durch die Bestimmung, daß jedes Konto ein selbständiges Kontokorrentkonto bilden solle[344]. Fortan sollten das gesetzliche Aufrechnungsrecht (§ 387 BGB) und das Zurückbehaltungsrecht des BGB (§ 273), die schon seit langem zusätzlich auch noch in den AGB festgelegt waren[345], sowie das Pfandrecht der Bank an den Guthaben des Kunden[346] die Funktionen der Einheitlichkeitsklausel übernehmen[347].

---

336 Ebenso der RFinH in BA 21, 340 (342) sowie jetzt der BGH in BB 1952, 331.

337 Gruchot 47, 676 ff.

338 JW 1919, 676.

339 Vgl. zu diesem Problem allgemein *Sontag* in BA 3, 181.

340 JW 28, 618.

341 Siehe oben 2. Abschnitt, G 1 c), vgl. auch *Graf*, Interessen, S. 64.

342 Zu Unrecht glaubt der BGH (BB 1952, 331), die Änderung auf den Wegfall der Urkundensteuer zurückführen zu können: Zwar waren die Landesstempelgesetze am 1. Juli 1936 außer Kraft getreten (§ 51 UrkStG — RGBl I S. 407), doch wurde auf Grund von § 22 des an ihre Stelle getretenen Urkundensteuergesetzes der Urkundenstempel für Schuldverschreibungen weiterhin erhoben; dies änderte sich erst 1941 mit der Abschaffung der Stempelsteuer (VO über die Änderung von Steuergesetzen vom 20. August 1941 — RGBl I S. 510 Abschn. IV, § 5).

343 AGB, S. 112, 113; *Schütz*, BFB 1939, S. 4 (Einleitung), S. 6 Anm. 2, der sich die Argumente Haupts zu eigen macht.

344 BFB 1939, S. 5 Nr. 2.

345 Vgl. BFB 1912, S. 10 Nr. 12; BFB 1920, S. 8 Nr. 11.

346 Vgl. oben 2. Abschnitt, G 2 a), S. 65.

347 *Schütz*, BFB 1939, S. 6 Anm. 2.

Im übrigen bringt die Trennung der Konten für die Beteiligten noch einen besonderen Vorteil mit sich, worauf in den AGB Sparkassen[348] mit Recht hingewiesen wird: Wenn für ein bestimmtes Konto besondere Sicherheiten (z. B. Staatsbürgschaften oder andere von Dritten gewährte Sicherheiten) bestellt sind, so würden diese entsprechend dem sowohl für das Periodenkontokorrent als auch für das Staffelkontokorrent[349] geltenden „Grundsatz der niedrigsten Saldohaftung" immer dann teilweise oder ganz erlöschen, wenn sich für den Kunden auf anderen Konten Guthaben ergäben. Diese Guthaben müßten nämlich, wenn alle Konten ein einheitliches Kontokorrent bildeten, mit dem gesicherten Debetposten verrechnet werden und würden ihn vermindern. Auch die allgemeine Pfandklausel in den AGB[350] würde an diesem Ergebnis nichts ändern, weil sie sich nur auf die vom Kunden — und nicht auf die von Dritten — gestellten Sicherheiten bezieht und auch nur beziehen kann, weil die AGB nur im Verhältnis zwischen Bank und Kunden wirksam sind. Unter der Geltung der Einheitlichkeitsklausel hätte das Erlöschen von durch Dritte gewährten Sicherheiten nur durch Vereinbarungen zwischen Bank und Sicherungsgeber des Inhalts vermieden werden können, daß die Sicherheiten bis zu einer bestimmten Höhe für den jeweiligen Gesamtsaldo haften sollten[351]. Nach Beseitigung der Klausel war dies nicht mehr erforderlich; die Beteiligten konnten dasselbe Ergebnis bereits dadurch erzielen, daß sie Bewegungen des gesicherten Kontos vermieden.

b) *Aufrechnungsbeschränkung für den Kunden*

Gegen ihnen nicht genehme Aufrechnungen der Kunden gegen Forderungen der Bank, die nach der Verselbständigung der einzelnen Konten jetzt gegen deren Salden[352] möglich gewesen wären, schützten sich die Banken dadurch, daß sie die neue Kontokorrentklausel mit folgendem Zusatz versahen:

> „Der Kunde kann Forderungen gegen die Bank nur ... insoweit aufrechnen, als die Bank die Forderungen anerkennt."[353]

Es handelt sich hier um eine vereinbarte Beschränkung des Aufrechnungsrechts des Kunden, die sich nicht nur auf Kontokorrentsalden, sondern auch auf Forderungen bezieht, die der Kunde von Dritten gegen die Bank erlangt hat oder die ihm sonst gegen die Bank erwachsen sind, ohne in ein Kontokorrentverhältnis zu fallen, etwa Schadensersatz-

---

[348] S. 92 Rdn. 45.

[349] § 356 HGB (Periodenkontokorrent); für das Staffelkontokorrent vgl. oben 2. Abschnitt, E 3.

[350] Vgl. BFB 1939, S. 20 Nr. 19 Abs. 2 sowie die Pfandklausel in allen folgenden Ausgaben des BFB.

[351] Vgl. oben 2. Abschnitt, E 3.

[352] Vgl. unten 2. Abschnitt, G 3.

[353] BFB 1939, S. 5 Nr. 2; BFB 1962, S. 9/10 Nr. 2.

forderungen aus unerlaubter Handlung der Bank. Dies folgt aus der allgemeinen Fassung der Aufrechnungsbeschränkung und aus ihrem Sinn, die Aufrechnung mit erdichteten oder sonst unsicheren Forderungen des Kunden zu unterbinden[354]. Gegen die Zulässigkeit einer solchen Vereinbarung bestehen grundsätzlich keine Bedenken[355]. Sie folgt aus dem Grundsatz der Vertragsfreiheit und daraus, daß das Gesetz in § 391 Abs. 2 BGB selbst eine Auslegungsregel für den Ausschluß der Aufrechnung unter bestimmten Umständen aufstellt[356]. Eine andere Frage ist, ob die Berufung auf die Ausschlußvereinbarung stets zulässig ist oder unter Umständen sittenwidrig sein kann. Allgemein wird man sagen können, daß der Aufrechnungsausschluß immer dann zur Geltung kommt, wenn durch ihn erreicht werden kann, daß die Bank vor zahlungsunfähigen oder -unwilligen Schuldnern geschützt wird, die mit Forderungen aufrechnen wollen, die nicht ohne weiteres als dem Grunde und der Höhe nach berechtigt kenntlich sind[357].

Rechtskonstruktiv bedeutet der Anerkennungsvorbehalt, daß jede einseitige Aufrechnung gemäß § 387 BGB durch den Kunden ausgeschlossen ist. Außerhalb der Verrechnung im Kontokorrent[358] bleibt ihm nur der Aufrechnungsvertrag mit der Bank[359]. Dieser kommt in der Weise

---

[354] *Schütz*, BFB 1939, S. 7 Anm. 5; vgl. auch BGH LM Nr. 20 zu § 387 BGB. Denselben Erfolg hätten die Banken im übrigen auch dadurch erreichen können, daß sie durch einen entsprechenden Satz in den AGB auch solche Ansprüche der Kontokorrentpflicht unterworfen hätten; dies wäre zulässig: *Schlegelberger-Hefermehl*, HGB, § 355 Rdn. 20; BGH BB 59, 59.

[355] *Enneccerus-Lehmann*, BGB, Schuldrecht, § 73, I, S. 292; *RGRK-Löscher*, BGB, § 387 Anm. 34; RGZ 60, 356 ff.; 124, 11 ff.; BGH LM Nr. 20 zu § 387 BGB; BGHZ 12, 136 (142/3) für den verwandten § 32 ADSp; OLG Nürnberg WM 1960, 890 (892).

[356] Vgl. *Enneccerus-Lehmann*, aaO.

[357] Der BGH hat 1956 (LM Nr. 20 zu § 387 BGB) einer Bank die Berufung auf den Aufrechnungsausschluß als Treu und Glauben widersprechend versagt, weil sich ihre Forderung auf ein Kreditverhältnis und die Gegenforderung des Kunden auf das damit zusammenhängende Kreditsicherungsverhältnis gründete. Derselbe Senat (I) des BGH hatte schon 1954 (BGHZ 7, 136 [143]) zu § 32 ADSp („Gegenüber Ansprüchen des Spediteurs ist Aufrechnung ... nur mit ... Gegenansprüchen des Auftraggebers, denen ein Einwand nicht entgegensteht, zulässig") ausgesprochen, ein bloßer Widerspruch des Spediteurs gegen die Aufrechnung sei unbeachtlich; der Spediteur müsse sich zur Gegenforderung substantiiert erklären und diese müsse daraufhin nicht als ohne weiteres unbegründet, sondern als aufklärungsbedürftig erscheinen. Der VII. Senat des BGH ließ 1961 (BB 1961, 1345) dahingestellt, ob die Bank dann arglistig handele, wenn sie sich gegenüber einer dem Grund und der Höhe nach unstreitigen Gegenforderung auf den Aufrechnungsausschluß zurückziehe.

[358] Die auch Aufrechnungsvertrag ist — Anm. 224 und 225 mit Text.

[359] Es entspricht der allgemeinen Anschauung, daß die Verrechnung gegenseitiger Forderungen außer durch einseitige, gestaltende Aufrechnungserklärung auch durch einen gegenseitigen sog. „Erfüllungsersetzungsvertrag" (Aufrechnungsvertrag) stattfinden kann — vgl. statt aller *Enneccerus-Lehmann*, BGB, Schuldrecht, § 69 I 3 S. 276.

zustande, daß die Bank die Aufrechnungsforderung des Kunden entweder schlüssig — z. B. durch Buchung auf einem Habenkonto — oder, insbesondere wenn es sich um Forderungen handelt, die er im Wege der Abtretung von Dritten erlangt hat, ausdrücklich als gerechtfertigt anerkennt; der Kunde äußert seinen rechtsgeschäftlichen Willen dann durch eine Verrechnungserklärung, die gegebenenfalls schon in dem etwa geäußerten Verlangen auf Anerkennung einer bestimmten Forderung verbunden mit der Weigerung, eine bestimmte Forderung der Bank zu begleichen, liegen kann. Will der Kunde ein Guthaben oder ein Debet aus einem Kontokorrentkonto verrechnet wissen, so war früher in seinem entsprechenden Verlangen gleichzeitig die Kündigung dieses Kontokorrentverhältnisses gemäß § 355 Abs. 3 HGB und der inhaltlich gleichen Bestimmung der AGB[360] zu sehen; heute ist dies nur noch selten der Fall, weil die meisten Kontokorrentkonten als Staffelkontokorrente geführt werden, bei denen für einen Beteiligten stets eine Forderung in Höhe des jeweiligen Saldos vorhanden ist.

Die Aufrechnungsbeschränkung galt und gilt auch dann, wenn der Kunde nur ein einziges Konto bei der Bank unterhält, gegen dessen Debetsaldo er aufrechnen will. Dies folgt wiederum aus dem Zweck der Klausel, die Bank vor der Inanspruchnahme mit unbegründeten Forderungen zu schützen[361]. Der Umstand, daß in Nr. 2 der AGB die Worte „mehrere Konten" und „aufrechnen" gesperrt gedruckt sind[362], gibt demgegenüber keinen Anhalt für eine andere Auslegung[363].

c) *Bevorrechtigte Forderungen der Bank im Konkurs des Kunden*

Gleichzeitig mit der Abschaffung der Einheitlichkeitsklausel fügten die Banken den bis heute erhaltenen Zusatz in die Kontokorrent-Bestimmung ein, die Bank könne bevorrechtigte Forderungen trotz ihrer Einstellung ins Kontokorrent selbständig geltend machen[364]. Damit sollte die „Anwendbarkeit des § 356 HGB auf Konkursvorrechte" klargestellt werden[365]. Schütz[365 366] meint, die Klausel sei „z. B. in dem Fall wichtig, daß die Bank für ihren in Konkurs geratenen Kunden Zollforderungen oder andere bevorrechtigte Forderungen, z. B. auf Grund einer Bürgschaft" bezahlt hat. Warum die Klausel erst 1937 in die AGB Eingang gefunden hat, ist nicht ersichtlich.

Daß die Bestimmung sich nur auf den Konkursfall beziehen kann, erhellt aus dem Wort „bevorrechtigt"; nur im Konkursverfahren spielen

---

[360] Vgl. oben 2. Abschnitt, Anm. 299 mit Text.
[361] Vgl. oben 2. Abschnitt, G 2 a) und 2 b), S. 65, 70.
[362] Vgl. BFB 1939, S. 5 Nr. 2, 1962, S. 9 Nr. 2.
[363] BGH LM Nr. 20 zu § 387 BGB.
[364] BFB 1939, S. 5 Nr. 2, BFB 1962, S. 10 Nr. 2 Abs. 1.
[365] *Schütz*, BFB 1939, S. 6 Anm. 6.
[366] Ebenso *Dermitzel*, Recht der Banken, Anm. 2 zu Nr. 2 AGB, S. 20.

bevorrechtigte Forderungen eine Rolle[367], § 61 Nr. 1— 5 KO. Die Begründung der Banken für die Aufnahme des Zusatzes[368] ist mindestens mißverständlich. Man könnte danach meinen, erst durch die fragliche Regelung in den AGB werde bewirkt oder mitbewirkt („klargestellt"[368]), daß Konkursvorrechte, die mit bestimmten Forderungen verbunden sind, durch deren Einstellung in ein Kontokorrent und durch die spätere Saldierung nicht untergehen. Eine solche Vereinbarung läge aber nicht im Verfügungsbereich der Beteiligten, weil das Konkursvorrecht nicht auf ihrem Willen, sondern auf gesetzlichen Vorschriften beruht (§ 61 Nr. 1—5 KO).

Hier gewinnt § 356 HGB für das Periodenkontokorrent direkt und für das Staffelkontokorrent bei entsprechender Anwendung[369] Bedeutung. Danach ist der Gläubiger einer durch Pfand, Bürgschaft „oder in anderer Weise" gesicherten Forderung durch die Anerkennung des Saldos nicht gehindert, aus der Sicherheit insoweit Befriedigung zu suchen, als sein Guthaben aus der laufenden Rechnung und die Forderung sich decken. „In anderer Weise gesichert" ist eine Forderung auch dann, wenn für sie ein Konkursvorrecht besteht. Dieses Recht steht den dinglichen Sicherungsrechten der in § 356 HGB aufgeführten Arten interessenmäßig gleich und ist deswegen ebenso wie diese zu behandeln[370]. Aus diesem Grunde und nicht, weil es in den Geschäftsbedingungen so vereinbart ist, geht der Bank ein mit einer Forderung verbundenes Konkursvorrecht durch deren Einstellung ins Kontokorrent und durch die Saldierungen nicht verloren. Allerdings gilt für dieses Recht wie auch für die anderen Sicherungsrechte der Grundsatz, daß es bei mehrfacher Saldoziehung nur für den niedrigsten Zwischensaldo bestehen bleibt und nur insoweit, als sich dieser und die bevorrechtigte Forderung decken; im übrigen erlischt es und lebt auch bei einer Erhöhung des Saldos durch eine der folgenden Buchungen nicht wieder auf.

---

[367] Im Vergleichsverfahren, in dem der Begriff der bevorrechtigten Forderung im übrigen auch noch auftaucht, nehmen Gläubiger, „deren Forderungen im Konkurs ein Vorrecht genießen", nicht am Verfahren teil, § 26 Abs. 1 VerglO.

[368] Vgl. *Schütz,* BFB 1939, S. 6 Anm. 6.

[369] Vgl. Anm. 249 mit Text.

[370] Dies ist jetzt in der Lehre ganz h. A.: *RGRK-Godin,* HGB, § 356 Anm. 2; *Baumbach-Duden,* HGB, §§ 355—357 Anm. 6 A; *Schlegelberger-Hefermehl,* HGB, § 356 Rdn. 7; *Böhle-Stamschräder,* KO, § 61 Anm. 2; *Jaeger-Lent,* KO, § 61 Anm. 12; a. A. noch *Jaeger,* KO, 6./7. Aufl. 1936, § 61 Anm. 12, *Düringer-Hachenburg-Breit,* HGB (1932), § 356 Anm. 19 sowie *Ritter,* HGB (1932), § 356 Anm. 2, der diese Ansicht jedoch selbst als wenig befriedigend bezeichnet, ferner noch *Kersting,* DR 1940, 694 (695). In der Rechtsprechung wird seit 1939 ebenfalls ständig diese Ansicht vertreten: OLG Hamburg BA 37/38, 760 ff. (1938); RG BA 40, 129 ff. (1939) = RGZ 162, 244 (252); RGZ 164, 212 (215) (1940), anders früher (1880) das RG: RGZ 3, 17 (19).

Der Klausel kann auch nicht die Bedeutung beigemessen werden, daß bestimmte Forderungen auch schon während des Bestehens des Kontokorrentverhältnisses vor dem Konkursfall trotz ihrer Einstellung ins Kontokorrent selbständig geltend gemacht werden dürften; eine solche Vereinbarung wäre allerdings möglich, doch kann es „bevorrechtigte Forderungen", um die es hier geht, nur im Konkurs geben[371]. Fällt der Kunde aber in Konkurs, so wird dadurch das Kontokorrentverhältnis aufgelöst[372], weil dann eine andere Abwicklung der Geschäftsbeziehungen erforderlich wird, als sie innerhalb eines Kontokorrentverhältnisses möglich ist.

Als Ergebnis ist also festzuhalten, daß der behandelte Zusatz in den AGB keinerlei selbständige rechtliche Wirkungen hat und deshalb als überflüssig gestrichen werden könnte. Selbst die „Klarstellung" der Geltung des § 356 HGB auch für Konkursvorrechte ist unnötig: Der Bank ist dies selbstverständlich bekannt; sollte der Kunde — was regelmäßig der Fall sein wird — nichts davon wissen, so ist dies unschädlich: Solange seine Geschäfte sich günstig entwickeln, interessiert ihn der Konkursfall nicht, tritt er aber ein, so kümmert es ihn wenig, ob seine Bank in bestimmtem Umfang vor anderen Konkursgläubigern Befriedigung verlangen kann oder nicht. Der Kunde braucht also über die möglichen Wirkungen des § 356 HGB im Konkursfall nicht unterrichtet zu werden, jedenfalls nicht ganz allgemein in den AGB.

3. Abkehr von der allgemeinen Kontokorrentabrede für alle Konten

Abgesehen von der Einfügung eines hier noch nicht interessierenden Absatzes über Gemeinschaftskonten im November 1942[373] erhielt die Kontokorrentregelung in den AGB ihre heutige Fassung durch eine letzte Änderung im Jahre 1955: Fortan sollten nicht mehr unterschiedslos alle Konten, sondern nur noch die Kontokorrentkonten je ein selbständiges Kontokorrent bilden[374], um nicht „zwangsweise Konten (zu) Kontokorrentkonten werden" zu lassen, „auf welche die Voraussetzungen hierfür nicht zutreffen[375]".

---

[371] Vgl. Anm. 367 mit Text.

[372] RGZ 162, 244 (245); 149, 19 (25); 125, 411 (416); 22, 148 (150); *Baumbach-Duden*, HGB, §§ 355—357 Anm. 9; *RGRK-Godin*, HGB, § 355 Anm. 41 a.

[373] BFB 1943, S. 8 Nr. 2 Abs. 2 — vgl. darüber unten 2. Abschnitt, H.

[374] BFB 1955, S. 7 Nr. 2. *Kühne*, Kontokorrentverhältnisse, hat diese Änderung übersehen; er meint immer noch, daß nach Nr. 2 AGB jedes Konto ein Kontokorrentkonto bilde. *Hintner* (in Obst-Hintner, Geld-, Bank- und Börsenwesen, S. 450) ist darüber hinaus sogar die Abschaffung der Einheitlichkeitsklausel entgangen.

[375] *Schütz*, BFB 1955, S. 9 Anm. 2.

Der Grund für diese Änderung läßt sich nicht mit Gewißheit ermitteln. Ziemlich sicher ist aber, daß er nicht in einem Wandel der Rechtsansichten der Banken zu suchen ist: Die von Schütz[376] gegebene Erklärung kann allerdings den Eindruck erwecken, als habe man erst zu dieser Zeit (1955) die Erkenntnis gewonnen, daß allein durch eine entsprechende Abrede nicht jedes Konto den Regeln des Kontokorrents unterworfen werden kann, wenn die Grundvoraussetzung der Möglichkeit der Entstehung von Ansprüchen auf beiden Seiten nicht gegeben ist[377]. Hiergegen spricht aber die Tatsache, daß gerade dieses Erfordernis nie jemals in Frage gestellt worden war[378], was auch den Banken nicht unbekannt war[379].

Wahrscheinlicher ist, daß die Neufassung aus folgenden Überlegungen heraus gewählt wurde, die sich aus wirtschaftlichen Entwicklungen ergaben[380]: Im Zusammenhang mit dem Wiederaufbau Deutschlands nach dem 2. Weltkrieg und insbesondere mit dem Aufblühen der Wirtschaft nach der Währungsreform 1948 war der Bedarf an Krediten ständig und stürmisch gewachsen[381]. Da die Banken ihn nicht ausschließlich aus eigenen Mitteln decken konnten, mußten sie sich in großem Umfang, u. a. durch Kreditaufnahme (Refinanzierung), Gelder von den zentralen Kreditinstituten (Lastenausgleichsbank, Kreditanstalt für Wiederaufbau, Deutsche Genossenschaftskasse, Landwirtschaftliche Rentenbank, Deutsche Girozentrale[382]) oder direkt aus der öffentlichen Hand[383] verschaffen[384].

---

[376] BFB 1955, S. 9. Anm. 2.

[377] Vgl. oben 2. Abschnitt, F.

[378] Vgl. z. B. *Schlegelberger-Hefermehl*, HGB, § 355 Rdn. 8; *RGRK-Godin*, HGB, § 355 Anm. 8; *Staub-Koenige*, HGB, § 355 Anm. 8; *Ritter*, HGB, § 355 Anm. 5 b; vgl. auch RG Gruchot 54, 407 (411). Teilweise wurde sogar verlangt, daß auf beiden Seiten auch tatsächlich Forderungen entstanden — vgl. Anm. 265.

[379] Vgl. *Schütz*, BFB 1924, S. 2 Anm. 5; siehe auch *Schütz*, BFB 1955, S. 9 Anm. 3.

[380] Eine Andeutung in dieser Richtung macht auch *Schütz* in BFB 1955, S. 9 Anm. 2. Ferner heißt es in dem Rundschreiben des Bundesverbandes des privaten Bankgewerbes vom 1. Juli 1955: „Die wirtschaftliche und rechtliche Fortentwicklung seit 1948 ... haben uns Veranlassung gegeben, die geltende Fassung der AGB der privaten Banken ... eingehend zu überprüfen. ... Die Änderungen erschienen zweckmäßig, um die AGB den neuen tatsächlichen und rechtlichen Gegebenheiten anzupassen."

[381] *Thomas*, Ausleihungen, S. 243 Tabelle 34. Insbesondere wurden mittel- und langfristige Kredite benötigt — vgl. *Hellwig*, Kreditschöpfung, Tabelle S. 38.

[382] *Menzel*, Hausbanken, S. 39.

[383] Vgl. Probleme der Kreditfinanzierung, S. 91 ff.

[384] Vgl. Bericht des Bundesverbandes des privaten Bankgewerbes über das Geschäftsjahr 1955, S. 54 Tabelle 3; *Menzel*, Hausbanken, S. 15—21; *Justat* und *Maurer*, ZKW 1954, 119.

Die Vergabe der öffentlichen Gelder und der Mittel der zentralen Kreditinstitute fand und findet in der Form des Buchkredits[385], und zwar auf zwei Wegen statt: Entweder wird der Kredit von der öffentlichen Hand oder dem Zentralinstitut direkt an den Kreditnehmer gegeben, wobei dessen Hausbank nur technische Hilfe leistet. Dieser Weg wird verhältnismäßig selten beschritten[386], weil die Geldgeber auf größtmögliche Sicherheit bedacht sind. Diese erhalten sie dadurch, daß sie sich außer den vom Kreditnehmer zu stellenden Sicherheiten auch noch das Obligo der Hausbank verschaffen[387]. Deshalb wird meist die andere Form der Vergabe der Mittel gewählt, die darin besteht, daß die Gelder den Hausbanken als Selbstschuldnern zur Verfügung gestellt werden mit der Verpflichtung, sie im eigenen Namen an bestimmte Dritte, die eigentlichen Kreditnehmer, weiterzugeben[388]. Zur Sicherung des Zentralinstituts oder der öffentlichen Hand werden dann von den Hausbanken deren Forderungen gegen die Kreditnehmer mit den akzessorischen (§ 401 BGB) und den nicht akzessorischen (besondere Übertragungsverträge) Sicherheiten an den Geldgeber abgetreten[389], und zwar regelmäßig in stiller Form[390].

Diese Abtretungen würden aus verschiedenen Gründen auf Schwierigkeiten stoßen, wenn die Forderungen der Hausbanken innerhalb laufender Rechnungen ständen. Zunächst ist sehr fraglich, ob sie überhaupt rechtlich möglich wären. Sicher ist, daß weder beim Überziehungskredit noch bei der Kreditgewährung über ein Kreditsonderkonto[391] einzelne in die Rechnung eingestellte Forderungen oder Forderungsteile durch die Bank abgetreten werden können, wenn das Konto — wie regelmäßig das Girokonto und manchmal auch das Kreditsonderkonto[392] — als Kontokorrentkonto geführt wird; denn als bloße Rechnungsgrößen sind sie keiner rechtsgeschäftlichen Verfügung zugänglich[393]. Als Gegenstand der Abtretung käme nur ein Saldo in Frage. Nach der Lehre vom Girokonto — und dementsprechend ggf. auch vom Kreditsonderkonto — als Periodenkontokorrent könnte es sich dabei nur um den bei Beendigung der Geschäftsbeziehung sich ergebenden[394] oder um den künftigen, beim

---

[385] Vgl. darüber Anm. 157 mit Text.

[386] Vgl. Probleme der Kreditfinanzierung, S. 105 f.

[387] *Menzel*, Hausbanken, S. 146.

[388] *Menzel*, aaO. S. 142, 143.

[389] *Menzel*, aaO. S. 143.

[390] Vgl. *Schütz*, BFB 1962, S. 286 unter IX.

[391] Vgl. über beide oben 2. Abschnitt, C 2.

[392] Vgl. oben 2. Abschnitt, E (Girokonto) und F (Kreditsonderkonto).

[393] Vgl. *Grigat*, BB 1952, 819; *Eder*, BB 1953, 191; *Schlegelberger-Hefermehl*, HGB, § 355 Rdn. 27; a. A. wohl *Justat* und *Maurer* in ZKW 1954, 119 (120), die nur auf die Bestimmbarkeit der einzelnen Posten abstellen wollen.

[394] Vgl. *Meyer-Cording*, Banküberweisung, S. 26, 27.

nächsten Periodenschluß zu ermittelnden Saldo handeln, weil danach alle Zwischensalden nur Rechnungsposten sind[395]. Die Abtretung des ersten wäre sehr umständlich und unzweckmäßig, weil dazu das Abrechnungsverhältnis aufgelöst werden müßte und auch eine stille Zession nicht möglich wäre; gerade an dieser ist den Banken aber gelegen[396]. Was den künftigen Saldo angeht, so wird seine Abtretbarkeit vereinzelt mit der Begründung abgelehnt, über ihn sei im Bankenkontokorrent schon dadurch verfügt, daß er vereinbarungsgemäß der erste unselbständige Rechnungsposten innerhalb der nächsten Rechnungsperiode werden solle[397]. Auch wenn man aber die Abtretbarkeit des künftigen Saldos anerkennt[398], so käme er als Sicherungsmittel kaum in Betracht. Den Refinanzierungsbanken wäre an seiner Abtretung wenig gelegen, weil sich schwer übersehen ließe, wie hoch die Forderung der Hausbank bei Periodenschluß sein würde[399]. Zwar könnte zwischen der Bank und dem Kunden vereinbart werden, daß auf dem für die Sicherung der Refinanzierung zu verwendenden Konto keine Aktivposten für den Kunden verbucht werden sollen. Damit würden sich die geldgebenden Banken aber kaum zufriedengeben, weil sie zwischenzeitliche gegenteilige Absprachen oder Verfügungen nicht verhindern könnten[400].

Weniger problematisch ist die Abtretung des Saldos nach der hier sowohl für das Girokonto als auch gegebenenfalls für das Kreditsonderkonto vertretenen Lehre vom Staffelkontokorrent[401], weil danach jeder Zwischensaldo eine wirkliche Forderung ausweist[402]. Diese Forderung kann — wenn die Bank Gläubigerin ist — abgetreten werden[403]. Streitig ist, ob umgekehrt auch der Kunde durch Abtretung über sein Guthaben verfügen kann oder ob ihm dies nach dem Bankvertrag nur durch

---

[395] Vgl. *RGRK-Godin*, HGB, § 355 Anm. 27 unter 6; *Schlegelberger-Hefermehl*, HGB, § 355 Rdn. 27; s. auch *Grigat*, BB 1952, 819; Eder, BB 1953, 191; *Staub-Koenige*, HGB, § 357 Anm. 7. Zu Unrecht behauptet *Krapf* (Kontokorrentvertrag, S. 125), das RG habe in RGZ 125, 408 ff. die Abtretung eines Zwischensaldos anerkannt. Aus jener Entscheidung läßt sich nicht entnehmen, ob sie einen Zwischensaldo oder einen Abschlußsaldo betrifft.

[396] Vgl. *Schütz*, BFB 1962, S. 286 unter IX, 1.

[397] *Grigat*, BB 1952, 819; vgl. auch *Schlegelberger-Hefermehl*, HGB, § 355 Rdn. 40.

[398] So die ganz überwiegende Ansicht: Vgl. z. B. *RGRK-Godin*, HGB, § 357 Anm. 6 a; *Staub-Koenige*, HGB § 357 Anm. 7; *Düringer-Hachenburg-Breit*, HGB, § 357 Anm. 23; BGH NJW 1954, 190; BGH BB 1956, 770 = WM 1956, 1125 (1126).

[399] Vgl. *Grigat*, aaO.

[400] Vgl. *Grigat*, aaO.

[401] Vgl. oben 2. Abschnitt, E, F.

[402] Vgl. oben 2. Abschnitt, D. S. 41.

[403] Vgl. *Nebelung*, NJW 1953, 449; *Krapf*, Kontokorrentvertrag, S. 125; *Weispfennig*, JW 1938, 3091 (3095).

Scheck, Überweisung oder Barabhebung möglich ist[404]; die Frage bedarf hier keiner Entscheidung.

Der Bundesgerichtshof, auf dessen Entscheidungen es für die Praxis und damit für die Geschäftstätigkeit der Banken entscheidend ankommt, hat bisher die Lehre vom Staffelkontokorrent nicht anerkannt, sondern hängt der vom Periodenkontokorrent an. Da nach dieser, wie soeben gezeigt, Salden für Abtretungen nicht geeignet sind, mußten die Banken für Refinanzierungskredite dem Kunden Konten einrichten, die keine Kontokorrentkonten waren, um sich die Sicherungsmöglichkeit durch Abtretung der Kreditforderung an die refinanzierende Stelle zu wahren. Dazu mußte mit dem Kunden vereinbart werden, daß das Kreditkonto als Kreditsonderkonto zu führen sei, auf dem keine Aktivposten für den Kunden verbucht werden würden[405]. Vermutlich um alles zu vermeiden, was die Natur dieser Konten als Nicht-Kontokorrentkonten gefährden konnte, wurde die Klausel, daß jedes Konto ein Kontokorrentkonto sein solle, dahin geändert, daß nur (wirkliche) Kontokorrentkonten Kontokorrentkonten sein sollten[406].

In den Jahren 1956—1958 hatte sich die Liquidität der Banken gegenüber den Vorjahren erheblich vergrößert[407]. Dadurch nahm die Bedeutung der Refinanzierungskredite ab. Seit etwa 1959 hat sich dagegen die Liquiditätslage unter Schwankungen wieder verschlechtert[408] und der Umfang der Refinanzierung ist dementsprechend wieder gewachsen[409].

Die Banken fahren mit der neuen Fassung der Klausel für Refinanzierungszwecke besser als mit der alten. Sie tauschen dagegen keine Nachteile ein: Der Kunde kann nach wie vor über ein etwaiges Guthaben auf einem Nicht-Kontokorrentkonto gegen den Willen der Bank praktisch nicht verfügen. Der Bank stehen das Zurückbehaltungsrecht, das Pfandrecht und die Aufrechnungsmöglichkeit zur Verfügung[410]; der Kunde kann dagegen seinerseits wegen des entsprechenden Zusatzes in der Klausel nur mit von der Bank anerkannten Forderungen aufrechnen[411].

---

[404] So *Baumbach-Duden*, HGB, §§ 355—357 Anm. 7 C für den Fall, daß keine abweichende Vereinbarung getroffen ist.

[405] Vgl. oben 2. Abschnitt, F, S. 56, 57.

[406] Vgl. *Schütz*, BFB 1955, S. 9 Anm. 2; *AGB Sparkassen*, S. 92 Rdn. 42.

[407] Vgl. Berichte des Bundesverbandes des privaten Bankgewerbes über die Geschäftsjahre 1956 (S. 43), 1957 (S. 41 ff.) und 1958 (S. 47 und S. 48 Tabelle V).

[408] Vgl. Berichte des Bundesverbandes des privaten Bankgewerbes über das Geschäftsjahr 1958 (S. 47 und 48 Tabelle 5); 1960 (S. 40); 1961 (S. 41); 1962/63 (S. 21); 1964/65 (S. 13).

[409] Vgl. Berichte des Bundesverbandes des privaten Bankgewerbes 1960 (S. 40, Tabelle); 1962/63 (S. 22); 1963/64 (S. 19); 1964/65 (S. 19).

[410] Vgl. oben 2. Abschnitt, G 2 a), b).

[411] Vgl. oben 2. Abschnitt, G 2 b).

4. Ergebnis

Offen bleibt nur die Frage, warum der Satz, der die Rechtsnatur mehrerer Konten und ihr Verhältnis zueinander betrifft, noch nicht aus den AGB der Banken verschwunden ist. Er enthält gar keine *Regelung* der Rechtsbeziehungen zwischen Bank und Kunden mehr. Werden mehrere Konten geführt, so ist selbstverständlich, daß sie mangels anderer Vereinbarung[412] selbständige Konten sein sollen, denn gerade um bestimmte Geschäfte von anderen zu trennen und sie gesondert abzurechnen, sind überhaupt erst mehrere Konten eingerichtet worden. Sollten trotzdem einmal rein buchhaltungstechnische Gründe für die Trennung bestimmend gewesen sein und sollten die Konten aus irgendwelchen Gründen einer einheitlichen Behandlung bedürfen, so kann und muß dies trotz der anderslautenden Klausel in den AGB geschehen, denn durch die Einzelvereinbarung werden die AGB dann wieder ausgeschaltet[412]. Im übrigen steht fest, daß nur solche Konten als Kontokorrentkonten geführt werden können, bei denen bestimmte Grundvoraussetzungen gegeben sind; es ist nicht erforderlich, daß diese Tatsache in den AGB noch besonders betont wird.

Die fragliche Klausel erfüllt somit in ihrer heutigen Fassung keine rechtliche Funktion mehr, sondern hat allenfalls noch deklaratorische Bedeutung[413]. Daß sie überhaupt noch in den AGB enthalten ist, läßt sich nur unter Berücksichtigung ihrer unter 1.—3. dargestellten geschichtlichen Entwicklung erklären; sie könnte als überflüssig gestrichen werden[414].

Ebenfalls entbehrlich ist, wie oben aufgezeigt[415], der Zusatz über bevorrechtigte Forderungen. Die Klausel könnte somit auf einen einzigen Satz zusammengestrichen werden:

„Der Kunde kann Forderungen gegen die Bank nur ... soweit aufrechnen, als die Bank die Forderungen anerkennt."

H. Gemeinschaftskonten

Unmittelbar an die unter G erörterten Bestimmungen schließt sich heute in Abs. 2 der Nr. 2 der AGB folgende Regelung über Gemeinschaftskonten an:

„Über das Guthaben auf einem Gemeinschaftskonto kann jeder der Inhaber allein verfügen, es sei denn, daß die Kontoinhaber der Bank

---

412 Vgl. BGH BB 1952, 331.

413 Ebenso *AGB Sparkassen* S. 94 Rdn. 53.

414 Dafür hat sich auch die Mehrheit der Mitglieder der Sparkassenorganisation hinsichtlich der entsprechenden in den AGB der Sparkassen enthaltenen Klausel (Nr. 1 Abs. 4 — AGB Sparkassen S. 90) ausgesprochen — vgl. *AGB Sparkassen* S. 93 Rdn. 49.

415 2. Abschnitt, G 2 c).

eine gegenteilige Weisung erteilt haben. Für die Verbindlichkeiten aus einem Gemeinschaftskonto haftet jeder der Mitinhaber in voller Höhe als Gesamtschuldner."[416]

Eine Klausel über Gemeinschaftskonten erschien erstmalig 1942 in den AGB[417]. Sie entsprach inhaltlich genau der heutigen und war lediglich etwas anders formuliert.

1. Die Aktivseite (Satz 1 der Klausel)

Gemeinschaftskonten kommen in zwei Arten vor:

als sogenannte „Oder-Konten",

als sogenannte „Und-Konten".

Über Guthaben auf Oder-Konten kann jeder der mehreren Kontoinhaber selbständig verfügen, dagegen sind sie auf Und-Konten nur der gemeinschaftlichen Verfügung aller Kontoinhaber zugänglich[418].

Der Umstand, daß Gemeinschaftskonten erst seit 1942 in den AGB behandelt sind, bedeutet nicht, daß es früher keine Gemeinschaftskonten gab[419].

Allerdings war und ist ihre Zahl verglichen mit der der anderen Konten verhältnismäßig gering. Vielfach wurden und werden sie von Eheleuten — und zwar als Oder-Konten — eingerichtet, um schon zu Lebzeiten beider, vor allem aber im Falle des Ablebens eines Ehegatten, dem anderen ein Verfügungsrecht über die im Innenverhältnis möglicherweise dem Verstorbenen allein zustehende Forderung zu sichern und ihm Legitimationsschwierigkeiten zu ersparen[420]. Früher mag auch die Absicht, die Erteilung einer schriftlichen und damit stempelpflichtigen Vollmacht zu vermeiden[421], zur Errichtung von Oder-Konten geführt haben. Wahrscheinlich hat die relative Seltenheit von Gemeinschaftskonten die Aufnahme einer Bestimmung darüber in die AGB als nicht erforderlich erscheinen lassen. Wie die Gemeinschaftskonten zu behandeln seien, wurde vielmehr formularmäßig im Einzel-

---

[416] BFB 1962, S. 10.

[417] BFB 1943, S. 8 Nr. 2 Abs. 2.

[418] Vgl. BVerwG in WM 1958, 1510 (1511); *Müller-Löffelholz*, Banklexikon, Spalten 1092 und 1443; *Enzyklopädisches Lexikon*, S. 700, 1228, 1533.

[419] Vgl. die Formulare für Anträge zur Eröffnung von Gemeinschaftskonten in BFB 1912, S. 31, Formulare Nr. 16 und 17 sowie in allen folgenden Jahrgängen des BFB; s. auch *Rau*, BA 22, 132 ff.

[420] Vgl. *Enneccerus-Lehmann*, BGB, Schuldrecht, § 92 I 1 S. 365; siehe auch *Littmann*, Bankguthaben, S. 44, der als Beispiel den Fall der vermögenden Ehefrau anführt, die die sich aus den alten §§ 1375, 1395 BGB ergebende Verfügungsbeschränkung umgehen will.

[421] Vgl. Tarifstelle 73 (seit 1924 Tarifstelle 19) des preußischen Stempelsteuergesetzes; § 27 UrkStG; BGHZ 4, 295 (297); *Schütz*, ZKW 1953, 396.

fall bei der Errichtung des Kontos dadurch vereinbart[422], daß die Kunden ein sogenanntes „Antragsformular" für die Eröffnung eines Gemeinschaftskontos unterzeichneten, das alle wesentlichen Bestimmungen über das Konto enthielt; der Konsens über sie kam dann dadurch zustande, daß die Bank den betreffenden Antrag ausdrücklich oder schlüssig durch Einrichtung des Kontos annahm.

Auch heute enthalten die AGB — seit 1942 —[423] nur eine Regelung für Oder-Konten. Allein diese Kontenart soll deswegen im folgenden auch behandelt werden[424]. Nach den AGB soll im Zweifel — mangels abweichender Weisung des Kunden — jedes Gemeinschaftskonto ein Oder-Konto sein. Die gegenteilige Weisung wird — wenn überhaupt — regelmäßig dadurch erteilt, daß die Kunden einen formularmäßigen Kontoeröffnungsantrag unterzeichnen, in dem es heißt, sie sollten nur gemeinschaftlich über das Guthaben auf dem Konto verfügen können[425].

Auch wenn ein Oder-Konto errichtet werden soll, wird heute noch von den Kunden stets ein Antragsformular unterschrieben[426]. Darin ist zunächst die Bestimmung aus den AGB wiederholt, daß jeder Kontoinhaber allein verfügungsberechtigt sein solle. Sie wird im einzelnen durch Zusätze erläutert: Das Verfügungsrecht soll auch im Falle des Todes des anderen Berechtigten weiterbestehen; jeder Kontoinhaber soll auch ohne Zustimmung des anderen berechtigt sein, das Konto auflösen und auf seinen Namen zu seiner alleinigen Verfügung umschreiben zu lassen. All dies ist an sich selbstverständlich, wenn Alleinverfügungsberechtigung vereinbart ist, und brauchte nicht noch gesondert aufgeführt zu werden. Immerhin wird den Kunden, die ein Oder-Konto einrichten wollen, die damit eintretende Rechtslage verdeutlicht und mit größerer Wahrscheinlichkeit zum Bewußtsein gebracht, als wenn es bei dem kurzen Satz in den AGB sein Bewenden hätte; denn die Kunden werden den Kontoeröffnungsantrag eher durchlesen als die AGB: Einmal ist er im Vergleich zu diesen sehr kurz und zum anderen muß er unterschrieben werden. Was man aber unterschreibt, studiert man erfahrungsgemäß genauer als ein Formular, das man erhält, selbst wenn man dessen Empfang oder sogar sein Einverständnis mit seinem Inhalt möglicherweise schriftlich bestätigt.

Durch diesen Antrag und seine Annahme seitens der Bank könnten die Kontoinhaber — vorausgesetzt das Konto ist kreditorisch — Ge-

---

[422] Vgl. die Musterformulare im BFB 1912, S. 31, Formulare 16 und 17, sowie in allen folgenden Ausgaben des BFB.

[423] Ein konkreter Anlaß, aus dem die Klausel zu dieser Zeit in die AGB aufgenommen worden sein könnte, läßt sich nicht ermitteln.

[424] Im übrigen kommen Und-Konten sehr viel seltener vor als Oder-Konten — *Littmann*, Bankguthaben, S. 52.

[425] Vgl. BFB 1962, S. 174 Muster 109.

[426] Vgl. BFB 1962, S. 175 Muster 110.

samtgläubiger der Bank werden (§ 428 BGB). Früher hieß es in den AGB ausdrücklich: „... Über das Guthaben kann jeder Inhaber allein (als *Gesamtgläubiger, Mitgläubiger zur ungeteilten Hand)* verfügen ..."[427]). Die Klammererläuterung erscheint aus heutiger Sicht widersprüchlich: Während der Gesamtgläubiger allein Leistung an sich verlangen kann (§ 428 BGB), darf der „Mitgläubiger zur ungeteilten Hand" (Gesamthandsgläubiger) nur gemeinsam mit allen anderen Gesamthandsgläubigern die Leistung fordern[428]; im übrigen können Schuldverhältnisse zur gesamten Hand nur auf Grund gesetzlicher Bestimmung, nicht aber kraft Vereinbarung entstehen[429]. Die Bezeichnung „Mitgläubiger zur ungeteilten Hand" war aber nicht im Sinne einer Gesamthandsgläubigerschaft des deutschen bürgerlichen Rechts gemeint, sondern hatte mit Rücksicht auf den 1938 erfolgten „Anschluß" Österreichs[430] und das dort weitergeltende ABGB[430] in die AGB Eingang gefunden[431]. Nach § 892 ABGB haben die Mitgläubiger „zur ungeteilten Hand" die gleichen Rechte wie die Gesamtgläubiger im Sinne von § 428 BGB: Jeder kann die ganze Leistung an sich verlangen[432].

Nach Kriegsende ist dann diese Abstimmung auf das ABGB wieder fortgefallen; darüber hinaus ist auch die auf das BGB bezogene Erläuterung („Gesamtgläubiger") weggelassen worden[433].

Tatsächlich wird die Stellung der Inhaber von Oder-Konten von einem Teil der Rechtsprechung[434] und der Lehre[435] als Gesamtgläubigerschaft im Sinne von § 428 Satz 1 BGB, von einem anderen Teil[436] als dieser rechtsähnlich angesehen. Die zweite Ansicht fußt auf dem Umstand, daß die Bank anders als bei echter Gesamtgläubigerschaft

---

[427] BFB 1943, S. 8 Nr. 2 Abs. 2.

[428] *Enneccerus-Lehmann*, BGB, Schuldrecht, § 89 I 3 S. 357; § 89 II 2 S. 358; *Staudinger-Werner*, BGB, Einl. I, 3 zu §§ 420 ff. S. 897.

[429] *Staudinger-Werner*, aaO., Einl. II, 2 zu §§ 420 ff. S. 899; a. A. wohl *Nebelung*, ZKW 1954, 97.

[430] Gesetz über die Wiedervereinigung Österreichs mit dem Deutschen Reich vom 13. März 1938 — RGBl I S. 237.

[431] Vgl. *Schütz*, BFB 1943, S. 9 Anm. 7 und Rundschreiben der WGr. Nr. 158/1942 vom 13. November 1942.

[432] Vgl. *Klang-Gschnitzer*, Kommentar zum Allgemeinen bürgerlichen Gesetzbuch, § 892, II S. 296.

[433] Vgl. Musterformular für AGB Fassung Mai 1948 (Sonderdruck); BFB 1952, S. 8 Nr. 2 Abs. 2.

[434] OLG Nürnberg WM 1961, 93 (94); LG Frankurt/M. WM 1951, 494 (495); BVerwG WM 1958, 1510 (1511).

[435] *Littmann*, Bankguthaben, S. 45, 49; *Rau*, BA 22, 132 (134 f.); *Siebert-Schmidt*, BGB, § 428 Rdn. 2; *Rosenthal-Bohnenberg*, BGB, § 428 Anm. 2 (Rdn. 1216).

[436] KG BA 37/38, 434 (435); *Larenz*, Schuldrecht I, § 32 I c S. 376; vgl. *RGRK-Fischer*, BGB, § 428 Anm. 3 und *Palandt-Danckelmann*, BGB, § 428 Anm. 2.

nicht nach ihrer Wahl an einen beliebigen Kontoinhaber leisten darf, sondern nur an den, der die Leistung verlangt. Diese Abweichung zu § 428 BGB ergibt sich nach allgemeiner Meinung[437] sinngemäß aus dem Kontoeröffnungsantrag und damit aus dem Bankvertrag. Die Bank soll nicht nach ihrem Belieben das Guthaben an einen der Kontoinhaber auskehren dürfen, der es möglicherweise gar nicht haben möchte, oder sonst mit einem Debet, in dem einer der Kunden vielleicht auf einem anderen Konto (Einzelkonto) steht, verrechnen dürfen. Vielmehr ist der Zweck des Gemeinschaftskontos in diesem Zusammenhang nur darin zu sehen, daß mehrere unabhängig voneinander Verfügungsmacht über ein Guthaben erhalten (Interesse der Kunden) und daß die Bank durch Leistung auf Verlangen auch nur eines Kontoinhabers frei wird, ohne sich um das Innenverhältnis zwischen den Kunden kümmern zu müssen (Interesse der Bank)[438].

Mit der in dem Kontoeröffnungsantrag enthaltenen Vereinbarung ist aber nicht nur die Verfügungsbefugnis geregelt, sondern gleichzeitig auch das Gläubigerrecht an der Forderung gegen die Bank gestaltet[439]. Dafür spricht die völlige Freiheit, die dem einzelnen Kontoinhaber hinsichtlich des Gemeinschaftskontos eingeräumt wird, und der Umstand, daß sowohl in den AGB als auch in dem Kontoeröffnungsantrag jede Bezugnahme auf das Rechtsverhältnis zwischen den Kontoinhabern — bewußt[440] — unterlassen ist[441]. Bevor dies durch die Rechtsprechung klargestellt war[442], gingen die Banken in der Tat davon aus, daß bei Einrichtung eines Oder-Kontos nur die Verfügungsbefugnis betroffen sei. Dies ergibt sich aus den bis 1927 gebräuchlichen Antragsformularen für die Eröffnung von Oder-Konten; sie enthielten den Satz, daß sich die Kontoinhaber gegenseitig Einzelverfügungsbefugnis „unter Befreiung von der Beschränkung des § 181 BGB“ erteilten[443]. Damit schlossen die Banken von vornherein Unklarheiten aus, die sich unter dem Gesichtspunkt von § 181 BGB dann ergeben konnten, wenn einer der Inhaber des Gemeinschaftskontos eine Überweisung von diesem Konto auf sein eigenes (Einzel)Konto tätigte. Zwar konnte nach der schon damals herrschenden Ansicht § 181 BGB in einem solchen Fall

---

[437] *Larenz*, Schuldrecht I, § 32 I c S. 376; *Enneccerus-Lehmann*, Schuldrecht, § 92 I 1 S. 365; *Schütz*, BFB 1962, S. 633, letzter Absatz; vgl. OLG Nürnberg WM 1961, 93 (94).

[438] Vgl. OLG Nürnberg WM 1961, 93 (94); KG BA 37/38, 434 (435); *Schütz*, ZKW 1953, 396.

[439] *Rau*, BA 22, 132 (134 f.); *Littmann*, Bankguthaben, S. 49.

[440] Vgl. KG BA 37/38, 434 (435); *Schütz*, ZKW 1953, 396.

[441] Vgl. OLG Nürnberg WM 1961, 93 (94).

[442] Vgl. KG BA 37/38, 434 (435).

[443] BFB 1927, S. 50 Formular 39; BFB 1925, S. 38 Formular 32; 1924, S. 35 Formular 17; 1922, S. 31 Formular 17; 1920, S. 28 Formular 17.

nicht praktisch werden. Danach kommt § 181 BGB trotz möglicher Interessenkollision schon dann nicht mehr zur Anwendung, wenn nicht dieselbe Person auf beiden Seiten an dem Geschäft mitwirkt[444]. Bei der fraglichen Überweisung ist auf der einen Seite der Kontomitinhaber, auf der anderen die Bank beteiligt.

Immerhin wurde damals wie heute teilweise aber auch die Meinung vertreten, § 181 BGB müsse hier entsprechend angewandt werden[445]. Durch die erwähnte Ausgestaltung des Antragsformulars sicherten sich die Banken gegen Nachteile ab, die ihnen ohne den Zusatz möglicherweise erwachsen wären, wenn sich in einem konkreten Fall ein Gericht der abweichenden Ansicht angeschlossen hätte.

Mit Rücksicht auf die völlige Freiheit, die jeder Mitinhaber hinsichtlich des Gemeinschaftskontos (Oder-Kontos) besitzt, wird man mit dem OLG Nürnberg[446] und Siebert-Schmidt[447] der Oder-Konten-Abrede heute die Bedeutung beizumessen haben, daß § 428 BGB bei einem Guthaben der Kunden gilt, daß aber das Recht des Schuldners (Bank), an einen beliebigen der mehreren Gläubiger leisten zu dürfen, abbedungen ist. Für die Bank hat § 428 BGB die vorteilhafte Wirkung, daß sie ohne Rücksicht auf das Innenverhältnis stets frei wird, wenn sie auf Verlangen auch nur eines der Kontoinhaber leistet; außerdem haftet ihr wegen der Gläubigerstellung jedes Kunden hinsichtlich des Gemeinschaftskontos das Guthaben auf diesem Konto gemäß der in ihren AGB enthaltenen allgemeinen Pfandklausel[448] auch für Schulden der Kontoinhaber auf Einzelkonten. Es leuchtet ein, daß die Banken unter diesen Umständen daran interessiert sind, möglichst viele Gemeinschaftskonten als Oder-Konten zu errichten und daß sie darum ihre AGB dahin gefaßt haben, daß im Zweifel jedes Gemeinschaftskonto Oder-Konto sein soll.

Im Falle der Zwangsvollstreckung in das Guthaben auf dem Oder-Konto wirkt sich die Anwendbarkeit des § 428 BGB dahin aus, daß die Bank bei Pfändung und Überweisung des Guthabens auf Grund eines

---

[444] Vgl. *von Tuhr*, BGB, Allgemeiner Teil, II, 2, S. 366/7; *Planck-Flad*, BGB, § 181 Anm. 1 e β; *Littmann*, Bankguthaben, S. 49; *Palandt-Danckelmann*, BGB, § 181 Anm. 2; RGZ 76, 89 (92); vgl. auch RGZ 103, 417 (418); BGHZ 21, 229 (231).

[445] *Staudinger-Riezler*, BGB, 9. Aufl. 1925, § 181 Anm. 9 a und b; *Hoeniger*, DJZ 1910, 1347 (1348); ebenso heute noch *Staudinger-Coing*, BGB, § 181 Rdn. 3 d mit weiteren Nachweisen in Rdn. 3 b.

[446] WM 1961, 93 (94).

[447] BGB, § 428 Rdn. 2.

[448] Vgl. BFB 1962, S. 23 bis 27 Nr. 19.

auch nur gegen einen der Kontoinhaber gerichteten vollstreckbaren Titels nur noch an den Überweisungsempfänger leisten darf[449].

Außer dem, was ohnehin auch schon in den AGB steht, enthielt und enthält das Antragsformular noch weitere Bestimmungen. So soll nach seiner jetzt geltenden Fassung die Bank z. B. berechtigt sein, alle für einen der Kontoinhaber eingehenden Beträge, sei es von diesem selbst, sei es von dritter Seite, dem Gemeinschaftskonto gutzubringen, falls bei dem betreffenden Eingang nicht ausdrücklich ein anderer Verwendungszweck bestimmt ist[450]. Noch 1943 lautete der entsprechende Passus in den damals gebräuchlichen Formularen: „... Für einen der Unterzeichneten eingehende Beträge ... *sind* dem Gemeinschaftskonto gutzubringen"[451]. Vermutlich in dem Augenblick, in dem den Banken klar wurde, daß sie einen einmal auf dem Gemeinschaftskonto verbuchten Eingang nicht mehr mit dem Debet eines von dem Kontoinhaber unterhaltenen Einzelkontos verrechnen konnten[452], gaben sie dem Formular die heutige Fassung; danach sind sie zwar berechtigt, aber nicht verpflichtet, die Eingänge dem Gemeinschaftskonto gutzubringen[453].

Ferner bestimmen die Kontoinhaber in dem Eröffnungsantrag in der Regel, daß durch Erklärung eines von ihnen oder eines ihrer Erben gegenüber der Bank die Einzelverfügungsbefugnis hinfällig werden und alle Kontoinhaber nur noch gemeinsam verfügungsberechtigt sein sollen[454]. Damit wollen die Banken Zweifeln aus dem Wege gehen, die sich nach ihrer Ansicht hinsichtlich der Verfügungsbefugnis ergeben könnten, wenn ein Kontoinhaber oder sein Erbe der Bank gegenüber einem Mit-Kontoinhaber die Einzelverfügungsbefugnis „entzieht"[455]. Mit Recht weist Schütz[455] darauf hin, daß hier nicht die Grundsätze zur Anwendung kommen können, die für das Erlöschen einer Vollmacht gelten, wenn mehrere Vollmachtgeber beteiligt sind und einer widerruft[456]. Dies wäre nur dann anders, wenn die Einrichtung eines Oder-Kontos nur die Regelung der Verfügungsbefugnis zum Inhalt hätte dahingehend, daß der Gläubiger oder derjenige, der durch Anschaffung eines Guthabens bei der Bank deren Gläubiger werden wird, dem oder den anderen Kontoinhabern Vollmacht zur Verfügung über die Forderung

---

[449] OLG Nürnberg WM 1961, 93 (94); KG BA 37/38, 434 (435); *Schütz*, ZKW 1953, 396.

[450] BFB 1962, S. 175 Muster 110.

[451] BFB 1943, S. 112 Muster 74.

[452] Vgl. oben 2. Abschnitt, H 1, S. 82.

[453] So schon Muster 94 in BFB 1952, S. 125.

[454] BFB 1962, S. 175 Muster 110; vgl. BFB 1955, S. 144 Muster 94; 1952, S. 125 Muster 94, und Fußnote dazu; BFB 1936, S. 85 Formular 63; BFB 1930, S. 68 Formular 52; BFB 1912 S. 31 Formular 17 und Fußnote dazu.

[455] BFB 1962, S. 634 unter h) letzter Absatz.

[456] Vgl. KG JFG 15, 334; RG JW 1938, 1892; RGZ 160, 122 (127).

in seinem Namen erteilt. Bei Oder-Konten ist aber gerade davon auszugehen, daß hier auch das Gläubigerrecht geregelt ist in der Weise, daß allen Inhabern die Forderung als Gesamtgläubigern zustehen soll[457]. Dann kann aber keiner der Gesamtgläubiger einem anderen dessen Forderungsrecht durch einseitige Erklärung, sei es jenem, sei es der Bank gegenüber, entziehen[458]; er kann nur über sein eigenes Forderungsrecht verfügen — z. B. durch Abtretung, § 429 Abs. 3 BGB.

Auch im Fall des „Widerrufs" der Einzelverfügungsberechtigung durch einen Gesamtgläubiger könnte die Bank somit weiterhin mit befreiender Wirkung an jeden Kontoinhaber leisten, der Zahlung verlangt; auch die sonstigen durch Einrichtung des Oder-Kontos eingetretenen Wirkungen blieben für die Bank bestehen. Es wäre also keineswegs „zweifelhaft, wie die Bank sich zu verhalten hat"[459]. Allerdings könnte sie sich möglicherweise wegen Verletzung der ihr gegenüber dem widerrufenen Kontoinhaber obliegenden vertraglichen Pflichten schadensersatzpflichtig machen, wenn sie den Widerruf nicht beachtete, dann nämlich, wenn im Innenverhältnis zwischen den Kontoinhabern vereinbart wäre, daß der Widerrufende der wirtschaftlich Berechtigte sei und wenn der Bank dies bei der Leistung bekannt wäre. Abgesehen davon, daß ihr diese Kenntnis regelmäßig fehlen wird, weil sie sich um das Innenverhältnis ganz bewußt nur ausnahmsweise kümmert[460], könnte eine Ersatzpflicht nur bei einem besonders schweren Verstoß gegen ihre Vertragspflichten in Frage kommen. Immerhin ist ja gerade die Einzelverfügungsbefugnis nicht zuletzt auch im Interesse der Bank ausdrücklich vereinbart. Dann kann der Bank aber nur in ganz besonders gelagerten Ausnahmefällen zum Vorwurf gemacht werden, daß sie sich an diese Vereinbarung gehalten hat.

Der eigentliche Grund für die Aufnahme der Bestimmung in das Formular liegt somit vermutlich weniger in der Furcht vor Zweifeln hinsichtlich der Gläubigerstellung nach erfolgtem Widerruf und vor Schadensersatzansprüchen als vielmehr in dem Bestreben der Banken, sich aus dem Innenverhältnis zwischen den Kunden auch nach einem Widerruf völlig herauszuhalten und den Kunden dessen Klärung zu überlassen. Dies wäre zwar auch dadurch möglich, daß die Banken den Widerruf überhaupt nicht beachteten[461]. Dann bestände aber die Gefahr, daß der „bessere" (= finanzkräftigere) Kunde durch Leistung der Bank an einen der anderen Kontoinhaber verstimmt würde und der

457 Vgl. oben 2. Abschnitt, H 1, S. 83.

458 Vgl. *Kreller*, AcP 146, 97 (126).

459 Dies glaubt *Schütz*, BFB 1962, S. 634 letzter Absatz unter h).

460 Vgl. Anm. 440/441 mit Text.

461 Vgl. auf dieser Seite oben.

Bank damit für künftige Geschäfte verloren ginge. Daneben dient die Klausel aber auch dem Interesse der Kunden dadurch, daß sie die bei § 428 BGB immer vorhandene Gefahr der im Innenverhältnis nicht berechtigten Verfügung eines Kontoinhabers[462] mindert: Jeder Kontoinhaber kann durch Erklärung gegenüber der Bank das Konto praktisch sperren und diese Verfügungen so verhindern; allerdings geht er dann auch selbst seiner Einzelverfügungsbefugnis verlustig. Durch die gemeinsame Unterzeichnung des Antragsformulars kommt also auch noch eine Vereinbarung zwischen den Kunden des Inhalts zustande, daß jedem von ihnen in Abweichung von § 428 BGB die Möglichkeit gegeben sein soll, die Gesamtgläubigerschaft einseitig wenigstens solange wirkungslos zu machen, bis das Innenverhältnis gerichtlich oder in anderer Weise geklärt ist.

2. Die Passivseite (Satz 2 der Klausel)[463]

Für „Verbindlichkeiten aus einem Gemeinschaftskonto" haftet jeder Mitinhaber als Gesamtschuldner[464]. Ungleich wichtiger als diese Bestimmung, die dem Sinne nach nur § 427 BGB wiederholt, ist der in dem Antragsformular für die Eröffnung eines Oder-Kontos[465] enthaltene Satz, daß jeder Kontoinhaber „selbständig berechtigt sein" soll, „Verbindlichkeiten zu Lasten des gemeinschaftlichen Kontos unter" der „gesamtschuldnerischen Haftung" der Kontoinhaber einzugehen[466]. Während in den AGB nur gesagt ist, wie die Kontoinhaber für ein Debet auf dem Oder-Konto haften, ist im Antragsformular ausgedrückt, wer das Gemeinschaftskonto so belasten kann, daß es debitorisch wird. Selbstverständlich ist, daß es alle Kontoinhaber gemeinschaftlich dürfen. Darüber hinaus ist aber gemäß Antragsformular auch jeder einzelne Kontoinhaber dazu berechtigt; es handelt sich um ein Gegenstück zur Einzelverfügungsberechtigung.

Rechtlich stellt der Satz eine gegenseitige Bevollmächtigung der Kontoinhaber untereinander dar mit dem Inhalt, daß jeder mit der Bank Kreditgeschäfte nicht nur im eigenen Namen, sondern zugleich auch im Namen des oder der anderen Kontoinhaber abschließen kann. Von dieser Vollmacht kann er entweder ausdrücklich oder schlüssig dadurch Gebrauch machen, daß er die Abwicklung des Geschäfts über

---

[462] Vgl. dazu *Larenz*, Schuldrecht I, § 32 I c S. 376; *Enneccerus-Lehmann*, BGB, Schuldrecht, § 92 I S. 364, 365.

[463] Dieser Teil der Klausel wird in der Literatur überhaupt nicht erörtert.

[464] BFB 1932, S. 8 Nr. 2 Abs. 2; BFB 1962, S. 10 Nr. 2 Abs. 2.

[465] Auch hier soll nur diese Kontenart behandelt werden — vgl. oben 2. Abschnitt, H 1, S. 80.

[466] BFB 1962, S. 175 Muster 110; BFB 1952, S. 125 Muster 94.

das Gemeinschaftskonto vereinbart. Tut er dies, so greift die in dem Antragsformular wiederholte Bestimmung des AGB von der gesamtschuldnerischen Haftung aller Kontoinhaber ein.

Gibt die Bank einen Kredit auf das Gemeinschaftskonto, so wird sie sich allerdings häufig nicht im Vertrauen auf die Vollmachterteilung in dem Antragsformular auf Verhandlungen und Abschluß mit einem der Kontoinhaber beschränken, sondern wird sich anders als bei Verfügungen über Guthaben auch um das Innenverhältnis zwischen den Kontoinhabern und insbesondere auch um deren Kreditwürdigkeit kümmern, weil sie hier ein unmittelbares Risiko eingeht[467].

Erstmals mit der Aufnahme einer Klausel über Gemeinschaftskonten in die AGB überhaupt (1942) erschien auch in dem Antragsformular eine Bestimmung über Kreditgeschäfte per Gemeinschaftskonto[468]. Jeder einzelne Kontoinhaber sollte berechtigt sein, „Vorschüsse auf das ... Guthaben zu nehmen". Das „geschäftsbedingungsmäßige Pfandrecht der Bank an dem Gemeinschaftskonto" sollte „dann also auch für Forderungen gegen die einzelnen Kontoinhaber" bestehen[469].

Die Formulierung „Vorschüsse auf das *Guthaben*" scheint darauf hinzudeuten, daß nur Verfügungen über vorhandene Guthaben gemeint waren. Dagegen spricht jedoch, daß die Einzelverfügungsbefugnis über Guthaben bereits in den AGB festgelegt war. Allerdings wäre eine Wiederholung jener Klausel im Formular nichts Außergewöhnliches gewesen[470]; doch hätte man, sofern eine Wiederholung beabsichtigt war, mit größter Wahrscheinlichkeit die auch in den AGB verwandte Formulierung gewählt. Daraus, daß dies nicht geschehen ist, sowie aus der Wendung, das Pfandrecht der Bank solle „dann also auch für Forderungen gegen die einzelnen Kontoinhaber" bestehen, folgt, daß hier zwar, anders als heute, nicht ein Recht des einzelnen Kontoinhabers zur Belastung des Gemeinschaftskontos über ein vorhandenes Guthaben hinaus begründet werden sollte. Das Guthaben auf dem Gemeinschaftskonto sollte aber durch diese Erklärung des Kunden einem Pfandrecht der Bank auch für ihre Forderungen gegen die Kontoinhaber auf deren etwa vorhandenen Einzelkonten unterworfen werden.

Dafür wären diese besonderen Erklärungen der Kunden aber nicht erforderlich gewesen. Damals wie heute wurde diese Wirkung schon dadurch erreicht, daß sich die Kontoinhaber gegenseitig im Einverneh-

---

[467] Vgl. *Schütz*, ZKW 1953, 396; vgl. auch *Enzyklopädisches* Lexikon, S. 700.

[468] Vgl. BFB 1943, S. 112 Muster 74.

[469] BFB 1943, S. 112 Muster 74; ebenso noch BFB 1950, S. 102 Muster 77.

[470] Vgl. oben 2. Abschnitt, H 1, S. 80.

men mit der Bank die Stellung von Gesamtgläubigern einräumten; dann haftete und haftet das Guthaben auf dem Gemeinschaftskonto[471] schon aus diesem Grund wegen der allgemeinen Pfandklausel der AGB für ihre Einzelverbindlichkeiten. Unter der Geltung der früheren Fassung des Antragsformulars konnte das Gemeinschaftskonto also nur dadurch debitorisch werden, daß sich alle Kontoinhaber persönlich oder durch Vertreter an einem entsprechenden Geschäft mit der Bank beteiligten.

J. Zinsen, Provisionen, Auslagen

1. Zinsen und Provisionen

Die von den Banken für ausgeliehene Gelder berechneten Zinsen (Sollzinsen) sowie die für ihre Tätigkeit erhobenen verschiedenen Provisionen sind für sie von größter Wichtigkeit, weil sie aus diesen Einkünften einen wesentlichen Teil ihrer Betriebskosten und ihrer Gewinne ziehen. Da sie für die Kredite zum größten Teil fremde Gelder verwenden, die sie — meist im Wege des „Einlagegeschäfts"[472] — hereinnehmen, ist auch die Höhe der Zinsen, die sie ihrerseits dafür zahlen müssen (Habenzinsen) für den Geschäftserfolg von ausschlaggebender Bedeutung[473].

Dementsprechend enthielten bereits die Regulative und die ersten Allgemeinen Geschäftsbedingungen neben einer Reihe banktechnischer und kaufmännischer Regelungen verhältnismäßig ausführliche Bestimmungen über Zinsen und über die für die Bank ebenfalls sehr bedeutsamen Provisionen[474].

a) Zinsen: Begriff; Entwicklung der Zinsklausel bis 1945

α) Begriff

Unter Zinsen versteht man die Vergütung für die Überlassung von Kapitalgebrauch, die in vertretbaren, mit dem Kapital gleichartigen

---

[471] Gegebenenfalls auch das Gemeinschaftsdepot.

[472] Vgl. *Pröhl*, KWG, § 23 Anm. 2 b, § 1 Anm. 3 a.

[473] Zur Zinsspanne vgl. *Wulff*, BA 36, 198 (199), der sie als Hauptverdienstfaktor der Banken ansieht; ähnlich *Krümmel*, Bankzinsen, S. 252 — vgl. auch *Hirsch*, Praktische Fälle, 3. Aufl. S. 175.

[474] Vgl. Regulativ bei *Koch*, AGB, S. 246; Bedingungen der Direktion der Diskontogesellschaft 1900 bei *Buff*, Kontokorrentgeschäft, S. 110; Bedingungen der Berliner Handelsgesellschaft 1901 bei *Friedberg*, Formelbuch, S. 164; dto. 1904 bei *Buff*, aaO. S. 118 (Nr. 1) und S. 121 (Nr. 7); Dresdner Bank 1904 bei *Buff*, aaO. S. 113 (114); Königliche Seehandlung, 1905 bei *Keyßner*, ZHR 56, 496 (498) unter A 1, ferner (499) unter B 2—3, (501) unter B 5, 6, 7, (502) unter B 10 — sämtlich Depositenkonten betreffend, (510) unter D 1, 2, 5, (504) unter C a 4, (512) unter F a 2 und F b 2 — beide Mündelgelddepots betreffend; vgl. auch *Koch*, AGB, S. 48 und *Haupt*, AGB, S. 113 Anm. 32 mit Text.

Sachen auf Bruchteile des Kapitals bemessen ist und die sich im übrigen nach der Dauer der Überlassung des Kapitals richtet[475].

β) Entwicklung der Zinsklausel bis 1945

Anfänglich legte man die Soll- und Habenzinssätze vielfach in den Geschäftsbedingungen im einzelnen genau fest. Es kam auch vor, daß in den Bedingungen bestimmt war, bei der ersten Einzahlung des Kunden sei eine Zinsvereinbarung zu treffen[476]. Regelmäßig wurden allerdings keine festen Zahlen für die Zinsfüße genannt. Vielmehr nahm man den Diskontsatz der Reichsbank zum Maßstab: Die Habenzinsen sollten unter dem jeweiligen Diskontsatz liegen, die Sollzinsen darüber. Meist betrug die Abweichung nach beiden Seiten je 1 %[477]. Ergänzend wurden jedoch absolute Höchstsätze und Mindestsätze für die Sollzinsen genannt[478]. Andere Banken wiederum beschränkten sich in ihren AGB auf den Hinweis, sie würden die jeweils vereinbarten Zinsen berechnen[479]. Das bedeutet, daß sowohl Soll- als auch Habenzinsen zwischen der Bank und einzelnen Kunden für jedes Konto, gegebenenfalls sogar für jedes einzelne Geschäft, vereinbart werden mußten und auch vereinbart wurden[480].

Etwa seit Beginn der zwanziger Jahre wurde die Formulierung üblich, die Bank dürfe die „vereinbarten oder üblichen Zinsen" berechnen[481]. Dies galt sowohl für Soll- als auch für Habenzinsen[482]. Diese

---

[475] RGZ 86, 400; 160, 78 (80).

[476] RGZ 86, 400; 160, 78 (80).

[477] Direktion der Berliner Diskontogesellschaft 1900 bei *Buff*, Kontokorrentgeschäft, S. 110; Berliner Handelsgesellschaft 1901 bei *Friedberg*, Formelbuch, S. 164; dto. 1904 bei *Buff*, aaO. S. 118 Nr. 1; Königliche Seehandlung 1905 bei *Keyßner*, ZHR 56, 496 (510) unter D 2 (Sollzins = Diskontsatz; Habenzins = 2 % unter Diskontsatz); vgl. auch Dresdner Bank 1904 bei *Buff*, aaO. S. 114 unter I.

[478] Berliner Handelsgesellschaft 1901 bei *Friedberg*, Formelbuch, S. 164; dto. bei *Buff*, aaO. S. 118 Nr. 1; Königliche Seehandlung 1905 bei *Keyßner*, ZHR 56, 496 (499/500) unter B 3 (für Gelddepositenkonten), (510) unter D 2 (Kontokorrentkonten), (512) unter F a) 2 (Mündelgelddepositen).

[479] Vgl. BFB 1912, S. 7 Nr. 2 Abs. 1; BFB 1920, S. 2 Nr. 2 Abs. 1; vgl. auch Dresdner Bank 1904 bei *Buff*, aaO. S. 114 unter I.

[480] Vgl. Musterformular für Krediteröffnungsschreiben in BFB 1912, S. 44 Formular 30 a: „An Zinsen berechnen wir Ihnen im Debet den jeweiligen Lombardfuß der Reichsbank, jedoch nicht unter 5 % ..."; S. 45: „Auf Guthaben gewähren wir einen Kreditzins von je 1 % unter Bankdiskont, jedoch nicht unter 2½ % und nicht über 4 %". Ähnlich Formular 31 a in BFB 1920, S. 42 und Formular 26 in BFB 1922, S. 46; siehe auch *Rademacher*, ZhF 7, 568.

[481] Vgl. BFB 1922, S. 2 Nr. 2 Abs. 1; BFB 1924, S. 2 Nr. 2 Abs. 1; BFB 1925, S. 2 Nr. 2 Abs. 1; Formular bei *Nußbaum*, Bank- und Börsenrecht, S. 20 unter 1.

[482] *Koch*, AGB, S. 49.

Änderung ist darauf zurückzuführen, daß die Banken sich zur Wettbewerbsregelung mehr und mehr zusammenschlossen und dabei insbesondere auch Absprachen über die Zinssätze trafen.

Bereits 1883 hatten Berliner Großbanken und Privatbankiers einen „Verein zum Zwecke der Erzielung gerichtlicher Entscheidungen über zweifelhafte Stempelfragen“ (Berliner Stempelvereinigung) gegründet[483].

Zunächst diente er nur dem in seinem Namen erwähnten Zweck. Bereits 1884 führten die Stempelvereinigung und ihr folgend andere regionale Bankenvereinigungen[484], die sich an anderen Bankplätzen gebildet hatten, für ihre Mitglieder erstmals Höchstsätze für Habenzinsen und Mindestsätze für Sollzinsen ein, die jedoch nur sehr eingeschränkt galten[485] und auch nicht zwingend waren[486]. Sie wollten damit dem immer schärfer werdenden und mit gegenseitigen Preisunterbietungen verbundenen Wettbewerb steuern.

Gefördert von der Reichsbank kamen schließlich 1913 die „Allgemeinen Abmachungen der Vereinigungen von Banken und Bankiers“ zustande, an denen sich die Berliner Stempelvereinigung und die übrigen lokalen Bankenzusammenschlüsse beteiligten. Die Abmachungen brachten vor allem Regelungen über Mindestsätze für Habenzinsen, die unterschritten werden durften. Nicht betroffen von den Abmachungen waren langfristige Einlagen und Geschäfte über Beträge von mehr als 100 000,— RM[487]. Richtschnur für die Höhe der Sätze waren den lokalen Vereinigungen die von der Stempelvereinigung festgelegten Sätze[488].

---

[483] Vgl. *Buschmann*, Vereinbarungen, S. 44. Der Stempelvereinigung gehörten ursprünglich folgende Banken an: Berliner Handelsgesellschaft; S. Bleichröder; Darmstädter und Nationalbank; Delbrück, Leo & Co.; Deutsche Bank; Direktion der Diskontogesellschaft; Dresdner Bank; Mendelsohn & Co.; Anhalt & Wagner; Mitteldeutsche Creditbank; Gebrüder Schickler; Robert Warschauer & Co. — vgl. *Pilster*, Kartellierung, S. 79; in den folgenden Jahren schlossen sich zahlreiche andere Banken an — vgl. *Pilster*, aaO. S. 79, 80.

[484] Köln 1908, Mannheim 1909, München 1909, Freiburg i. Br., Mainz, Osnabrück — vgl. *Pilster*, Kartellierung, S. 29, 30.

[485] Die Vereinbarungen der Stempelvereinigung betrafen z. B. zunächst nur das Einlagegeschäft; sie galten nur für Berlin selbst und nur für solche Kunden, die ihren Wohnsitz nicht in Berlin hatten — vgl. *Pilster*, Kartellierung, S. 17; *Buschmann*, Vereinbarungen, S. 47.

[486] Vgl. *Bernstein*, BA 23, 333 (334).

[487] Vgl. *Koch*, AGB, S. 50; siehe dort auch über Konditionen für bestimmte andere, nicht in das Kontokorrent fallende Geschäfte.

[488] *Buschmann*, Vereinbarungen, S. 50; *Koch*, AGB, S. 49, 50. Auch die öffentlich-rechtlichen Banken und die Genossenschaftsbanken, die den Vereinigungen gewöhnlich nicht angehörten, hielten sich an die Sätze der Stempelvereinigung — vgl. *Koch*, AGB, S. 40.

Diese wiederum standen regelmäßig in einem bestimmten Verhältnis zum Diskontsatz der Reichsbank[489].

Die Vereinheitlichung der Zinsbedingungen führte dazu, daß die jeweils festgelegten Sätze — soweit im Einzelfall innerhalb der durch die Abmachungen gezogenen Grenzen oder auch „streng vertraulich" jenseits von ihnen[490] keine abweichenden Vereinbarungen getroffen wurden — für den Verkehr der Banken mit ihrer Kaufmannskundschaft kraft Handelsbrauchs galten; für die Nichtkaufleute unter den Kunden wurden sie dadurch verbindlich, daß nach den Geschäftsbedingungen die „üblichen" Zinsen berechnet werden sollten. Üblich waren aber eben die von den örtlichen Vereinigungen beschlossenen Sätze[491]. Dadurch, daß die Geschäftsbedingungen gegenüber dem Kunden Geltung erlangten, wurden auch die üblichen Zinssätze für ihn verbindlich[492].

Die aufgezeigte Entwicklung wurde auch von der Rechtsprechung gebilligt[493].

Schließlich war es allen Beteiligten selbstverständlich, daß normalerweise die von den Bankenvereinigungen festgelegten Sätze ohne weiteres zur Anwendung kamen.

Die Entwicklung fand ihren vorläufigen Abschluß in den Zinsabkommen, die am 9. Januar 1932 im Zusammenhang mit der Einführung der Bankenaufsicht zwischen den Spitzenverbänden der Kreditinstitute zustande kamen[494]. Wegen der Verschärfung des Wettbewerbs im Kreditwesen nach der Inflation und insbesondere unter dem Eindruck der Bankenkrise 1931 wurde durch Notverordnung des Reichspräsidenten vom 8. Dezember 1931[495] (RGBl. I S. 699 [704]) nebst Durchführungsbestimmungen vom 9. Januar 1932 (RAnz. Nr. 8) auf Grund von Art. 48 Abs. 2 WRVerf. dem Reichskommissar für das Kreditwesen, der bereits durch Verordnung des Reichspräsidenten vom 19. September 1931 (RGBl. I S. 493 [501]) als eine dem Reichswirtschaftsminister unterstehende Behörde geschaffen worden war, das Recht eingeräumt, Zinsen und Provisionen für das gesamte Kreditgewerbe festzusetzen, falls die

---

489 *Buschmann*, aaO. S. 50, Fußnote 6; *Koch*, AGB, S. 50.

490 *Koch*, AGB, S. 50.

491 Vgl. *Koch*, AGB, S. 49.

492 *Koch*, AGB, S. 52 will die Zinsansprüche der Beteiligten sowohl dem Grunde als auch der Höhe nach aus der Verkehrssitte ableiten.

493 KG BA 25, 320 und 393; vgl. RG BA 28, 280 (281); RG BA 27, 276 (277); siehe auch Obergericht Danzig BA 34, 63 = JW 1934, 2476.

494 *Fischer*, KWG, S. 192—211.

495 Erster Teil, Zweiter Abschnitt der 4. VO des Reichspräsidenten zur Sicherung von Wirtschaft und Finanzen und zum Schutze des Inneren Friedens.

Spitzenverbände untereinander keine entsprechenden Vereinbarungen zustande brächten, die dann aber zu ihrer Wirksamkeit der Zustimmung des Reichskommissars bedurften. Daraufhin schlossen die Verbände am 9. Januar 1932 einen Mantelvertrag, ein Habenzins-, ein Sollzins- und ein Wettbewerbsabkommen (RAnz. Nr. 8). Die Einhaltung der Abkommen konnte der Reichskommissar auf Grund der genannten Notverordnung sowie des sie insoweit ergänzenden Gesetzes über Befugnisse des Reichskommissars für das Bankgewerbe vom 7. August 1933 (RGBl. I S. 577) mit Zwangsmitteln und Strafen durchsetzen. Am 9. Januar 1932 stimmte der Reichskommissar entsprechend der in der Notverordnung enthaltenen Ermächtigung den Abkommen zu und verlieh ihnen dadurch Allgemeinverbindlichkeit (RAnz. Nr. 8). Die Abkommen galten dadurch für jedes einzelne Kreditinstitut, auch wenn es keinem der vertragschließenden Verbände angehörte.

Die Notverordnung ging als § 38 in das Reichsgesetz über das Kreditwesen vom 5. Dezember 1934 (RGBl. I S. 1203) — KWG 1934 — (= § 36 KWG i. d. F. vom 25. September 1939 [RGBl. 1 S. 1047] — KWG 1939) ein. Neufassungen der Abkommen vom 22. Dezember 1936[496] erlangten durch entsprechende Erklärung des Reichskommissars vom selben Tage (RAnz. Nr. 299 vom 23. Dezember 1936) ebenfalls allgemeine Verbindlichkeit.

Trotz der Allgemeinverbindlichkeitserklärungen blieben die Abkommen rechtlich Verträge zwischen den Verbänden[497]. Welche Rechtsqualität den Allgemeinverbindlichkeitserklärungen selbst zukam, ob sie Rechtsnormen, Verwaltungsakte in Form von Allgemeinverfügungen oder Verwaltungsanordnungen waren[498], ist eine ganz andere Frage[499], die hier keiner Entscheidung bedarf.

Mit den von den Spitzenverbänden gemäß § 1 Habenzinsabkommen (HZA) und § 1 des Mantelvertrages sowie auf Grund von § 2 des Mantelvertrages, in Verbindung mit § 2 Sollzinsabkommen (SZA), gefaßten Beschlüssen über die Höhe der Zinssätze verhielt es sich nicht anders als mit den Abkommen selbst. Auch sie waren Verträge und blieben es trotz der Allgemeinverbindlichkeitserklärung durch den Reichskom-

---

[496] Abgedruckt bei *Consbruch-Möller*, KWG, Nr. 11.01—11.04.

[497] *Hammer*, NJW 1956, 326 (327, 328); BGH WM 1961, 1293 (1294).

[498] Vgl. zu der ähnlich liegenden Frage nach der Rechtsnatur der Allgemeinverbindlichkeitserklärungen der normativen Teile von Tarifverträgen *Bettermann*, RdA 1959, 245 (253—256) und in Festschrift für Nipperdey zum 70. Geburtstag, Band II S. 723 (734) — Rechtsnorm; ebenso BVerwG NJW 1958, 1794 f.; *Hueck-Nipperdey*, Arbeitsrecht, II. Bd., S. 471 — Verwaltungsakt.

[499] Dies übersieht das LG Wuppertal (DR 1940, 1640 [1641]), das meint, die Wettbewerbsabkommen hätten durch die Allgemeinverbindlichkeitserklärung des Reichskommissars gesetzliche Gültigkeit erlangt.

missar (§ 1 HZA, § 2 Abs. 2 SZA, § 6 Mantelvertrag). Die Billigung des Reichskommissars hatte auch hier nur die Wirkung, daß die Sätze Geltung für sämtliche Kreditinstitute erlangten.

Die Abkommen ließen für Privatbankfirmen und für kleine und mittlere Banken Ausnahmen zu. Diese durften unter bestimmten Voraussetzungen die Habenzinssätze überschreiten (§ 10 HZA, „Zinsvoraus"). Dementsprechend durften sie dann auch höhere Sollzinsen vereinbaren (§ 6 SZA). Diese Möglichkeit war ihnen allerdings nur dann gegeben, wenn sie Sollzinsen und Kreditkosten getrennt berechneten und sie dem Kunden nicht, wie nach § 3 SZA zulässig, in einem Betrag in Rechnung stellten (§ 6 SZA, „Nettozinssatz").

Damit war der einzelnen Bank die Entscheidung über die Höhe der Zinssätze im wesentlichen entzogen[500]. Die Bestimmung in den AGB der Banken, daß die Bank die vereinbarten oder üblichen Zinsen berechne, wurde durch diese Entwicklung nicht beeinflußt[501]. „Üblich" im Sinne der Klausel waren die von den Spitzenverbänden festgelegten und durch die Zustimmung des Reichskommissars allgemeinverbindlich gewordenen Sätze. Die Klausel in den AGB war damit für ihren wichtigsten Anwendungsbereich, das Kreditgeschäft, zu einem bloßen Hinweis für den Kunden geworden, daß die für allgemeinverbindlich erklärten Sätze zur Anwendung kommen würden, falls nicht im Einzelfall zulässige Sondervereinbarungen zustande kämen[502].

Da die Geldmarktverhältnisse ständigen Wandlungen unterworfen waren, behielten sich die Banken von Anfang an in ihren Geschäftsbedingungen das Recht vor, die geltenden Zinssätze einseitig zu ändern[503], teilweise auch, von einer Verzinsung ganz absehen zu dürfen[504]. Selten war dabei klargestellt, wann und wie die Änderung in

---

500 *Haupt*, AGB, S. 114, 115.

501 Vgl. BFB 1939, S. 15 Nr. 14 Abs. 2; 1943, S. 18 Nr. 14 Abs. 2 bis 1962, S. 20 Nr. 14 Abs. 2.

502 *Haupt*, AGB, S. 114, 115.

503 Vgl. für Gelddepositenkonten Regulativ bei *Koch*, AGB, S. 246. Die Direktion der Diskontogesellschaft formulierte 1900: „*In der Regel* werden die Zinsen auf das Guthaben 1 % unter dem Diskontsatz der Reichsbank, ..., und die Zinsen auf die jeweiligen Vorschüsse, ..., 1 % über diesem Diskontsatz der Reichsbank belastet" — *Buff*, Kontokorrentgeschäft, S. 110. Berliner Handelsgesellschaft: „Für Kreditzinsen vergüten wir, soweit die Verhältnisse des Geldmarkts nicht eine niedrigere Normierung der Zinssätze rechtfertigen ..." — 1901 bei *Friedberg*, Formelbuch, S. 164; dto. 1904 bei *Buff*, aaO. S. 118 Nr. 1. Dresdner Bank 1904: „Debetzinsen im Kontokorrent belasten wir *in der Regel* mit ..." — bei *Buff*, aaO. S. 114 unter I. Königliche Seehandlung 1905: „Für das Guthaben werden dem Kontoinhaber *bis auf weiteres* ... vergütet" — bei *Keyßner*, ZHR 56, 496 (510) unter D 2, vgl. für Gelddepositenkonten (501) unter B 5. Siehe auch BFB 1920, S. 2 Nr. 2 Abs. 1.

504 Vgl. BFB 1920, 1922, 1924, und 1925 jeweils S. 2 Nr. 2 Abs. 1.

Kraft treten oder die Verzinsung ganz entfallen sollte; für Gelddepositenkonten findet sich hierüber in den Bedingungen der Königlichen Seehandlung eine ausführliche Regelung[505]. Die Befugnis zur Änderung der Zinssätze hätte in dem Augenblick aus den AGB verschwinden können, in dem der Zusatz über die Berechnung der „üblichen“ Zinsen aufgenommen wurde. Denn wenn dadurch zum Ausdruck gebracht war, daß die von den Bankenvereinigungen jeweils festgelegten Sätze gültig sein sollten[506], dann mußten auch Neufestsetzungen Berücksichtigung finden dürfen, weil diese dann jeweils die Üblichkeit der Sätze bestimmten. Trotzdem wurde die betreffende Klausel aus dem von Schütz vorgeschlagenen Musterformular[507] und damit aus den Bedingungen der meisten Banken erst 1936 fortgelassen. Dies geschah nicht deshalb, weil man nunmehr den Begriff der „Üblichkeit“, wie er eben dargelegt worden ist, in seiner ganzen Tragweite erkannt hatte, sondern weil man meinte, dem Vorbehalt komme keine praktische Bedeutung mehr zu, weil er durch die Zinsabkommen und einen entsprechenden Handelsbrauch gewährleistet sei[508]. Diese Erwägung war teils unrichtig, teils ungenau. Die Abkommen galten nur für die Banken, nicht aber im Verhältnis zu deren Kunden; was den Handelsbrauch angeht, so war er — falls er überhaupt bestand — auf die Kaufleute unter den Bankkunden beschränkt. Für den Rest der Kundschaft konnten Zinsänderungen nur deshalb wirksam werden, weil die Geschäftsbedingungen die „üblichen“ Zinsen vorsahen.

Bereits 1927 wurde der Satz, die Bank könne von einer Verzinsung der Konten ganz absehen, mit dem Hinweis gestrichen, das Wesen des Kontokorrents erfordere eine Verzinsung der sich aus der Geschäftsverbindung ergebenden einzelnen Posten sowie des Saldos nicht[509]; damals sollten nach den Geschäftsbedingungen noch alle Konten den Regeln des Kontokorrents unterworfen sein[510].

Diese Begründung ist nicht haltbar. Allerdings können Einzelposten und Salden in einer laufenden Rechnung unverzinslich sein[511]. § 355

---

[505] Vgl. bei *Keyßner*, ZHR 56, 496 (501) unter B 5.
[506] Vgl. oben 2. Abschnitt, J 1 a) *β*), S. 91.
[507] Vgl. BFB 1936, S. 17 Nr. 12 Abs. 1.
[508] *Schütz*, BFB 1936, S. 17 Fußn. 34.
[509] *Schütz*, BFB 1927, S. 10 Fußn. 11 zu Nr. 2 Abs. 1.
[510] Vgl. oben 2. Abschnitt, G 1 a).
[511] *Staub-Koenige*, HGB, § 355 Anm. 11; *RGRK-Godin*, HGB, § 355 Anm. 11; *Krapf*, Kontokorrentvertrag, S. 81; a. A. *v. Gierke*, Handels- und Schiffahrtsrecht, § 63 IV 4 c S. 498; (für Salden) ohne Begründung *Herold*, Kreditgeschäft, S. 116. Die Entscheidung des KG in BA 25, 393 (394) weicht von der hier vertretenen Ansicht nicht ab. Dort ist nur gesagt, bei der Ermittlung des Parteiwillens spreche für das Vorliegen eines Kontokorrentverhältnisses, wenn jede einzelne Leistung als verzinsliche Kreditgewährung behandelt werde.

Abs. 1 HGB bestimmt für das Periodenkontokorrent nichts anderes. Seine insoweit etwas unklare Formulierung nennt lediglich die Voraussetzungen, unter denen eine Verzinsung des anerkannten Saldos entgegen dem Zinseszinsverbot des § 248 BGB zulässig ist[512].

Ebenso besteht für das Staffelkontokorrent eine gesetzliche Verzinsungspflicht für Einzelposten und Salden.

Die rechtliche Möglichkeit, Einzelposten und Salden des Kontokorrents unverzinslich zu lassen, gab und gibt den Banken aber noch nicht die Berechtigung, im Einzelfall überhaupt keine Zinsen zu gewähren. Soll dies geschehen, so bedarf es einer dahingehenden Vereinbarung entweder bei Einrichtung des Kontos oder später. Durch den Vorbehalt in den Geschäftsbedingungen war es den Banken möglich, auch ohne Zustimmung des Kunden von der Gewährung von Zinsen abzusehen, und zwar — als Hauptfall — vor allem nachträglich, d. h. nach Einrichtung eines verzinslichen Kontos. War der Kunde mit dieser Handhabung nicht einverstanden, blieb ihm nur die Möglichkeit, die Geschäftsverbindung zu lösen. Die Banken begaben sich dieses Rechtes durch Streichung des betreffenden Satzes aus den Geschäftsbedingungen.

Gleichfalls bis etwa Mitte der zwanziger Jahre pflegten die AGB zur Verzinsung der Konten zu bestimmen, daß der Monat zu dreißig Tagen gerechnet werde[513]. Die betreffende Klausel wurde als überflüssig gestrichen, weil sie etwas ausdrückte, was im Laufe der Zeit im Bankverkehr zu einer Selbstverständlichkeit geworden war[514]. Das bedeutet, daß sich — sicher auch unter dem Einfluß der betreffenden Klausel in den Geschäftsbedingungen — nicht nur ein Handelsbrauch, sondern sogar eine entsprechende Verkehrssitte herausgebildet hatte.

b) Provisionen: Begriff; Entwicklung der Provisionsklausel bis 1945

a) Begriff

Die Provisionen bilden neben den Zinsen eine wichtige Einnahmequelle für die Banken[515]. Das Gesetz bezeichnet in § 354 Abs. 1 HGB als Provision diejenige Vergütung, die der Kaufmann verlangen kann,

---

[512] *Hefermehl* in Lehmann-Festschrift, Grundfragen des Kontokorrents, S. 547 (548).

[513] Vgl. Regulativ bei *Koch,* AGB, S. 246: Jahr = 360 Tage, Monat = 30 Tage; Direktion der Diskontogesellschaft 1900, bei *Buff,* Kontokorrentgeschäft, S. 110; BFB 1920, S. 2 Nr. 2 Abs. 1; BFB 1927, S. 10 Nr. 2 Abs. 1 und dazu Anm. 11 von *Schütz.*

[514] *Schütz* in BFB 1927, S. 10 Anm. 11.

[515] *Herold,* Kreditgeschäft, S. 121.

wenn er in Ausübung seines Handelsgewerbes einem anderen Geschäfte besorgt oder Dienste leistet; die Vorschrift bestimmt ferner, daß die Provision auch ohne Verabredung verlangt werden kann. Auch in anderen Vorschriften des HGB ist von Provision die Rede (vgl. z. B. §§ 65, 74 b, 86 b, 87 a, b und c, 88 a, 394, 396, 403). Es handelt sich hierbei um Sonderfälle der allgemeinen Vorschrift des § 354 Abs. 1 HGB, die besondere Geschäftsbesorgungen oder Dienstleistungen zum Gegenstand haben.

Dieser Provisionsbegriff könnte auch gemeint sein, wenn in den AGB der Banken von Provisionen die Rede ist. Der Bankverkehr kennt verschiedene Arten von Provisionen, die für die verschiedensten Tätigkeiten der Bank zu entrichten sind. Sicherlich ist diejenige Vergütung Provision im Sinne von § 354 Abs. 1 HGB, die die Banken für ihre Mühewaltung bei der Kontenführung in Form eines bestimmten Prozentsatzes vom Umsatz (Umsatzprovision) berechnen. Das gleiche gilt für die Entgelte bei Ausführung von Überweisungsaufträgen, für Vergütungen im Kommissionsgeschäft (§ 396 HGB) und für die Verwahrung fremder Wertpapiere (Depotgebühren). Außerdem sind hierher der Mietzins für die Überlassung eines Schrankfachs, die Domizilprovision, die Inkassoprovision und die Rückgriffsprovision (Art. 48 Abs. 2 Nr. 4, 49 Nr. 4 WG) zu rechnen.

Zweifelhaft war die Rechtslage bei der überaus wichtigen Kreditbereitstellungs- oder Kreditprovision[516], wenn sie neben den Sollzinsen und nicht mit diesen zusammen als Nettozins berechnet wurde[517]. Von großer Bedeutung ist auch die Provision, die dann berechnet wird, wenn der Kunde einen vorher gar nicht oder in geringerer Höhe zugesagten Kredit in Anspruch nimmt oder einen Kredit nicht rechtzeitig zurückzahlt (Überziehungsprovision)[518]. Im letzten Fall wird die Überziehungsprovision anstelle von Verzugszinsen (§ 288 BGB) erhoben[519]. Daneben werden die Kreditzinsen über die vereinbarte Laufzeit des

[516] Beide unterscheiden sich nur in der Berechnungsweise voneinander: Die Bereitstellungsprovision wird von dem gesamten zugesagten Kreditbetrag *einmal* berechnet — vgl. *Pröhl*, KWG, § 26 Anm. 2 d. Die Kreditprovision wird an der *Laufzeit* des Kredits bemessen in der Weise, daß sie *monatlich* vom zugesagten Kredit berechnet wird — vgl. *Pröhl*, aaO. und Musterformular in BFB 1962, S. 290 Muster 196.

[517] Vgl. § 3 SZA; mit *Pröhl*, KWG, § 23 Anm. 2 d wird man davon ausgehen können, daß es sich bei dieser Gestaltung um reine Zinsberechnung handelte. In der Zinsverordnung vom 1. März 1965 ist das Institut des Nettozinssatzes nicht mehr enthalten.

[518] § 1 Abs. 1, § 4 SZA; § 6 ZVO.

[519] Zweifelnd, ob dann überhaupt Überziehungsprovision verlangt werden kann, noch RG JW 1929, 1393.

Kredits hinaus einfach für die Dauer seiner tatsächlichen Inanspruchnahme weiterberechnet[520].

Koch[521] hält die Kredit- oder Kreditbereitstellungsprovision[522] für einen Zuschlag zu den Zinsen und nicht für eine echte Provision. Er meint, für die mit der Kontenführung verbundenen Arbeit werde bereits die Umsatzprovision erhoben, so daß es sich bei der Kreditprovision nicht um ein Entgelt für diese Mühewaltung handeln könne. Im übrigen könne sie schon deshalb nicht als Provision (im Sinne von § 354 Abs. 1 HGB) angesehen werden, weil sie häufig im voraus belastet werde; aus § 614 BGB folge aber, daß die Vergütung für Dienste erst nachträglich verlangt werden könne.

Unter Berufung auf die Verkehrsauffassung wertet auch Pröhl[523] die Kreditprovision als Zins: Der Kreditnehmer pflege seine prozentuale Gesamtbelastung durch Zusammenrechnung von Kreditzinsen und Kreditprovision festzustellen. Ferner ähnele die Provisionsberechnung in ihrer Art der Zinsberechnung, weil im voraus ein bestimmter Satz festgelegt werde. Hierzu ist zu bemerken, daß Verkehrsauffassung und Berechnungsart zwar wichtige Indizien für die rechtliche Einordnung der Kreditprovision sein, sie aber nicht ausschließlich bestimmen können.

Düringer—Hachenberg—Werner[524] scheinen zwar der Ansicht zu sein, die Eröffnung eines Kredits könne allerdings nicht ganz allgemein[525], wohl aber dann als Geschäftsbesorgung oder Dienstleistung gekennzeichnet werden, wenn es sich bei dem Kreditgeber um eine Bank handele; dann sei die Krediteröffnung anders als z. B. bei dem Verkauf von Waren auf Ziel die Hauptleistung. Das würde bedeuten, daß die Kreditprovision als echte Provision im Sinne von § 354 Abs. 1 HGB angesehen wird. An anderer Stelle bringen Düringer—Hachenburg—Werner aber zum Ausdruck[526], daß sie unter „Kreditprovision" das verstehen, was heute allgemein als Umsatzprovision bezeichnet wird[527].

Die Entscheidung hängt von der Beantwortung der Frage ab, wofür die Kreditprovision verlangt wird. Wie der Reichskommissar für das

---

[520] Zur Weiterberechnung von Zinsen und Provisionen nach Aufhebung des Geschäftsverhältnisses vgl. BFB 1920, S. 2 AGB Nr. 2 Abs. 2 Satz 4.

[521] AGB S. 54.

[522] Im folgenden soll der Einfachheit halber nur noch von Kreditprovision gesprochen werden, vgl. Anm. 516.

[523] KWG, § 23 Anm. 2 d.

[524] HGB, § 354 Anm. 4.

[525] So aber *Staub-Koenige*, HGB, § 354 Anm. 8.

[526] HGB, § 354 Anm. 9.

[527] Mit einem ähnlichen Begriff arbeitete das ROHG (22, 72 [75, 76]). Es sprach davon, daß die Kreditprovision nach dem „Umschlag" gerechnet werde.

Kreditwesen am 8. März 1935 richtig erklärt hat[528], tragen die Kreditinstitute einem verstärkten Liquiditätsbedürfnis verschiedener Teile der Wirtschaft durch feste Zusagen von Krediten oder durch Gestattung der Überziehung von Konten ohne vorherige Absprache Rechnung. Dadurch entstehen den Banken Kosten:

Bis zur tatsächlichen Inanspruchnahme des zugesagten Kredits muß sich die Bank unter Verzicht auf eine gutverzinsliche Anlage in entsprechendem Umfang liquide halten. Dieser Erlösverzicht wird nicht durch die Sollzinsen abgegolten, weil diese nur für die Zeit und in Höhe der tatsächlichen Inanspruchnahme des Kredits berechnet werden durften und dürfen (§ 2 Abs. 3 SZA; § 4 Satz 1 ZVO)[529]. Die Kreditprovision soll hier ausgleichen.

Mit der Hergabe des Geldes geht die Bank das Risiko ein, daß sie es nicht oder nicht in vollem Umfang zurückerhält, z. B. weil der Kunde in Vermögensverfall gerät; auch dieses Risiko soll die Kreditprovision abdecken[530].

Die Bearbeitung des einzelnen Kredits erfordert eine nicht unerhebliche Arbeitsleistung der Bank, weil sie die Kreditwürdigkeit des Kunden auf Grund von diesem herzureichenden Bilanzen und sonstigen Unterlagen und durch Einholung von Auskünften prüfen muß. Auch hierfür soll sie die Kreditprovision entschädigen[531].

Die Kreditprovision enthält also die verschiedensten Elemente: Ersatz für entgangenen Gewinn, Risikoprämie und Entgelt für Arbeitsleistungen. Nur das letzte ist gleichzeitig eines der Elemente des Provisionsbegriffs des § 354 Abs. 1 HGB. Außerdem ist zu berücksichtigen, daß die Kreditbearbeitung praktisch ausschließlich in der Prüfung der Kreditwürdigkeit des Kunden besteht, einer Tätigkeit also, die ganz überwiegend dem eigenen Intereses der Bank dient: Sie will Verluste vermeiden, die ihr bei Kreditgewährung an einen unsicheren Schuldner entstehen könnten. Nur beiläufig dient die Bank hiermit auch dem Interesse des Kunden, der möglicherweise seine Vermögensverhältnisse mangels Sachkunde nicht zuverlässig überschauen kann und sich durch die Inanspruchnahme des gewünschten Kredits „übernehmen“ würde. Bei dieser Sachlage könnte selbst dann, wenn durch die Kreditprovision nur die Kreditbearbeitungskosten abgedeckt werden sollten, von einer Provision im Sinne von § 354 HGB nicht gesprochen werden, weil diese

---

528 Vgl. bei *Kantel*, Zinsabkommen, § 1 SZA Anm. 6.

529 Vgl. *Dertmann*, ZKW 1949, 226 (227); *Deeg*, Bankkonditionen, S. 113; *Weber*, H., Bankwirtschaft 1943, 61.

530 *Deeg*, aaO. S. 112; *Dertmann*, aaO.; *Szagunn-Neumann*, KWG, § 23 Rdn. 70; *Weber*, H., aaO.

531 *Dertmann* aaO.; *Szagunn-Neumann*, aaO.; *Deeg*, aaO. S. 112.

Vorschrift die Vergütung von Dienstleistungen oder Geschäftsbesorgungen für einen „anderen“ behandelt. Das bedeutet, daß die zu vergütende Tätigkeit dem Interesse des anderen dienen muß, mag sie daneben auch dem des Leistenden förderlich sein[532]. Das Schwergewicht liegt aber beim Interesse des anderen. Daran fehlt es bei der Kreditbearbeitung.

Da die Kreditprovision neben der Abgeltung der Kreditbearbeitung auch noch den Ersatz entgangenen Gewinns und den Ausgleich des Kreditrisikos zum Gegenstande hat, ist sie keine Provision im Sinne von § 354 HGB[533].

Ähnliches gilt für die Überziehungsprovision. Sie darf unter den oben[534] geschilderten Voraussetzungen an Stelle der Kreditprovision erhoben werden (§ 4 Abs. 1 und 3 SZA; § 6 ZVO); die Bank kann sich aber auch mit der Weiterberechnung der Kreditprovision begnügen. Die Überziehungsprovision ist erheblich höher als die Kreditprovision. Dies rechtfertigt sich aus folgenden Überlegungen: Bei der normalen Form der Kreditgewährung (vorherige Absprache) kann die Bank sich im voraus einen ungefähren Überblick über die dafür zu haltende Liquidität verschaffen. Kontoüberziehungen oder nicht termingerechte Rückzahlungen von Krediten treten dagegen völlig unerwartet auf und müssen durch eine eigens dafür zu bildende Liquiditätsreserve aufgefangen werden. Reicht diese Reserve nicht aus, muß die Bank auf die Landeszentralbank oder auf leicht liquidierbare Anlagen zurückgreifen. Hinzu kommt noch, daß bei Kontoüberziehungen eine ordnungsmäßige Überprüfung der Kreditwürdigkeit des Kunden selten möglich sein wird. Wollte die Bank erst lange Nachforschungen anstellen, kann der Kunde inzwischen erhebliche Nachteile erleiden, z. B. dadurch, daß die Bank einen Scheck zunächst nicht honoriert oder einen bei ihr domizilierten Wechsel zu Protest gehen läßt. Gewährt die Bank also einen Überziehungskredit, läuft sie ein erhöhtes Risiko, jedenfalls dann, wenn es sich nicht nur um eine verspätete Rückzahlung eines zugesagten Kredits handelt.

---

532 Vgl. *Baumbach-Duden*, HGB, § 354 Anm. 2 D; *Düringer-Hachenburg-Werner*, HGB, § 354 Anm. 6; *Staub-Koenige*, HGB, § 354 Anm. 5; *RGRK-Godin*, HGB, § 354 Anm. 5.

533 Die Entscheidung des RG in LZ 1914, 581 f. steht der hier vertretenen Auffassung nicht entgegen. Damals sprach das Gericht eine „Kreditprovision“ dafür zu, daß der Kreditgeber vereinbarungsgemäß Wechsel ausgestellt, giriert und diskontiert hatte, um die für die Darlehnsgewährung erforderlichen Mittel zu beschaffen. Es wurde also eine besondere Tätigkeit abgegolten, die überwiegend im Interesse des Darlehnsnehmers entfaltet worden war. Ebensowenig steht die Entscheidung RGZ 122, 229 (232) im Widerspruch zu der hier gefundenen Lösung. Sie behandelt die Provision für die *Vermittlung* eines Kredits.

534 2. Abschnitt, J 1 b) α) S. 96.

Die Bearbeitung des Überziehungskredits wird dagegen regelmäßig geringere Kosten verursachen als die eines normalen Kredits, weil die Überprüfung der Kreditwürdigkeit meist entfallen muß.

Danach setzt sich die Überziehungsprovision im Regelfall aus einer Risikoprämie und aus einem Entgelt für die Unterhaltung flüssiger Mittel (entgangener Gewinn) zusammen. Sie ist darum ebensowenig wie die Kreditprovision eine Provision im Sinne von § 354 HGB.

Als Ergebnis ist festzuhalten, daß der Provisionsbegriff der AGB insofern weiter ist als der des § 354 HGB, als er auch die Kreditprovision und die Überziehungsprovision umfaßt[535].

β) Entwicklung der Provisionsklausel bis 1945

Die Entwicklung der die Provisionen betreffenden Klausel der AGB verlief ganz genau so wie die der Zinsklausel[536].

Die wichtigsten der eben erörterten Provisionsarten, d. h. diejenigen, die mit der Kreditgewährung zusammenhängen, waren ebenso wie die Zinsen Gegenstand der unter den Mitgliedern der Berliner Stempelvereinigung und der anderen lokalen Bankenvereinigungen getroffenen Absprachen; sie waren auch von den „Allgemeinen Abmachungen" erfaßt.

Schließlich fanden die Provisionen auch in dem SZA Berücksichtigung. Nach § 1 Abs. 1 und 2 des Abkommens durften in Zusammenhang mit Krediten nur noch Kreditprovisionen, Überziehungsprovisionen und Umsatzprovisionen berechnet werden. Nur für zusätzliche Leistungen, die sie neben den bei einem Kreditgeschäft üblichen Grundleistungen oder gesondert im Auftrage oder im Interesse des Kunden erbrachte, durfte die Bank besondere Entgelte verlangen (§ 1 Abs. 5 SZA). Die Provisionssätze wurden teils nach Festsetzung durch den von den Bankenverbänden gebildeten Zentralen Kreditausschuß vom Reichskommissar für allgemeinverbindlich erklärt (§ 2 Abs. 2 SZA — Kreditprovision), teils durch Richtlinien des Reichskommissars festgelegt (Überziehungsprovision: § 4 Abs. 4 SZA und Richtlinien vom 14. Januar 1937, ersetzt durch Richtlinien des Reichsaufsichtsamts vom 5. März 1942[537]; Umsatzprovision: § 5 Abs. 3 SZA und Richtlinien des Reichskommissars vom 14. Januar 1937, ersetzt durch Richtlinien des Reichsaufsichtsamts vom 5. März 1942[538].

---

[535] Unrichtig daher *Dermitzel*, Recht der Banken, S. 25 Anm. 2 zu Nr. 14 AGB, der meint, das Recht zur Berechnung der üblichen Provisionen ergebe sich (in jedem Falle) aus § 354 HGB — ebenso unrichtig *Schütz* in BFB 1939, S. 16 Anm. 3 zu Nr. 14.

[536] Vgl. oben 2. Abschnitt, J 1 a).

[537] *Kantel*, Zinsabkommen, S. 67/68.

[538] *Kantel*, aaO. S. 68.

Damit war auch die Festsetzung der wichtigsten Provisionen den einzelnen Banken aus der Hand genommen. Der Bestimmung in den AGB, daß die Bank die „vereinbarten oder üblichen ... Provisionen“[539] berechnen dürfe, verblieb damit ebenso wie der über Zinsen[540] im wesentlichen nur noch deklaratorische Bedeutung.

Die Klausel über Provisionen erfuhr 1937 eine äußerlich geringfügige Änderung. An Stelle der soeben wiedergegebenen Fassung wurde bestimmt, der Kunde habe die „vereinbarten oder üblichen Zinsen, Gebühren und Provisionen ...“ zu tragen[541]. „Gebühren“ wurden deshalb erwähnt, weil es sich eingebürgert hatte, bestimmte Provisionen so zu bezeichnen[542]. Das Wörtchen „und“ zwischen den Worten „üblichen Zinsen“ und „Provisionen“ glaubte man durch ein Komma ersetzen zu können, weil man meinte, § 354 Abs. 1 HGB gewährleiste bereits die Möglichkeit der Berechnung der „üblichen“ Provisionen[543]; die Worte „vereinbarten oder üblichen“ in der Klausel sollten sich darum nur noch auf die Zinsen beziehen.

Hier ist den Banken insofern ein Irrtum unterlaufen, als gerade die im Kreditgeschäft so bedeutsamen Kredit- und Überziehungsprovisionen von § 354 Abs. 1 HGB nicht mitumfaßt werden[544]. Diese beiden Provisionsarten konnten die Banken in „üblichem“ Umfang auch nicht unter Berufung auf die zwischen ihren Spitzenverbänden getroffene Vereinbarung (SZA) von den Kunden verlangen, denn diese waren an den Vereinbarungen nicht beteiligt. Die Allgemeinverbindlichkeitserklärung der Aufsichtsbehörde änderte an dieser Rechtslage nichts, weil sie, ganz abgesehen von ihrer eigenen Rechtsnatur, die Verträge zwischen den Bankenverbänden nicht zu auch für die Kunden geltenden Rechtsvorschriften machen konnten[545]. Trotzdem stieß die Berechnung der fraglichen Provisionsarten in der „üblichen“, d. h. in dem SZA festgelegten Höhe, auf keine Schwierigkeiten, da sich insoweit eine Verkehrssitte herausgebildet hatte. Es war allgemein bekannt, daß die Banken das SZA getroffen hatten und sich wegen der Allgemeinverbindlichkeitserklärung der Aufsichtsbehörde sämtlich danach richteten. Mit der widerspruchslosen Eingehung und Führung der Ge-

---

[539] Vgl. BFB 1922, S. 2 Nr. 2 Abs. 1 bis BFB 1936, S. 17 Nr. 12 Abs. 1.

[540] Vgl. oben 2. Abschnitt, J 1 a) S. 93.

[541] BFB 1939, S. 15 Nr. 14 Abs. 2.

[542] Vgl. *Schütz* in BFB 1939, S. 16 Anm. 4 zu Nr. 14: „Kontoführungsgebühr“; AGB der Deutschen Bank und Diskonto-Gesellschaft 1932 bei *Müllereisert*, Formularrecht, S. 184 (189) Nr. 35: „Gebühren für die Verwahrung und Verwaltung von Wertpapieren“.

[543] *Schütz* in BFB 1939, S. 16 Anm. 4 zu Nr. 14; ähnlich *Graf*, Interessen, S. 114; vgl. auch *Dermitzel*, Recht der Banken, S. 25 Anm. 2 zu Nr. 14 AGB.

[544] Vgl. oben 2. Abschnitt, J 1 b) *α*).

[545] Vgl. dazu oben 2. Abschnitt, J 1 a) S 92.

schäftsbeziehungen erkannte jeder Kunde auch die Höhe der zu berechnenden Provisionen im Zusammenhang mit Kreditgewährungen als für sich verbindlich an. Darüber hinaus wurde die Höhe der Kreditprovision — im Rahmen der Sätze des SZA — vielfach bei Abschluß der Kreditverträge noch ausdrücklich vereinbart.

c) Zinsen und Provisionen nach 1945

α) Die Zeit bis zum 31. Dezember 1961

Die 1937 eingeführte Fassung der Zins- und Provisionsklausel hat bis heute keine Veränderung erfahren[546]. Dies ist darauf zurückzuführen, daß die 1931/32 geschaffenen Möglichkeiten der staatlichen Überwachung und Festsetzung aller Zins- und der wichtigsten Provisionssätze auch nach Kriegsende bestehen geblieben, sogar noch ausgebaut und auch wahrgenommen worden sind[547]. Allerdings war die Fortgeltung der Zinsabkommen zunächst stark umstritten[548]. Mit Recht bemerkt dazu Riedel[549], daß die Abkommen wegen ihrer Vertragsnatur durch die Auflösung der Wirtschaftsgruppen, die in der Rechtsform rechtsfähiger Vereine bestanden hatten, und zwischen denen sie in ihrer letzten Fassung zustande gekommen waren, mit Kriegsende zunächst hinfällig geworden sind: Ein Vertrag ohne Vertragsparteien ist nicht denkbar. Die nach dem Kriege neu entstandenen Bankenvereinigungen sind nicht Rechtsnachfolger der Wirtschaftsgruppen, sondern neu geschaffene Verbände: Sie sind zwar wiederum in der Form rechtsfähiger Vereine organisiert, doch naturgemäß ohne den früher für die Wirtschaftsgruppen bestehenden Zwang zur Mitgliedschaft für alle Banken[550].

Die Bankenaufsichtsbehörden der Länder, die zunächst an die Stelle der zentralen Bankaufsichtsbehörde im Reich getreten waren[551], ordneten auf Grund von § 36 KWG 1939 den Fortbestand der Abkommen

---

546 Vgl. BFB 1962, S. 20 Nr. 14 Abs. 2.

547 § 23 KWG 1961; ZVO vom 1. März 1965.

548 Vgl. *Pröhl*, KWG, § 23 unter 1; s. die Zusammenstellung bei *Schmidt*, ZKW 1961, 74, insbesondere in Anm. 2.

549 ZKW 1953, 710 (711).

550 Vgl. § 8 der 1. VO zur Durchführung des Gesetzes zur Vorbereitung des organischen Aufbaus der deutschen Wirtschaft vom 27. November 1937 — RGBl I S. 1194.

551 Der Reichskommissar hatte durch VO vom 15. September 1939 — RGBl I S. 1953 — die Bezeichnung „Reichsaufsichtsamt für das Kreditwesen" erhalten. Durch § 1 der VO zur Änderung des Gesetzes über das Kreditwesen vom 18. September 1944 — RGBl I S. 211 — wurden seine Aufgaben und Befugnisse dem Reichswirtschaftsminister übertragen. — Über die Stellung der Bankaufsichtsbehörden der Länder vgl. *Kantel*, Zinsabkommen, § 7 Mantelvertrag Anm. 4; *Deeg*, Bankkonditionen, S. 66/67; vgl. auch Artt. 125, 74 Nr. 11, 129 Abs. 1 Satz 1 in Verbindung mit Art. 83 GG und *Huber*, Wirtschaftsverwaltungsrecht II, S. 256.

an[552]. Wie sich aus den vorstehenden Ausführungen ergibt, konnte es sich nur um eine Wiederinkraftsetzung handeln. Nunmehr waren die Abkommen ihrer Rechtsnatur nach aber keine Verträge mehr, sondern „Regierungsanordnungen“[553]. Ebenfalls gemäß § 36 (Satz 3) KWG 1939 setzten die Bankaufsichtsbehörden in der Folgezeit die Konditionen im einzelnen fest[554], ohne daß förmliche Beschlüsse der Verbände des Kreditgewerbes nach § 36 Satz 1 KWG 1939 voraufgegangen wären[555]. Allerdings versicherten sich die Aufsichtsbehörden vorher stets des Einverständnisses der Verbände. Die dabei in allen Bundesländern im wesentlichen erzielte Einheitlichkeit ist auf die Tätigkeit des „Sonderausschusses Bankenaufsicht“ zurückzuführen. Dieser bestand aus Vertretern der mit der Bankenaufsicht betrauten einzelnen Länderministerien. Er war freiwillig gebildet worden. Seine Empfehlungen waren nicht bindend, wurden aber fast durchweg von den Länderbehörden befolgt.

Sowohl die Anordnungen über die Fortgeltung der Abkommen als auch die einzelnen Festsetzungen für Zinsen, Provisionen und Auslagen wurden in der Lehre teils als Verwaltungsakte (Allgemeinverfügungen)[556], teils als Rechtsverordnungen[557], vereinzelt auch als Verwaltungsanordnungen[558] angesehen[559]. Daß die letzte Ansicht nicht zu-

---

[552] Vgl. für Berlin die Anordnung des Senators für Wirtschaft und Kredit vom 1. September 1955, II. Teil, Amtsblatt von Berlin 1955 S. 933 — s. im übrigen die Zusammenstellung bei *Kantel*, aaO. § 2 SZA Anm. 1 und *Hammer*, NJW 1956, 326 (327).

[553] Vgl. *Kantel*, aaO. Einl. Anm. 3 vor § 1 Mantelvertrag; *Szagunn-Neumann*, KWG, § 23 Rdn. 6; siehe auch *Pröhl*, KWG, § 23 Anm. 1 und *Consbruch*, BB 1959, 399. Über die Rechtsnatur der Anordnungen vgl. unten 2. Abschnitt, J 1 c) α) S. 104 ff.

[554] Vgl. z. B. für Berlin: Anordnung des Senators für Wirtschaft und Kredit vom 1. September 1955 I. Teil, Amtsblatt für Berlin 1955 S. 933; vom 21. September 1956, Amtsblatt 1956 S. 1126; vom 15. Dezember 1960, Amtsblatt 1961 S. 6.

[555] Vgl. *Schmidt*, ZKW 1961, 74 (75); *Consbruch*, BB 1959, 399.

[556] *Hammer*, NJW 1956, 326 (328); *Consbruch*, BB 1959, 399; vgl. auch *Szagunn-Neumann*, KWG, § 23 Rdn. 6.

[557] *Schmidt*, ZKW 1961, 74 (76) unter 2 b; vgl. auch *Weber, W.*, Rechtssetzungsbefugnisse, S. 49 (64) für die Anordnungen der Versicherungsaufsichtsbehörde auf Grund der VO über die Anwendung allgemeiner Versicherungsbedingungen vom 29. November 1940 — RGBl. I S. 1543 —. Auch die Spitzenverbände der Banken scheinen dieser Ansicht zuzuneigen. In einer von ihnen in Sparkasse 1957, 366 veröffentlichten Stellungnahme vom 13. November 1957 heißt es, die Zinsanordnungen der Bankenaufsichtsbehörden würden mit ihrer Verkündung wirksam; eine „etwaige Einlegung von Rechtsmitteln“ habe keine aufschiebende Wirkung.

[558] Bundesbank in ihren Monatsberichten, März 1965, S. 5; *Schreihage*, Sparkasse 1960, 263 (264); BayVerfGH 7, Teil II, S. 5 (8); *Huber*, Wirtschaftsverwaltungsrecht II, S. 256, nimmt nicht eindeutig Stellung; er spricht von „hoheitlichen Anordnungen“ und von „Richtlinien“.

[559] *Deeg*, Bankkonditionen, S. 66—69 nimmt zu der Frage nicht Stellung.

treffen kann, folgt schon daraus, daß die Kreditinstitute zwar der staatlichen Aufsicht unterworfen sind, nicht aber den zuständigen Landesbehörden bzw. dem Bundesaufsichtsamt für das Kreditwesen als Behördenteil angegliedert sind. Nur wenn dies der Fall wäre, kämen innerdienstliche Anweisungen in Form von Verwaltungsvorschriften (Verwaltungsanordnungen) in Betracht[560].

Richtig ist, daß die Anordnungen als Rechtsverordnungen hätten ergehen müssen, denn ein Verwaltungsakt bezieht sich auch als Allgemeinverfügung stets nur auf ein bestimmtes Sach- oder Rechtsverhältnis und richtet sich nur an einen bestimmten einzelnen oder an einen nach bestimmten Merkmalen abgrenzbaren Personenkreis; er enthält einen konkreten Befehl[561]. Rechtsverordnungen dagegen sind abstrakt. Sie enthalten Rechtssätze, die auf Dauer zu gelten bestimmt sind, ohne einen konkreten Befehl für einen bestimmten Lebenssachverhalt auszusprechen. Ihr Adressatenkreis ist nicht von vornherein festgelegt[561]. Die Anordnungen auf Grund von § 36 Satz 3 KWG 1939 galten nicht nur für die zur Zeit ihres Erlasses bereits bestehenden, sondern auch für die später errichteten Kreditinstitute, ohne daß sie für diese jeweils neu erlassen worden wären[562]. Daraus folgt, daß sie für die Dauer bestimmte Regelungen und nicht bestimmte Befehle für Einzelfälle enthielten, also als Rechtsverordnungen ergehen mußten.

Auch der Wirtschaftsausschuß des Bundestages hatte bei seinen Beratungen über das KWG 1961 erkannt, daß es sich bei den Zinsanordnungen um generelle Regelungen handelte. Deshalb schlug er vor, die auf Grund des neuen KWG zu erlassenden Konditionenregelungen in das Gewand von Rechtsverordnungen zu kleiden[563]. Übereinstimmend damit heißt es in der Regierungsbegründung zu § 22 des Regierungsentwurfs KWG 1961[564], die Anordnungen über die Konditionen der Kreditinstitute hätten generellen Charakter. Sie sollten allgemein für das Kreditgewerbe gelten, auch für diejenigen Kreditinstitute, die erst nach Erlaß der Anordnungen errichtet würden. Eine Konditionenregelung im Wege der Rechtsverordnung sei daher der bisher üblichen Allgemeinverfügung vorzuziehen.

Die Bedenken, die Hammer[565] unter dem Gesichtspunkt der Zuständigkeit und der Ermächtigungsnorm zum Erlaß der Anordnungen aus

---

560 Vgl. *Forsthoff*, Verwaltungsrecht I, S. 133.

561 Vgl. *Forsthoff*, aaO. S. 192, 193.

562 Vgl. *Schmidt*, ZKW 1961, 74 (76). Das BVerwG hat für einen entsprechenden Fall die Möglichkeit des Vorliegens einer Allgemeinverfügung verneint — NJW 1964, 1151.

563 Vgl. den schriftlichen Bericht des Wirtschaftsausschusses — Ruland-Bericht — zu BTDrucks. Nr. 2563 III. WP. S. 12.

564 Abgedruckt bei *Beck*, KWG, unter Materialien M 2.

verfassungsrechtlichen Erwägungen anmeldet, zerstreut Schmidt[566] in überzeugender Weise[567].

Tatsächlich sind die Anordnungen aber nicht in Form von Rechtsverordnungen erlassen worden. Dies zeigt schon die Art ihrer Bekanntmachung. Daß Rechtsverordnungen zu ihrer Wirksamkeit der ordnungsmäßigen Verkündung bedürfen, braucht nicht näher dargelegt zu werden[568]. Das bedeutet aber, daß die Anordnungen in den Gesetzblättern bzw. Gesetz- und Verordnungsblättern der einzelnen Länder hätten veröffentlicht werden müssen[569]. Dies geschah nicht; vielmehr fand nur eine Veröffentlichung in den Amtsblättern statt[570].

Daraus folgt, daß die Aufsichtsbehörden die Anordnungen nicht als Verordnungen erlassen wollten, denn ihnen waren die gesetzlichen Erfordernisse hinsichtlich der Verkündung bekannt. Sie haben die Anordnungen vielmehr als Verwaltungsakte ausgestaltet[571]. Daß sie sie nicht jeder Bank einzeln zugestellt haben, ändert nichts an der Wirksamkeit der Anordnungen. Zwar bedarf jeder Verwaltungsakt, um wirksam zu werden, der Kundmachung an denjenigen, dessen Rechtskreis er berührt[572]. Bei Verwaltungsakten in Gestalt von Allgemeinverfügungen, als die die Anordnungen wegen des großen Kreises der Betroffenen erlassen werden mußten[573], genügt die Bekanntmachung in den Amtsblättern durchaus[574]. Bei den Banken kommt hinzu, daß ihnen über ihre Verbände, ohne deren Einverständnis keine Zinsanordnung erlassen wurde, bekannt war, wann sie mit neuen Anordnungen zu rechnen hatten und daß sie zudem wußten, wo diese bekanntgemacht werden würden.

Mit dem Wegfall des § 36 KWG 1939 durch das Inkrafttreten des neuen KWG am 1. Januar 1962 war die Möglichkeit der Konditionen-

---

565 NJW 1956, 326 (328).

566 ZKW 1961, 74 (76) unter c).

567 Vgl. aber auch *Kantel*, Zinsabkommen, § 2 SZA Anm. 1.

568 Vgl. *Giese*, Archiv für öffentliches Recht 76, 464 (475); *Weber, W.*, Die Verkündung von Rechtsvorschriften, S. 7.

569 Vgl. z. B. für Berlin: Gesetz über die Verkündung von Gesetzen und Rechtsverordnungen vom 29. Januar 1953 — GVBl. S. 106; für Baden-Württemberg: Art. 63 Verf. und Gesetz vom 1. März 1954 — GVBl. S. 27.

570 Vgl. z. B. für Berlin: Anordnung vom 1. September 1955 — Amtsblatt 1955, S. 933; vom 21. September 1956 — Amtsblatt 1956, S. 1126; vom 15. Dezember 1960 — Amtsblatt 1961, S. 6.

571 *Kantel*, Zinsabkommen, § 2 SZA Anm. 1, spricht von „Regierungsakten", meint damit aber Verwaltungsakte — vgl. *Kantel*, aaO., § 7 Manteltrag Anm. 4.

572 *Forsthoff*, Verwaltungsrecht I, S. 213.

573 Vgl. Begründung zu § 22 des Regierungsentwurfs KWG 1961, abgedruckt bei *Beck*, KWG, unter Materialien M 2; siehe auch *Forsthoff*, aaO. S. 192/3.

574 Vgl. *Forsthoff*, aaO. S. 213.

regelung durch „Anordnungen" entfallen. Jetzt mußten — von Bundesinstanzen — Rechtsverordnungen erlassen werden (§ 23 Abs. 1 KWG 1961). Tatsächlich wurden seitdem auch keine neuen Anordnungen mehr getroffen[575].

Die von den Aufsichtsbehörden erlassenen Anordnungen waren als Verwaltungsakte rechtswidrig, und zwar schon deshalb, weil die in ihnen getroffenen Regelungen der Form der Rechtsverordnung bedurft hätten. Auf Anfechtungsklagen, die gegen sie zulässig gewesen wären[576], hätten sie aufgehoben werden müssen[576]. Tatsächlich hat aber, soweit ersichtlich, keine Bank jemals versucht, sich durch Klage von einer Zinsanordnung zu befreien. Dies mag nicht zuletzt darauf zurückzuführen sein, daß die Anordnungen stets im Einvernehmen mit den Bankenverbänden erlassen wurden[577]. Außerdem ist keiner Bank an einer Publizität gelegen, bei der ein Prozeß eine Rolle spielt. Etwaige Abweichungen von den festgelegten Sätzen wurden vielmehr in verdeckter Form bewerkstelligt: Wollte man z. B. die Höchstsätze für Habenzinsen überschreiten, um eine bestimmte besonders große Einlage hereinzubekommen, bezeichnete man die Einlage einfach als „aufgenommenes Geld"[578]. Aufgenommene Gelder unterlagen im Gegensatz zu den Einlagen nicht dem Habenzinsabkommen und den auf seiner Grundlage festgelegten Sätzen[579]. Ein weiteres beliebtes Mittel dieser Art war z. B. der Abschluß eines „Beratungsvertrages" mit dem einlegenden Kunden, auf Grund dessen diesem dann ein „Honorar" gutgebracht wurde.

Obwohl die Aufsichtsbehörden wußten, daß auf diese Weise vielfach „graue" Habenzinsen gewährt wurden[580], ist kein Fall bekanntgeworden, in dem sie — bis einschließlich 1961 — versucht hätten, die Einhaltung ihrer Anordnungen durch Strafen gemäß § 44 KWG 1939 durchzusetzen; nach dieser Vorschrift konnten Verstöße gegen die Zinsab-

---

[575] Vgl. Übersicht in Monatsberichte der Deutschen Bundesbank, Januar 1965, S. 96; die dort für den 22. Januar 1965 verzeichnete Erhöhung der Sollzinssätze beruht auf keiner neuen Anordnung, sondern auf einer Veränderung des Diskontsatzes und des Lombardsatzes; an diese Sätze waren die Sollzinssätze angelehnt — vgl. § 2 Abs. 2 SZA und *Szagunn-Neumann*, KWG, § 2 SZA Anm. 2; s. auch Monatsberichte der Deutschen Bundesbank Mai 1966 S. 3.

[576] Vgl. BVerwG NJW 1964, 1151 f.

[577] Vgl. *Huber*, Wirtschaftsverwaltungsrecht II, S. 256.

[578] Monatsberichte der Deutschen Bundesbank, März 1965, S. 5 r. Sp.

[579] Unter „aufgenommenen Geldern" wurden als formelle Darlehen von den Banken hereingenommene Mittel verstanden. Den Gegensatz dazu bildeten die Einlagen, d. h. Gelder, deren Hereinnahme auf die Initiative des Kunden zurückging, die der Kunde der Bank anvertraute, um dadurch für sich auf Konto ein Guthaben anzusammeln und gegebenenfalls darüber verfügen zu können, und für die keine besondere Sicherheit verlangt oder gewährt wurde — vgl. *Pröhl*, KWG, § 23 Anm. 2 b und § 1 Anm. 3 a.

[580] *Enzyklopädisches Lexikon*, S. 1420; *Consbruch*, BB 1965, 269 (271).

kommen mit Ordnungsstrafen in Geld geahndet werden. Nach Aufhebung des KWG 1939 durch das KWG 1961 zum 1. Januar 1962 (§§ 63 Abs. 1 Nr. 1, 65 KWG 1961) standen dem an die Stelle der Länderaufsichtsbehörden getretenen Bundesaufsichtsamt für das Kreditwesen (§§ 5 bs 9 KWG 1961) allerdings keine Sanktionsmöglichkeiten bei Verstößen gegen frühere Anordnungen mehr zur Verfügung[581], obwohl das KWG 1961 ausdrücklich die Weitergeltung der Zinsanordnungen angeordnet hatte (§ 62 Abs. 1). Das am 1. Januar 1958 in Kraft getretene Gesetz gegen Wettbewerbsbeschränkungen — BGBl I S. 1081 — hatte die Anordnungen ebenfalls unberührt gelassen. In seinem § 102 Abs. 1 Satz 1 heißt es, das Gesetz gelte nicht für „Wettbewerbsbeschränkungen im Zusammenhang mit Tatbeständen, die der Genehmigung oder Überwachung nach dem Gesetz über das Kreditwesen ... unterliegen"[582]. Trotzdem waren der Bankenaufsicht die Hände gebunden: Als Zuwiderhandlungen gegen das Gesetz über Ordnungswidrigkeiten vom 25. März 1952 — BGBl I S. 177, letzte Fassung vom 26. Juli 1957, BGBl I S. 861 — konnten die Verstöße schon deshalb nicht geahndet werden, weil sie in dem Katalog der Ordnungswidrigkeiten des § 56 KWG 1961 nicht aufgezählt sind[583]. Ebensowenig kam eine Durchsetzung gemäß § 50 KWG 1961 mit den Mitteln des Verwaltungsvollstreckungsgesetzes vom 27. April 1953 — BGBl I S. 157 —, geändert durch Gesetz vom 12. April 1961 — BGBl I S. 475 —, in Betracht. Zwar hätten die alten Anordnungen möglicherweise den Verfügungen des Bundesaufsichtsamtes im Sinne von § 50 Abs. 1 KWG 1961 gleichgesetzt werden können. Doch hätten einmal vollzogene Verstöße mit den Mitteln des Verwaltungszwangs (Ersatzvornahme, Zwangsgeld, unmittelbarer Zwang, § 9 VerwVollstrGes) nicht rückgängig gemacht werden können, weil die Verstöße in vertraglichen Abmachungen mit Dritten, den Kunden, bestanden. Da die Verträge wirksam waren, weil die Anordnungen kein *gesetzliches* Verbot[584] (§ 134 BGB) darstellten, hätte die betreffende Bank mit den Mitteln des Verwaltungszwangs zum Vertragsbruch veranlaßt werden müssen; das aber wäre rechtlich unmöglich gewesen.

Immerhin deutet die Duldung von Verstößen durch die Aufsichtsbehörden vor dem Inkrafttreten des KWG 1961, zu einer Zeit also, als die Anwendung des § 44 KWG 1939 immerhin noch in Erwägung gezogen

---

[581] Vgl. Monatsberichte der Deutschen Bundesbank, März 1965, S. 5 r. Sp.

[582] Vgl. auch *Müller-Henneberg-Schwartz-Gleiss-Pollems*, GWB, § 102 Rdn. 2.

[583] Vgl. auch *Consbruch*, BB 1965, 269.

[584] Vgl. über die Vertragsnatur der Zinsabkommen oben 2. Abschnitt, J 1 a) *β*), S. 92. Über den Charakter der nach 1945 ergangenen Anordnungen (rechtswidrige Verwaltungsakte) s. oben 2. Abschnitt, J 1 c) *α*), S. 105 f.

werden konnte, darauf hin, daß die zuständigen Länderbehörden selbst nicht von der Rechtmäßigkeit ihrer Zinsanordnungen überzeugt waren.

β) Das neue KWG (1. Januar 1962)

Das KWG 1961 hat die Konditionenregelung auf eine neue Grundlage gestellt. In seinem § 23, der insoweit an die Stelle des § 36 KWG 1939 (= 38 KWG 1934) getreten ist, ist bestimmt, daß durch Rechtsverordnung Anordnungen für die Kreditinstitute über die „Bedingungen" erlassen werden können, „zu denen Kredite gewährt und Einlagen entgegengenommen werden können". Für Zinsen und Provisionen, die im Zusammenhang damit berechnet werden, sollen die Anordnungen Grenzen festsetzen (§ 23 Abs. 1 Satz 2 KWG 1961). Zuständig für den Erlaß der Rechtsverordnungen ist nach § 23 Abs. 1 Satz 4 KWG 1961 der Bundesminister für Wirtschaft, der sich dazu aber mit der Deutschen Bundesbank ins Benehmen setzen muß. § 23 Abs. 1 Satz 5 KWG 1961 gestattet ihm, seine Ermächtigung auf das Bundesaufsichtsamt für das Kreditwesen zu übertragen[585] mit der Maßgabe, daß das Amt die Verordnungen nur im Einvernehmen mit der Bundesbank erlassen darf. Von dieser Erlaubnis hat der Bundesminister für Wirtschaft durch Verordnung vom 19. Januar 1962 (BGBl I S. 17) Gebrauch gemacht.

Die Regelung des § 23 KWG 1961 ist teils enger, teils aber auch weitergehend als die in den entsprechenden früheren Vorschriften enthaltenen Bestimmungen. Während früher ganz allgemein die Geschäftsbedingungen — insbesondere die über Zinsen und Provisionen — der Allgemeinverbindlichkeitserklärung bzw. der selbständigen Festsetzung durch die Aufsichtsbehörde unterlagen, können heute nur noch Regelungen über die Bedingungen getroffen werden, zu denen Kredite gewährt und Einlagen entgegengenommen werden dürfen.

Bemerkenswert ist, daß der Gesetzgeber staatliche Eingriffe in die Konditionenvereinbarungen zwischen Bank und Kunden heute nur noch in genau dem Umfang gestattet, in welchem sie unter der Geltung der alten, weitergehenden Bestimmungen durch die Zinsabkommen stattgefunden hatten. Daß Wettbewerbsregelungen jetzt in § 23 Abs. 1 KWG 1961 nicht mehr erwähnt sind, obwohl die Spitzenverbände des Kreditgewerbes auch ein für allgemeinverbindlich erklärtes Wettbewerbsabkommen getroffen hatten, steht nicht im Gegensatz zu dieser Feststellung: Die Wettbewerbsfragen sind seit 1958 in dem Gesetz gegen Wettbewerbsbeschränkungen behandelt. Ebensowenig folgt daraus etwas anderes, daß in § 1 Abs. 1 HZA von „hereingenommenen Geldern" und nicht wie in § 23 Abs. 1 KWG 1961 von „Einlagen" die Rede war.

---

585 Vgl. Art. 80 Abs. 1 Satz 4 GG.

Man könnte zwar meinen, daß unter den Begriff der „hereingenommenen Gelder" außer den Einlagen auch noch andere Mittel fielen. Dies war jedoch nicht der Fall. „Hereingenommene Gelder" waren nur die im Wege des Einlagegeschäfts angenommenen Beträge; nicht dazu rechneten die von den Banken als regelrechte Darlehen entgegengenommenen Mittel (sog. „aufgenommene Gelder"[586]).

Der Gesetzgeber hat sich also mit dem § 23 KWG 1961 den Bedürfnissen der Praxis angepaßt, wie sie in den Zinsabkommen ihren Ausdruck gefunden hatten[587], und hat auf staatliche Eingriffsmöglichkeiten dort verzichtet, wo sie nach den unter der Geltung der alten Bestimmungen gesammelten Erfahrungen des Wirtschaftslebens nicht erforderlich sind.

Eine Erweiterung der staatlichen Befugnisse hat das KWG (§ 23 Abs. 3) gegenüber § 36 KWG 1939 insofern gebracht, als jetzt an die Stelle des Vorschlagsrechts der Verbände der Kreditwirschaft ein bloßes Recht auf Gehör vor Erlaß der Rechtsverordnungen über die Bedingungen für Einlagen und Kredite getreten ist. Es handelt sich im Grunde aber lediglich um eine Änderung in der Formulierung. Heute wie früher liegt die eigentliche Entscheidungsgewalt bei der Bankenaufsichtsbehörde, denn gemäß § 36 Satz 3 KWG 1939 konnte diese im Einvernehmen mit der Reichsbank eigene Anordnungen erlassen, wenn die Beschlüsse der Spitzenverbände nicht ihre Billigung fanden.

Seit dem 1. März 1965 ist die auf Grund von § 23 KWG 1961 vom Bundesaufsichtsamt für das Kreditwesen im Einvernehmen mit der Bundesbank erlassene ZVO in Kraft (BGBl I S. 33). Sie hat die Regelung der alten Zinsabkommen in ihren Grundzügen übernommen[588]. Sie enthält eine Neuerung hinsichtlich der Provisionen insofern, als Kreditprovision (§ 5 ZVO) und Überziehungsprovision (§ 6 ZVO) jetzt nebeneinander berechnet werden dürfen; dementsprechend sind beide aber auch in ihren Sätzen verändert worden (vgl. Anlage 1 zur ZVO unter II und III — BGBl 1965 I S. 33). Außerdem dürfen jetzt im Zusammenhang mit Kreditgewährungen statt einer Umsatzprovision Postenentgelte berechnet werden (§ 7 Abs. 1 Satz 2 ZVO).

Ferner hat die ZVO den Begriff der Einlage erweitert und genau umrissen (§ 11), um Umgehungen der festgelegten Habenzinssätze (Anlage 2 zur ZVO — BGBl 1965 I S. 33) zu vermeiden[589]. „Einlagen" sind danach alle von Nichtbanken hereingenommenen Gelder.

---

[586] Vgl. über die Begriffe „Einlage" und „aufgenommenes Geld" oben 2. Abschnitt, J 1 c) α) S. 106 und *Pröhl*, KWG, § 1 Anm. 3 a, § 23 Anm. 2 b.

[587] Vgl. *Consbruch-Möller*, KWG-Kommentar, § 23 Anm. 4.

[588] *Schork*, ZKW 1965, 222; *Consbruch*, BB 1965, 269.

[589] Vgl. oben 2. Abschnitt, J 1 c) α) S. 106 mit Anm. 579; Monatsberichte der Deutschen Bundesbank, März 1965, S. 5 r. Sp.; *Könneker*, ZKW 1965, 169; *Consbruch*, BB 1965, 269 (271).

Die Sollzinsen sind direkt mit der jeweiligen Höhe des Diskontsatzes in Beziehung gesetzt (§ 22 ZVO nebst Anlage 1).

Im Gegensatz zu der Handhabung bis 1965 ist nunmehr eine strengere Überwachung der Einhaltung der Konditionenregelungen zu erwarten. Das Bundesaufsichtsamt hat in einem Rundschreiben an die Spitzenverbände des Kreditgewerbes die strikte Einhaltung der ZVO gefordert und darauf hingewiesen, es werde bei Prüfungen insbesondere auf die saubere Unterscheidung zwischen „Einlagen“ und „aufgenommenen Geldern“ achten und Verstöße als Ordnungswidrigkeiten ahnden[590].

d) Ergebnis

Die — abgesehen von § 138 BGB — abdingbaren gesetzlichen Vorschriften über die Höhe der Zinsen (§§ 246, 288 BGB, 352 HGB, 4 bzw. 5 %) wurden im bankgeschäftlichen Verkehr zunächst im Wege der Einzelvereinbarung und über Allgemeine Geschäftsbedingungen durch andere, regelmäßig zu Gunsten der Bank veränderte Zinssätze abgelöst. Insbesondere die Klausel, es könnten die üblichen Zinsen berechnet werden, führte in Verbindung mit der Bildung von regionalen Bankenzusammenschlüssen dazu, daß im allgemeinen von allen Banken die Zinsen nach Grund und Höhe gleich berechnet wurden. Entsprechendes gilt für die Provisionen, bei denen es allerdings an gesetzlichen Vorschriften über ihre Höhe völlig fehlt. Diese Entwicklung begünstigte bei Einführung der Bankenaufsicht die Reglementierung der wichtigsten Zins- und Provisionssätze innerhalb und außerhalb des Kontokorrentverhältnisses durch die Herbeiführung der Zinsabkommen und ihre Allgemeinverbindlichkeitserklärung.

Der Abschluß der Entwicklung in Gestalt der ZVO führte schließlich dazu, daß die Konditionenregelungen nicht nur für die Banken, sondern auch für die Kunden verbindlich sind. Im Schrifttum wird allerdings unter Berufung auf den Wortlaut des § 23 Abs. 1 Satz 1 KWG 1961 („Anordnungen für die Kreditinstitute“) durchweg die Ansicht vertreten, bei den in Betracht kommenden Vorschriften der ZVO handele es sich ebenso wie bei den Zinsabkommen um nur die Banken, nicht die Kunden bindende Bestimmungen[591]. Hierbei wird der Wortlaut des Gesetzes überbewertet. Mit Rücksicht auf den Zweck der ZVO müssen ihre einschlägigen Regelungen als gesetzliche Verbote im Sinne von

---

[590] Vgl. „Der Tagesspiegel“ vom 3. April 1965; über Umgehungsmöglichkeiten s. *Pflieger* in ZKW 1966, 388—391.

[591] Vgl. *Consbruch-Möller*, KWG-Kommentar, § 23 Anm. 2; *Consbruch*, BB 1965, 269 (270); s. insbesondere *Pröhl*, KWG, § 23 Anm. 2 a am Ende, der seine Ansicht jedoch selbst für bestreitbar hält; so auch Regierungsbegründung zu § 22 Reg.Entw., abgedr. bei *Beck*, KWG, Materialien M 2.

§ 134 BGB betrachtet werden, die unmittelbar für die Vertragsverhältnisse mit den einzelnen Kunden gelten: Die ZVO soll die Einhaltung bestimmter Konditionen sicherstellen. Wäre sie ohne Einfluß auf die einzelnen Verträge mit den Kunden, so könnte sie diesen Zweck nur unvollkommen erfüllen, wie die Praxis z. Zt. der Geltung der Zinsabkommen gezeigt hat[592]. Verstöße und Umgehungen könnten nur in verhältnismäßig umständlicher Weise als Ordnungswidrigkeiten geahndet werden. Sind die Verträge dagegen nichtig (§ 134 BGB), so haben die Beteiligten untereinander die Möglichkeit, sich darauf zu berufen. Im Bewußtsein dessen werden sie von vornherein gegen die ZVO verstoßende Vereinbarungen nicht so leicht treffen.

2. Auslagen

a) Begriff und gesetzliche Regelung

Auslagen (vgl. §§ 670 BGB, 354 Abs. 2 HGB) sind Zahlungen der Bank für ihre Kunden an Dritte, die sie auf Grund bestehender Verpflichtung oder Berechtigung zur Erhaltung einer Leistung oder zur Tilgung einer bestehenden Schuld leistet[593]. Allgemeine Geschäftsunkosten (z. B. Kosten für Formulare) sind keine Auslagen in diesem Sinne[594], weil sie nicht um eines bestimmten Geschäftes willen, sondern zur Ermöglichung, Förderung und Erleichterung des gesamten Geschäftsbetriebes der Bank aufgebracht werden[595]; sie werden durch Zinsen und Provisionen abgegolten[596]. Die Sparkassen und die Girozentralen sind anderer Ansicht. In ihren z. Zt. geltenden AGB heißt es, dem Kunden könnten „... Auslagen, insbesondere ..., für Scheck- und Auftragsvordrucke ...“ in Rechnung gestellt werden[597].

---

[592] Vgl. Anm. 579 mit Text.

[593] Vgl. *Düringer-Hachenburg-Werner*, HGB, § 354 Anm. 11; *RGRK-Godin*, HGB, § 354 Anm. 10; *Staub-Koenige*, HGB, § 354 Anm. 10.

[594] *RGRK-Godin*, aaO., *Staub-Koenige*, aaO.; *Planck-Lobe*, BGB, § 670 Anm. 2; KG BA 23, 249 (250); *Staudinger-Nipperdey*, BGB, § 670 Rdn. 3.

[595] Vgl. OLG Dresden JW 1903, 68 (Telefongrundgebühr keine Auslage im Sinne der RAGebO).

[596] KG BA 23, 249 (250); dem entspricht auch die Regelung der Auslagenerstattung nach der RAGebO. § 25 Abs. 1 RAGebO bestimmt, daß mit den Gebühren der Rechtsanwälte auch ihre allgemeinen Geschäftsunkosten abgegolten sind. Dazu gehört Büroaufwand jeder Art, denn er erwächst dem Anwalt unabhängig von einem besonderen Auftrag (*Göttlich*, Bundesgebührenordnung für Rechtsanwälte, S. 145 unter „Auslagen“ bei (2); vgl. auch *Swolana*, Bundesgebührenordnung für Rechtsanwälte, § 25 unter 2)). Ähnliches gilt für die Auslagen der Gerichte und Notare nach der KostO (vgl. §§ 136 bis 141 KostO).

[597] *AGB Sparkassen*, S. 120 Nr. 9 Abs. 2.

Da die Bank regelmäßig auf Grund eines Geschäftsbesorgungsvertrages mit dem Kunden für diesen tätig wird[598], kann sie nach §§ 675, 670 BGB von ihm Ersatz der Aufwendungen verlangen, die sie zum Zwecke der Ausführungen der Geschäftsbesorgung gehabt hat, soweit sie diese für erforderlich halten durfte.

Eine Unterart der Aufwendungen sind die Auslagen: Im Gegensatz zu Auslagen haben Aufwendungen nicht notwendig Geldleistungen zum Gegenstand (vgl. § 256 BGB) und müssen nicht an einen Dritten geleistet werden[599]. Aufwendungsersatz kann die Bank nach den Grundsätzen der Geschäftsführung ohne Auftrag auch dann verlangen, wenn sie ohne Anweisung aber im Interesse und entsprechend dem wirklichen oder mutmaßlichen Willen des Kunden tätig wird (§§ 683, 670 BGB). Allerdings darf nicht übersehen werden, daß die Bank eine ungünstigere Stellung hat, wenn sie sich auf § 683 BGB stützen muß, als wenn sie sich auf § 675 BGB berufen kann: Im ersten Fall muß sie darlegen und beweisen, daß das geführte Geschäft objektiv im Interesse des Kunden lag und daß die Geschäftsführung dem wirklichen oder mutmaßlichen Willen des Kunden entsprach[600]. Dieser Beweis wird regelmäßig schwerer zu führen sein als der für einen Anspruch nach § 675 BGB erforderliche, wenn der Kunde Auftrag zur Geschäftsbesorgung gegeben hatte; die Auftragserteilung läßt sich verhältnismäßig leicht durch das entsprechende Schreiben des Kunden oder durch das Zeugnis eines Angestellten der Bank nachweisen.

b) Entwicklung der Auslagenklausel

Die anfangs in den AGB der Banken im Zusammenhang mit der Regelung über Zinsen und Provisionen getroffene Bestimmung über „sonstige Kosten", die dem Kunden grundsätzlich alle der Bank in seinem Interesse entstandenen Kosten auferlegte, hatte also schon im Hinblick auf § 683 BGB vom Standpunkt der Bank aus betrachtet ihren guten Sinn und wiederholte nicht etwa nur das Gesetz (§§ 683, 675, 670 BGB); sie machte den Nachweis des tatsächlichen oder mutmaßlichen Willens überflüssig. Im übrigen sicherte sie der Bank durch Formulierungen wie „sonstige Kosten" oder „Unkosten" auch über die Erstattung der „Auslagen" hinausgehende Kostenansprüche:

Die Direktion der Diskontogesellschaft verlangte 1900 von ihren Kunden die „usancemäßigen Beträge für Stempel und Courtagen sowie

---

598 Vgl. oben 2. Abschnitt, A.

599 Vgl. *Staub-Koenige*, HGB, § 354 Anm. 10; *RGRK-Godin*, HGB, § 354 Anm. 10.

600 Vgl. z. B. *RGRK-Denecke*, BGB, § 683 Anm. 4; s. über die Beweispflicht hinsichtlich des ebenfalls erforderlichen Willens, das Geschäft *für den Kunden* zu führen OLG Koblenz in NJW 1953, 632 (633).

die entstandenen Unkosten“[601]. Die Berliner Handelsgesellschaft stellte 1901 „Spesen für Briefporto, Steuer-, Stempel-, Depeschen- und Expeditionskosten“ in Rechnung[602]. Mit der wachsenden Verbreitung von Fernsprechern kamen erstmals 1904 bei der Berliner Handelsgesellschaft[603] und bald darauf bei allen anderen Banken[604] Fernsprechkosten hinzu. Im Musterformular des CV war 1912 bis 1925 von „Briefporti . . ., und sonstige(n) Kosten“ die Rede[605].

Seit 1904 behielt sich die Berliner Handelsgesellschaft vor, die Auslagen „bauschweise“ in Rechnung zu stellen[606]. Dadurch ersparte sie sich die mühsame und zeitraubende Aufstellung sämtlicher einzelnen Auslagekosten. Zahlreiche andere Banken folgten diesem Beispiel, zunächst zögernd[607], dann in vollem Umfang und in der Formulierung teilweise sogar noch weitergehend, teilweise aber auch einschränkend insofern, als nur noch „Auslagen“, nicht auch „sonstige Kosten“ erstattet werden sollten[608].

Hier brachte das Sollzinsabkommen in seiner Fassung vom 22. Dezember 1936 (RAnz Nr. 299) eine Wandlung. Es bestimmte, daß im Zusammenhang mit Kreditgewährungen berechnete Zinsen, Provisionen und etwaige sonstige Kosten grundsätzlich in der Kostenrechnung gesondert auszuweisen seien (§ 1 Abs. 6 SZA); die von 1932 bis 1936 gültige Fassung des Abkommens (RAnz 1932 Nr. 8) enthielt diese Vorschrift noch nicht. Obwohl die Regelung nicht dazu zwang, von der pauschalen Auslagenberechnung bei Krediten abzugehen, wählten die Banken jetzt doch eine andere Formulierung, und zwar für alle Auslagen, nicht nur für die mit einer Kreditgewährung zusammenhängenden. Sie kehrten zu der beispielhaften Aufzählung der wichtigsten Auslagen (Urkundensteuer, Ferngespräche, Porti, Depeschenkosten usw.) zurück und behielten sich lediglich vor, diese Kosten ohne Einzelaufstellung in

---

601 *Buff*, Kontokorrentgeschäft, S. 110.

602 *Friedberg*, Formelbuch, S. 164.

603 *Buff*, aaO. S. 118 Nr. 1.

604 Bedingungen der Dresdner Bank von 1904 bei *Buff*, aaO. S. 114 unter I; BFB 1912, S. 7 Nr. 2 Abs. 1; vgl. auch Königliche Seehandlung (1905) bei *Keyßner*, ZHR 56, 496 (498) A 1, (501) B 10, (504) C a) 4, (510) D 5.

605 BFB 1912, S. 7 Nr. 2 Abs. 1 bis 1925, S. 2 Nr. 2 Abs. 1.

606 *Buff*, Kontokorrentgeschäft, S. 118 Nr. 1.

607 Vgl. BFB 1920, S. 2 Nr. 2 Abs. 1: „. . . Briefporti, Depeschen- und Fernsprechgebühren, Stempelauslagen sowie einen Pauschbetrag für sonstige Kosten . . .“; ebenso BFB 1922 bis BFB 1925 jeweils S. 2 Nr. 2 Abs. 1.

608 Vgl. BFB 1927, S. 10 Nr. 2 Abs. 1: „. . . sämtliche Auslagen, nach ihren Ermessen in Form eines Pauschbetrages.“ Ebenso BFB 1928 und 1930 jeweils S. 11 Nr. 2 Abs. 1; die Regelung wurde von *Koch*, AGB, S. 56 begrüßt. *Haupt*, AGB, S. 115, 116, hielt sie für bedenklich, weil durch sie ungerechtfertigte Gewinne ermöglicht würden.

einem Gesamtbetrag in Rechnung stellen zu dürfen[609]. Die Banken gaben damit der Klausel ausdrücklich den Inhalt, den Haupt[610] ihr schon unter der Geltung der alten Fassung beigelegt hatte: Auslagen durften — abgesehen von dem Fall des § 1 Abs. 6 SZA (Kreditkosten unter 10,— RM) nur einzeln und nur in dem tatsächlich bei diesem Kunden entstandenen Umfang belastet und nicht etwa als Pauschsätze auf alle Kunden gleichmäßig umgelegt werden; allerdings brauchte keine Einzelaufstellung gemacht zu werden[611].

Auf der anderen Seite erhielt die Bestimmung durch die Änderung eine allgemeinere Bedeutung und einen umfassenderen Geltungsbereich insofern, als jetzt der Kunde „alle *im Zusammenhang mit der Geschäftsverbindung* mit ihm entstehenden Auslagen *und Nebenkosten*“[609] zu tragen hatte. Damit war der ursprüngliche Zustand[612] praktisch wiederhergestellt und sogar noch verfestigt. Nunmehr brauchte die Bank die Wahrung eines objektiven Interesses des Kunden anders als für „Auslagen“ nicht mehr darzutun („Nebenkosten“). Dies entspricht der früheren Regelung („sonstige Kosten“, „Unkosten“). Darüber hinaus war jetzt auch der Nachweis des wirklichen oder mutmaßlichen Willens des Kunden nicht mehr erforderlich („... alle im Zusammenhang mit der Geschäftsverbindung ...“). Ein Beispiel mag die so geschaffene Rechtslage verdeutlichen:

Hat sich die Bank ein Warenlager sicherungshalber übereignen lassen und überträgt sie ohne Anweisung des Kunden dessen Verwaltung einem Dritten[613], wodurch Kosten entstehen, so scheidet ein Anspruch nach §§ 675, 670 BGB aus. Ob die Bank sich auf §§ 683, 670 BGB berufen kann, erscheint mindestens zweifelhaft, weil die Bestellung des Verwalters vor allen Dingen der Erhaltung der Sicherheiten als solcher und der Arbeitserleichterung für die Bank dient, also in erster Linie dem Interesse der Bank. Ob mit der Verwalterbestellung daneben auch Interessen des Kunden gewahrt werden, der das Lager möglicherweise gern selbst verwalten würde, ist sehr fraglich; dies wäre aber unabdingbare Voraussetzung für einen Ersatzanspruch gemäß §§ 683, 670 BGB[614]. An dieser Erwägung werden zugleich die Zweifel erkennbar, die hinsichtlich eines weiteren Erfordernisses des § 683 BGB bestehen können, ob nämlich die Geschäftsführung dem tatsächlichen oder mutmaßlichen Willen des Kunden entspricht. Der Anspruch scheitert —

---

[609] BFB 1939, S. 15 Nr. 14 Abs. 2.

[610] AGB, S. 116.

[611] Vgl. auch *Schütz*, BFB 1939, S. 16 Anm. 6 zu Nr. 14.

[612] Vgl. oben 2. Abschnitt, J 2 b) S. 113.

[613] Vgl. BFB 1962, S. 435 unter 6 und S. 564 unter g.

[614] Vgl. *Enneccerus-Lehmann*, BGB, Schuldrecht, § 165 S. 696, § 165 III 2 a S. 699.

abgesehen von dem seltenen Fall der im öffentlichen Interesse liegenden Geschäftsführung (§ 679 BGB) — immer dann, wenn der Kunde der Bestellung des Verwalters widerspricht. Dieser Gefahr ist mit der neuen Fassung der Klausel vorgebeugt. Sie ist — abgesehen von der durch den Wegfall der Urkundensteuer 1941[615] bedingten unbedeutenden Änderung — bis heute beibehalten worden[616].

Durch die Zinsabkommen wurde hinsichtlich des Begriffs der Auslagen und in bezug auf das Recht der Bank, die Auslagen bei Kreditgeschäften auf den Kunden zu überwälzen, eine erhebliche Unsicherheit hervorgerufen. § 11 Abs. 2 HZA bestimmte, daß im Zusammenhang mit einem Einlagegeschäft entstandene „Barauslagen (z. B. Postgebühren, Auskunftsspesen, Urkundensteuer; nicht Aufwendungen für Formulare)..." als Zinszahlungen im Sinne des Abkommens anzusehen seien, wenn sie dem Kunden nicht in Rechnung gestellt würden. Aus dieser Formulierung sowie aus § 1 Abs. 1 SZA, der die Belastung des Kunden mit Barauslagen bei Kreditgewährungen zuließ, folgerten die Sparkassen und die Girozentralen, daß auch die Formularkosten Auslagen seien, mit denen der Kunde im Kreditgeschäft belastet werden dürfe, während sie im Einlagegeschäft (ausnahmsweise) von der Bank getragen werden könnten, ohne daß darin eine Gewährung „grauer" Habenzinsen liege[617].

Daran ist richtig, daß Formularkosten im Einlagegeschäft ohne Verstoß gegen das HZA von der Bank übernommen werden durften. Der weiteren Überlegung der Sparkassen, daß diese Kosten damit gleichzeitig den Auslagen im Sinne der Abkommen zugeordnet sein sollten[618], kann aber nicht gefolgt werden. Die ausdrückliche Ausnahme der Formularkosten von den daneben in der Klammer angeführten Beispielen für Barauslagen (§ 1 Abs. 2 SZA) deutet im Gegenteil vielmehr darauf hin, daß sie entsprechend dem allgemeinen Sprachgebrauch[619] nicht zu den Auslagen im Sinne der Zinsabkommen zu rechnen waren und nur zur Klarstellung nochmals ausdrücklich erwähnt wurden. Andernfalls hätte es näher gelegen, etwa folgendermaßen zu formulieren: „Barauslagen (Postgebühren, Auskunftsspesen...) mit Ausnahme von Formularkosten...". Außerdem läßt die Herausnahme der Formularkosten aus dem Kreis der „grauen" Habenzinsen darauf schließen, daß sie nach den Vorstellungen der Verfasser des Habenzinsabkommens den allgemeinen Geschäftsunkosten zuzurechnen sind: Da die Bank solche

---

615 VO über die Änderung von Steuergesetzen vom 20. August 1941, Abschn. IV, § 5 — RGBl I S. 510.

616 Vgl. BFB 1962, S. 20 Nr. 14 Abs. 2.

617 *AGB Sparkassen*, S. 123 Rdn. 126.

618 *AGB Sparkassen*, S. 123 Rdn. 126.

619 Vgl. Anm. 593, 594 mit Text.

Kosten selbst tragen muß bzw. sie in ihre Kalkulation für Zinsen und Provisionen einbezieht, gewährt sie dem Kunden keinen „grauen" Vorteil, wenn sie ihn nicht gesondert damit belastet.

Formularkosten waren somit auch im Sinne der Zinsabkommen keine Auslagen der Bank für den Kunden. Sie durften demnach im Zusammenhang mit Kreditgewährungen dem Kunden nach dem SZA nicht in Rechnung gestellt werden. Bei allen anderen Geschäften konnten sie je nach Vereinbarung (auch in AGB) entweder dem Kunden auferlegt[620] oder von der Bank getragen werden[621]. Übernahm die Bank diese Kosten im Zusammenhang mit einem Einlagegeschäft, so lag darin kein Verstoß gegen das HZA, weil es sich um allgemeine Geschäftsunkosten und nicht um Auslagen handelte.

Die Zinsverordnung vom 1. März 1965 hat die auch schon unter der Geltung der Zinsabkommen in Übereinstimmung mit dem Sinn der Abkommen bestehende Übung, Barauslagen nur in ihrer tatsächlichen Höhe in Rechnung zu stellen, bestätigt (§ 3 Abs. 2, § 8 ZVO). Sie hat zwar in der Abgrenzung der echten von den „grauen" Habenzinsen, nicht aber für die Bestimmung des Begriffs der Auslagen eine Änderung gebracht: Nach § 18 Abs. 2 ZVO werden nicht mehr alle, sondern nur die anläßlich der Kontoführung entstehenden und dabei über den üblichen Umfang hinausgehenden und dem Kunden nicht in Rechnung gestellten Auslagen den Habenzinsen zugerechnet. Auf der anderen Seite dürfen nach § 8 ZVO im Zusammenhang mit der Kreditgewährung entstehende Barauslagen dem Kreditnehmer wie bisher neben den Sollzinsen und der Kredit- bzw. Überziehungsprovision (§ 3 Abs. 1 ZVO) gesondert abverlangt werden.

Zusätzlich ist seit 1936 hinsichtlich der Auslagen in den AGB bestimmt, der Kunde habe auch solche Kosten und Auslagen zu tragen, die bei der Bestellung, Verwaltung und Verwertung von Sicherheiten sowie durch die Inanspruchnahme von Mitverpflichteten erwachsen sollten[622]. Schon bei seiner Einführung soll der Zusatz einem geltenden Handelsbrauch entsprochen haben[623]; danach konnte er — wenn überhaupt — neue Rechtswirkungen nur im Verhältnis zu solchen Kunden hervorbringen, die nicht Kaufleute waren.

Ein bestimmter Anlaß, der zur Aufnahme des Zusatzes in die AGB geführt haben könnte, ist nicht ersichtlich; Schütz[623] nennt keinen. Die

---

[620] „Sonstige Kosten", vgl. BFB 1912, S. 7 Nr. 2 Abs. 1; „Nebenkosten", vgl. BFB 1939, S. 15 Nr. 14 Abs. 2.

[621] Belastung des Kunden nur mit „Auslagen", vgl. BFB 1927, S. 10 Nr. 2 Abs. 2.

[622] Vgl. BFB 1936, S. 23 Nr. 18 Abs. 2 bis BFB 1962, S. 31, 32 Nr. 22.

[623] *Schütz*, BFB 1936, S. 23 Anm. 71.

Sparkassen und Girozentralen, in deren AGB er sich seit 1957 ebenfalls findet[624], weisen auch nur darauf hin, er sei aus den Bedingungen der privaten Banken übernommen worden[625]. Im übrigen hätte der Zusatz 1937 wieder gestrichen werden können, weil seitdem die Formulierung galt, der Kunde habe alle „Auslagen und Nebenkosten" zu tragen, die im „Zusammenhang mit der Geschäftsverbindung" mit ihm entstehen würden[626]. Immerhin verdeutlicht die Bestimmung dem Kunden aber nochmals, welche Kosten ihm bei der Besicherung von Krediten entstehen können.

K. Wertstellung (Valutierung)

1. Begriff

Wertstellung (Valutierung) ist die Festsetzung des Tages, von dem ab eine bestimmte Buchung für die Zinsberechnung berücksichtigt wird. Buchungs- und Werstellungsdatum fallen häufig auseinander. Viele, aber nicht alle Banken geben in den Kontoauszügen, die sie den Kunden übermitteln, beide Daten an[627].

Obwohl die Wertstellung bei allen Arten von Geldkonten üblich ist, soll sie, dem Rahmen dieser Arbeit entsprechend, nur für die Kontokorrent-Konten — insbesondere die Girokonten — betrachtet werden; hier liegt in der Praxis auch ihre größte Bedeutung.

2. Die Rechtstatsachen und ihre Entwicklung

a) Verfahren

Die Praxis der Banken bei der Wertstellung, ihre „Valutierungspolitik"[628], läßt sich im einzelnen nicht genau ermitteln. Dies beruht auf dem Mangel an Auskunftsfreudigkeit, den die Banken auf diesem Gebiet in jeder Beziehung an den Tag legen. Dementsprechend existiert darüber auch nur wenig ins einzelne gehende Literatur[629]. Mit Anspruch auf Allgemeingültigkeit läßt sich nur feststellen, daß die Banken bestrebt sind, durch möglichst frühe Wertstellungen bei Lastschriften und durch möglichst späte Valutierung bei Gutschriften einen zusätz-

---

[624] *AGB Sparkassen*, S. 176/177 Nr. 22.

[625] *AGB Sparkassen*, S. 177 Rdn. 286.

[626] BFB 1939, S. 15 Nr. 14 Abs. 2; vgl. auch *Schütz*, BFB 1962, S. 564 unter g und das oben im 2. Abschnitt, J 2 b) S. 114 angeführte Beispiel (Verwalter für Warenlager).

[627] Vgl. BFB 1962, S. 86 Muster 26.

[628] Vgl. *Leitner*, Bankbetrieb, S. 147.

[629] Die Untersuchung von *Schär*, Bank (3. Aufl. 1920), S. 53 ff. ist weitgehend überholt.

lichen, mittelbaren „Zinsgewinn" zu erzielen[630]. Dabei achten sie aber darauf, daß die Valutierungen für die Kunden nicht so ungünstig werden, daß diese ihren Zahlungsverkehr über andere Einrichtungen (z. B. die Postscheckämter) abwickeln[630].

Die geltenden AGB enthalten ebensowenig wie alle ihre früheren Fassungen eine Bestimmung über Wertstellungen. In aller Regel wurden und werden über die Valutierung auch keine Einzelvereinbarungen getroffen[631].

Die Wertstellung ist eine alte Einrichtung. Sie wurde früher in noch viel stärkerem Maße als heute von Ort zu Ort, ja von Bank zu Bank, unterschiedlich gehandhabt. Nach einer Umfrage von Schär[632], die allerdings hauptsächlich Schweizer Banken erfaßt hatte, gab es vor 1920 nicht zwei Banken, die — abgesehen von den Mitgliedern des Verbandes der Zürcher Kreditinstitute[633] — die gleiche Wertstellungspraxis übten. Auf Grund einer zum 1. Januar 1920 vereinbarten[634] Reform der „Allgemeinen Abmachungen"[635] wurde hier ein gewisses Maß von Einheitlichkeit erreicht[636]. Obwohl die Zinsabkommen von 1932 und ihre späteren Fassungen über Wertstellungen nichts enthielten, soll es durch interne, Außenstehenden nicht zugängliche Abmachungen unter den Banken erhalten geblieben sein[637].

Heute herrschen an zahlreichen Bankplätzen für die wichtigsten über Girokonten abgewickelten Geschäftsvorfälle übereinstimmende Gepflogenheiten[638]. Debetposten werden regelmäßig auf den Buchungstag valutiert[639]. Eine Ausnahme davon gilt z. B. für avisierte Schecks. Sie werden bereits auf den Tag des Eingangs der Voranzeige wertgestellt[640].

---

[630] *Lipfert*, Zahlungsverkehr, S. 80.

[631] Vgl. *Krapf*, Kontokorrentvertrag, S. 76; *Schär*, Bank, S. 79, 80; *Leitner*, Bankbetrieb, S. 160.

[632] Bank, S. 80.

[633] Der Verband veröffentlichte 1904 eine Vereinbarung über die Valutierung bestimmter Buchungen, vgl. *Schär*, Bank, S. 54, 55.

[634] *Pilster*, Kartellierung, S. 53,

[635] Vgl. darüber oben 2. Abschnitt, J 1 a) *β*).

[636] *Pilster*, Kartellierung, S. 54. Nach *Schär*, Bank, S. 55 Anm. 1, der aber durch die Ergebnisse seiner eigenen Umfrage widerlegt wird, soll es auch schon vorher unter den meisten deutschen, österreichischen und schweizerischen Banken entsprechende Abmachungen gegeben haben.

[637] *Krapf*, Kontokorrentvertrag, S. 76; vgl. auch *Zimmermann*, Bankgeschäfte, S. 78, der von gemeinsamen Abmachungen der Banken eines Platzes oder eines größeren Bezirks spricht.

[638] Vgl. *Zimmerer*, BFuP 1957, 241 (243 Anm. 3); *Enzyklopädisches Lexikon*, S. 1678.

[639] Vgl. *Enzyklopädisches Lexikon*, S. 1677; *Zimmerer*, BFuP 1957, 241 (242); *Krapf*, Kontokorrentvertrag, S. 76 (Tabelle); *Krümmel*, Bankzinsen, S. 93; siehe auch *Schütz*, BFB 1962, S. 365 unter X 3 und S. 367 unter X 30.

[640] Vgl. *Krümmel*, Bankzinsen, S. 320 Anhang 4.

Desgleichen kommt es vor, daß Schecks Wert Ausstellungstag valutiert werden[641]. Bei Kreditposten kommt es auf die Art des Geschäftsvorfalls an; in der folgenden Übersicht sind einige der häufigsten Vorfälle aufgeführt:

Tabelle 1

Geschäftsvorfall	Wert
1. Bareinzahlungen	nächster Werktag
2. Überweisungen	
a) von einem anderen Konto des Kunden bei derselben Bank	Buchungstag
b) von einem Konto des Kunden bei einer anderen Bank	nächster Werktag
c) von dritter Seite (auch von einem Konto bei derselben Bank)	nächster Werktag
3. Schecks	
a) Platzschecks	nächster Werktag
b) Schecks aus demselben LZB-Bereich	zwei Werktage später
c) Schecks aus anderen LZB-Bereichen	drei Werktage später
4. Wechsel	
a) Diskontwechsel	Diskontierungstag (Tag der Einreichung)
b) Inkassowechsel	Je nachdem, ob es sich um domizilierte oder nichtdomizilierte Abschnitte handelt, ob sie an Bankplätzen oder an Nichtbankplätzen zahlbar sind, einen Tag bis fünfzehn Tage nach Verfall, frühestens aber vier bis zwanzig Tage nach Eingang bei der Bank

Vgl. zu dieser Aufstellung auch die Angaben von *Schär*, Bank, S. 80, 81; *Krapf*, Kontokorrentvertrag, S. 76; *Leitner*, Bankbetrieb, S. 147, 160, 193; *Zimmerer*, Bankkostenrechnung, S. 102; *derselbe*, BFuP 1957, 241 (242, 243); *Krümmel*, Bankzinsen, S. 320 f.

Abweichungen von diesen Angaben sind an der Tagesordnung[641a]. Bei zahlreichen Buchungen sowohl bei Kredit- als auch bei Debetposten wird täglich von Fall zu Fall durch die Bank neu über die Wertstellung entschieden. „Gute" Kunden fahren dabei besser als andere[642]; z. B. werden besonders große Kreditposten nicht selten aus Rücksicht auf den

[641] Vgl. *Schütz*, BFB 1962, S. 365 unter X 3; Erlaß des Reichsaufsichtsamts für das Kreditwesen vom 17. Juli 1940 — abgedruckt bei *Salzmann-Eibl*, Bankrecht, Band 2 Ordnungsnummer 446 b.

[641a] *Zimmerer*, Bankkostenrechnung, S. 102.

[642] Vgl. *Krümmel*, Bankzinsen, S. 96.

Kunden und meist entsprechend einer Vereinbarung mit diesem auf den Buchungstag oder sogar auf einen zurückliegenden Tag valutiert[643].

b) Wirtschaftliche Bedeutung

Abgesehen von den recht seltenen Fällen der rückdatierten Valutierung kreditorischer Buchungen bzw. der vordatierten Wertstellung debitorischer Posten, erzielen die Banken mit den Wertstellungen dadurch Vorteile, daß sie Habenzinsen einsparen oder, was allerdings im Verhältnis kaum ins Gewicht fällt, Sollzinsen hinzugewinnen. Noch in der Mitte der fünfziger Jahre ließ sich das Ausmaß der „Wertstellungsgewinne" aus technischen Gründen praktisch nicht genau feststellen[644]. Heute ist es bei Banken, die mit dem Lochkartensystem oder gar mit elektronischen Datenverarbeitungsanlagen arbeiten, ohne weiteres möglich[645]. Mit Sicherheit haben zahlreiche Banken auch bereits entsprechende Berechnungen angestellt; sie geben die Ergebnisse aber, soweit feststellbar, nicht bekannt. Uneingeweihte sind daher nach wie vor auf Schätzungen angewiesen.

Früher erreichten die „Wertstellungsgewinne" längst nicht den heutigen Umfang. Im November 1920 äußerten sämtliche Mitglieder der Stempelvereinigung sogar die Ansicht, daß die Einnahmen aus den „kleinen Gebühren", den „Nörgelbedingungen", zu denen auch die durch Wertstellungen („Zinsenschinderei")[646] erzielten rechneten, nicht die durch sie verursachte Arbeitsmühe und die Nachteile einer Verärgerung der Kundschaft aufwogen[647]. Die Anregung der Stempelvereinigung zu ihrer Beseitigung wurde von den Bankenvereinigungen jedoch nicht befolgt[648]. Die heutigen „Wertstellungsgewinne" sind trotz teilweise geringerer Wertstellungsdifferenzen erheblich höher als früher, weil die Umsätze, insbesondere die auf den Girokonten, sich vervielfacht haben[649] und weil die Valutierung durch die Automatisierung der Buchungen kaum einen Mehraufwand an Arbeit verursacht. Zimmerer[650] schätzte 1957 den jährlichen Zinsvorteil einer Bank mit einem Umsatz von 50 Milliarden DM — auf allen Konten — auf etwa 55 000,— DM. Auf der Grundlage dieser Schätzung sollen zur Veranschaulichung

---

[643] Vgl. *Schütz,* BFB 1962, S. 343 unter II n zu Überweisungsaufträgen mit rückdatierter Valuta.

[644] Vgl. *Zimmerer,* BFuP 1957, 241 (243, 244).

[645] *Zimmerer,* aaO. S. 243.

[646] *Pilster,* Kartellierung, S. 61.

[647] *Pilster,* aaO. S. 62, vgl. auch S. 60.

[648] *Pilster,* aaO. S. 62.

[649] Vgl. *Zimmerer,* Bankkostenrechnung, S. 99, 100.

[650] BFuP 1957, 241 (244).

der heutigen Verhältnisse die Werte einiger bedeutender deutscher Banken für 1964 einander gegenübergestellt werden. Es kann sich dabei naturgemäß weitgehend nur um ganz ungefähre Zahlen handeln.

Tabelle 2

Bank	Bilanzsumme (in Milliarden) DM	Umsatz auf den Kundenkonten (in Milliarden) DM	Ertrag aus Wertstellungen (geschätzt) DM
Deutsche Bank	14,8	538,6	590 000,—
Dresdner Bank	11,7	770 (geschätzt)	850 000,—
Commerzbank	9,8	950	1 000,000,—
Berliner Bank	1,4	72,6	80 000,—
Berliner Handelsgesellschaft	1,1	83	90 000,—
Frankfurter Bank	1,07	75 (geschätzt)	80 000,—

Tabelle 3

Bank	Rohgewinn (in Mill. DM)	davon Ertrag aus Wertstellungen (geschätzt) in DM	in v. Tausendsätzen
Deutsche Bank	598	590 000,—	ca. 1
Dresdner Bank	392	850 000,—	ca. 2
Commerzbank	318,8	1 000 000,—	ca. 3
Berliner Bank	50	80 000,—	ca. 1,5
Berliner Handelsgesellschaft	35,7	90 000,—	ca. 2,5
Frankfurter Bank	27,9	80 000,—	ca. 2,8

Zu den Tabellen:
Die Zahlen sind, soweit es sich nicht um Schätzungen handelt, den Geschäftsberichten der betreffenden Institute für 1964 entnommen.

Es zeigt sich, daß die Erträge aus den Wertstellungsdifferenzen im Verhältnis zu den Gesamterträgen gering sind. Betrachtet man aber die absoluten Zahlen, so erscheinen sie nicht unbeachtlich. Bei der Deutschen Bank entspricht der für 1964 geschätzte „Wertstellungsgewinn" immerhin etwa einem Drittel der gesamten Aufwendungen für die Mitglieder des Aufsichtsrats (feste Bezüge und veränderliche Vergütungen)[651].

Die Wertstellung wird mit verschiedenen Begründungen für wirtschaftlich notwendig erachtet. Teilweise wird geltend gemacht, die Ban-

[651] Vgl. Geschäftsbericht der Deutschen Bank für 1964 S. 38.

ken könnten dem Kunden nur für die Zeit Zinsen gewähren, in der ihnen die zu verzinsenden Mittel für eigene gewinnbringende Anlagen zur Verfügung ständen[652]. Schon der Ausgangspunkt erscheint dabei fraglich. M. E. müssen die Banken hier etwa auftretende Belastungen selbst tragen, weil sie in technischen Umständen ihre Ursache haben (Postlauf, Bearbeitungszeit), die in ihrer Sphäre liegen. Es handelt sich gewissermaßen um „allgemeine Geschäftsunkosten". Solche Kosten darf die Bank nicht auf den Kunden abwälzen[653], sondern muß sie aus ihren normalen Erträgen selbst abdecken.

Im übrigen trifft es keineswegs immer zu, daß die Bank erst zu dem angegebenen Wertstellungszeitpunkt die Verfügungsmöglichkeit über den betreffenden Betrag erlangt[654]. So schreiben z. B. im Scheckeinzugsgeschäft die Landeszentralbanken im vereinfachten Scheckeinzugsverfahren[655], das sie für die Kreditinstitute durchführen, ohne Zinsverrechnung den Gegenwert der Schecks, auch bei Stücken auf entferntere, kleinere Plätze, bereits einen Tag nach ihrem Eingang bei ihnen gut[656]. Die Banken dagegen valutieren in solchen Fällen regelmäßig auf den dritten Werktag, nachdem der Scheck ihnen eingereicht ist[657]. Sie erreichen damit den Gewinn von mindestens einem Zinstag, der unter dem hier erörterten Gesichtspunkt der Verfügungsmöglichkeit durch nichts gerechtfertigt ist.

Ähnlich überlange Fristen werden mit Sicherheit bei zahlreichen Wechselinkassi gestellt: Es ist kaum denkbar, daß der Gegenwert eines Inlandswechsels, selbst wenn der Abschnitt nicht domiziliert und nicht an einem Bankplatz zahlbar ist, erst zwanzig Tage nach Eingang des Wechsels bei der Bank verfügbar ist[658].

Ein weiteres Beispiel bietet in diesem Zusammenhang der Fall, daß die Bank die Überweisung von einem anderen bei ihr geführten Konto erst auf den ersten Werktag nach dem Buchungstag valutiert. Hier hat der Betrag den Verfügungsbereich der Bank überhaupt nie verlassen.

Was schließlich die Wertstellung vorangezeigter Schecks auf den Tag des Eingangs der Voranzeige sowie sonstiger Schecks auf den Ausstellungstag betrifft, so besteht auch dafür keine wirtschaftliche Notwen-

---

[652] *Enzyklopädisches Lexikon*, S. 1012.

[653] Vgl. oben 2. Abschnitt, J 2 a).

[654] *Zimmerer*, Bankkostenrechnung, S. 102.

[655] Es wird allerdings nur für Verrechnungsschecks durchgeführt — AGB der Deutschen Bundesbank III, 5, abgedruckt bei *Salzmann-Eibl*, Bankrecht, Band 2, Ordnungsnummer 482.

[656] *Lipfert*, Zahlungsverkehr, S. 24; AGB der Deutschen Bundesbank III, 11.

[657] Vgl. oben S. 119 Tabelle 1.

[658] Vgl. *Krümmel*, Bankzinsen, S. 321 Anhang 4.

digkeit[659]. Bis zum Vorkommen des Schecks steht der Betrag der Bank zur Verfügung. Zwar muß sie sich nach einem Scheckavis im Umfang der Voranzeige bis zum Ablauf der Vorlegungsfrist (§ 29 Abs. 1 ScheckG) liquide halten; dafür stehen ihr aber die Mittel zur Verfügung, die sie auf Grund gesetzlicher Vorschriften (§ 11 KWG 1961, § 16 Bundesbankgesetz; früher § 16 KWG 1939) zur Gewährleistung ausreichender Zahlungsbereitschaft ohnehin flüssig halten muß.

Zimmerer[660] deutet an, man habe den mit einem Geschäftsvorfall evtl. verbundenen „Wertstellungsgewinn" als zusätzliches Entgelt für die Tätigkeit der Bank bei diesem Vorfall zu betrachten[661]. Die Umsatzprovision, die der Bank dafür zusteht, erachtet er als nicht ausreichend, weil für sie Höchstsätze festgelegt sind, die zudem nur von den Umsätzen auf der größeren Seite des Kontos berechnet werden dürfen[662]. Zimmerer übersieht, daß diese Regelung nur für Konten gilt, die im Zusammenhang mit einer Kreditgewährung geführt werden. Für die mit der Führung aller sonstigen Konten verbundene Mühewaltung der Bank können die Entgelte frei vereinbart werden. Dies ist im übrigen jetzt praktisch auch bei Kreditkonten der Fall, weil die Bank anstelle des festliegenden Vom-Hundert-Satzes Postenentgelte berechnen darf (§ 7 Abs. 1 Satz 2 ZVO). Darüber hinaus ist nicht einzusehen, warum die Bank für eine Arbeitsleistung, der als Entgelt begrifflich die Provision zugeordnet ist[663], einen Vorteil auf dem Zinssektor erhalten soll; denn Zinsen sind Entgelt für die Überlassung von Kapital zur Nutzung[664].

3. Rechtliche Beurteilung

Gesetzliche Vorschriften über Wertstellungen bestehen nicht. Dies war nicht immer so. Nach § 23 Abs. 1 KWG 1934 begann die Verzinsung von Spareinlagen bei Einzahlung bis zum 15. des Monats am 1. des nächsten Monats. Durch die Änderungsverordnung zum KWG 1939 vom 23. Juli 1940 (RGBl. I S. 1047) wurde diese Regelung dahin geändert, daß Zinsen jeweils vom 15. Tag nach der Einzahlung ab zu berechnen waren. Mit dem Inkrafttreten des KWG 1961 ist die Bestimmung weggefallen.

---

[659] Auch *Schütz*, BFB 1962, S. 365 unter X 3 lehnt dieses Verfahren ab. Das Reichsaufsichtsamt für das Kreditwesen hatte es mit Erlaß vom 17. Juli 1940, abgedruckt bei *Salzmann-Eibl*, Bankrecht, Bd. 2, Ordnungs-Nr. 446 b, allerdings aus anderen Gründen, ebenfalls für unzulässig erklärt.

[660] Bankkostenrechnung, S. 100.

[661] In BFuP 1957, 241 (242) rückt er von diesem Gedanken selbst schon wieder ab.

[662] Vgl. § 5 SZA mit Richtlinien des Reichsaufsichtsamts für das Kreditwesen vom 5. März 1942, abgedruckt bei *Kantel*, Zinsabkommen, S. 68; § 7 ZVO.

[663] Vgl. oben 2. Abschnitt, J 1 b) *α*).

[664] Vgl. oben 2. Abschnitt, J 1 a) *α*).

Die frühere gesetzliche Verpflichtung zur Valutierung von Spareinlagen mit fünfzehntägiger Frist sollte den Einlageinstituten nicht etwa ein Entgelt für ihre mit Ein- und Auszahlungen auf den (provisionsfrei geführten) Sparkonten dadurch verschaffen, daß ihnen die Einzahlungsbeträge innerhalb der Frist ohne eigenen Zinsaufwand für das Anlagegeschäft zur Verfügung standen[665]. Andernfalls wäre nicht erklärlich, warum Girokonten und andere Nicht-Sparkonten von der Regelung ausgenommen waren[666]. Der späte Verzinsungsbeginn hatte vielmehr den Zweck, die Spartätigkeit zu fördern: Häufige Ein- und Auszahlungen und damit die Verwendung des gegenüber den Girokonten zinsbegünstigten Sparkontos für geschäftliche Zwecke sollten vermieden werden; außerdem wollte man erreichen, daß die Sparer verfügbare Beträge möglichst bald einzahlten[667].

Heute ist die Wertstellung nur in einer einzigen gesetzlichen Bestimmung erwähnt: in § 19 Abs. 4 DepotG. Dort ist aber keine Regelung über die Valutierung getroffen, sondern nur angeordnet, daß für eine dort näher beschriebene Gegenüberstellung von Aktiv- und Passivposten in einer bestimmten laufenden Rechnung die Wertstellungs- und nicht die Buchungstage zu berücksichtigen sind. Immerhin wird hieran deutlich, daß der Gesetzgeber Wertstellungen grundsätzlich billigt.

Bei der Wertstellung könnte es sich um eine gewohnheitsrechtliche Einrichtung handeln. Dazu wären Rechtsgeltungswille der Gemeinschaft und gleichförmige Übung erforderlich[668]. Da durchweg alle Banken seit Jahrzehnten ihre Buchungen valutieren, ist die allgemeine gleichförmige Übung dem Grunde nach gegeben. Ob dies auch hinsichtlich der Valutierungsfristen bei den einzelnen Geschäftsvorfällen der Fall ist, soll hier noch dahingestellt bleiben. In dieser Übung drückt sich die Überzeugung der beteiligten Kreise (Banken und Kundschaft) aus, mit ihr eine bindende Regel zu verwirklichen. Ursprünglich war diese Überzeugung auf der Kundenseite nicht vorhanden, mindestens nicht in dem heutigen Umfang. Daraus erklärt sich die Verärgerung vieler Bankkunden, die Pilster[669] anläßlich der Vereinheitlichung der Wertstellungspraxis 1920 feststellt. Trotzdem ist die Übung der Wertstellung bis heute beibehalten worden, ohne daß sich dagegen seit Anfang der zwanziger Jahre nennenswerter Widerstand geregt hätte. Man kann deshalb sagen, daß die Banken im Laufe der Jahrzehnte das Institut

---

[665] Dieser Ansicht scheint *Beck*, KWG, § 22 Rdn. 137, zuzuneigen.

[666] Vgl. *Zimmerer*, BFuP 1957, 241 (242).

[667] Vgl. *Beck*, aaO.

[668] Vgl. *Enneccerus-Nipperdey*, BGB, A. T., § 39 I 1 bis 3, S. 265 und § 39 II 2, S. 266.

[669] Kartellierung, S. 62.

der Wertstellung zur Regel gemacht, diese Regel durchgesetzt und erreicht haben, daß ihr — von abweichenden Vereinbarungen abgesehen — die Masse der Kunden anstandslos Folge leistet, obwohl ihre wirtschaftliche Berechtigung keineswegs außer Zweifel steht[670]. Da die Übung auch vom Gesetzgeber[671] und von den Verwaltungsbehörden[672] gebilligt worden ist, muß davon ausgegangen werden, daß sie dem Rechtsgeltungswillen der Gemeinschaft entspricht, daß sich also hier Gewohnheitsrecht herausgebildet hat.

Dies gilt jedoch nur insoweit, als es sich darum handelt, daß *überhaupt* valutiert wird. Nicht bei allen Arten von Geschäftsvorfällen ist auch hinsichtlich der Wertstellungsfristen die gleichförmige Übung gegeben; deshalb scheidet bei diesen gewohnheitsrechtliche Geltung schon aus diesem Grunde aus. Folgende Geschäftsvorfälle dürften jedoch in Deutschland von allen Banken bei der Valutierung im wesentlichen gleich behandelt werden[673]:

Debetbuchungen (mit einigen Ausnahmen)
Bareinzahlungen
Überweisungen von Konten bei anderen Banken
Scheckinkassi
Wechseldiskontierungen

Soweit bei diesen Geschäftsvorfällen Wertstellungsdifferenzen auftreten, lassen sie sich — abgesehen von der dreitägigen Frist bei der Einziehung von Verrechnungsschecks über zwei LZB-Bereiche[674] — durch technische Gegebenheiten erklären und werden von Publikum und Behörden gebilligt; auch sie gründen sich daher auf Gewohnheitsrecht.

Anders verhält es sich mit den übrigen in dieser Arbeit behandelten Wertstellungen[675]:

Valutierung von Schecks auf den Ausstellungstag und von vorangezeigten Schecks auf den Tag des Eingangs der Voranzeige
Überweisungen von einem Konto bei derselben Bank
Wechselinkassi
Wertstellung auf ein vor dem Buchungstag liegendes Datum

---

[670] Vgl. oben 2. Abschnitt, K 2 b).

[671] § 19 Abs. 4 DepotG.

[672] Vgl. Erlaß des Reichsaufsichtsamts für das Kreditwesen vom 17. Juli 1940, abgedruckt bei *Salzmann-Eibl*, Bankrecht, Bd. 2, Ordnungs-Nr. 446 b; Schreiben des Reichskommissars für das Kreditwesen vom 8. Dezember 1936, abgedruckt bei *Consbruch-Möller*, KWG, 5. Aufl., unter Nr. 4.07; Schreiben des Reichsaufsichtsamts für das Kreditwesen vom 5. April 1941, abgedruckt bei *Consbruch-Möller*, KWG, 4. Aufl., unter Nr. 4.19.

[673] Vgl. oben S. 119 Tabelle 1 (Nr. 1, 2 b), 2 c), 3, 4 a)).

[674] Vgl. oben 2. Abschnitt, K 2 b), S. 122.

[675] Vgl. oben S. 119 Tabelle 1 (Nr. 2 a), 2 c), 4 b)).

Bei diesen fehlt es an einer gleichmäßigen Übung; die Wertstellungsgewohnheiten sind unterschiedlich. Schon deshalb hat sich insoweit kein Gewohnheitsrecht herausbilden können. Daneben dürfte es bei diesen Valutierungen zusätzlich insoweit an dem erforderlichen Rechtsgeltungswillen der Gemeinschaft fehlen, als sie sich in ihrem jeweiligen Ausmaß nicht damit erklären lassen, daß die Beträge der Bank während der Wertstellungsfrist aus technischen Gründen nicht zur Verfügung stehen[676].

Es bleibt zu prüfen, wie die Wertstellungen in diesen Fällen rechtlich zu beurteilen sind. Dadurch, daß die Bank valutiert und der Kunde nicht widerspricht, könnte eine Vereinbarung über die Valutierungsfrist zustande kommen[677]. Dies kann immer dann angenommen werden, wenn dem Kunden die Wertstellungsfrist im einzelnen Fall aus dem Kontoauszug oder aus einer anderen Quelle bekannt ist, weil dann sein Schweigen nach der Verkehrssitte als Zustimmung ausgelegt werden kann. Kennt er die Frist im einzelnen nicht, so wird man sein Schweigen ebenfalls als Zustimmung werten können: Da dem Kunden die gewohnheitsrechtliche Übung der Wertstellung dem Grunde nach bekannt ist, weiß er auch, daß die Bank immer mit einer bestimmten Frist valutiert. Ist die Frist im Kontoauszug nicht angegeben, so muß er nach der Verkehrsauffassung eine Rückfrage an die Bank richten, wenn er sich der Frist nicht blanko unterwerfen will.

Für die Beurteilung der Wirksamkeit der auf diese Weise zustande gekommenen Vereinbarungen waren früher die Zinsabkommen zu beachten; heute ist der Maßstab der ZVO anzulegen. Keine Bedenken gegen die Wirksamkeit bestanden und bestehen hinsichtlich der mit technischen Verzögerungen erklärbaren Wertstellungsunterschiede. Nicht so einfach liegen die Dinge bei den überlangen Verzögerungen bei Wechselinkassi, bei dem dritten Werktag beim Einzug von Verrechnungsschecks über zwei LZB-Bereiche, der Wertstellung auf den nächsten Werktag bei Umbuchungen von bei derselben Bank geführten Konten, bei der Valutierung von Schecks auf den Ausstellungstag sowie von vorangezeigten Schecks auf den Tag des Eingangs der Voranzeige und schließlich bei der (seltenen) rückwirkenden Wertstellung auf ein vor dem Buchungstag liegendes Datum. Es ist zwischen Buchungen auf debitorischen (a) und solchen auf kreditorischen (b) Konten zu unterscheiden.

---

[676] Vgl. oben 2. Abschnitt, K 2 b), S. 122 f.; ein deutliches Anzeichen für den fehlenden Rechtsgeltungswillen ist der Erlaß des Reichsaufsichtsamts für das Kreditwesen vom 17. Juli 1940 betreffend die Hereinnahme vordatierter Schecks, abgedruckt bei *Salzmann-Eibl*, Bankrecht, Bd. 2, Ordnungs-Nr. 446 b.

[677] Vgl. *Krapf*, Kontokorrentvertrag, S. 76.

Zu a) (Debitorische Konten)

Die Verzögerung von Wertstellungen bei Gutschriften bzw. die verfrühten Belastungen bei debitorischen Konten standen mit den Sollzinsabkommen nicht im Einklang. Die darin zugelassenen Höchstsätze wurden durch diese Handhabung mittelbar überschritten[678]. Auf die Wirksamkeit der betreffenden Vereinbarungen zwischen Bank und Kunden hatte dies aber keinen Einfluß, weil die Sollzinsabkommen trotz ihrer allgemeinen Verbindlichkeit lediglich privatrechtliche Verträge waren[679]. Die Verstöße konnten von der Aufsichtsbehörde nur durch Ordnungsstrafen gemäß § 46 KWG 1934, § 44 KWG 1939 geahndet werden[680].

Seit Inkrafttreten der ZVO verstoßen jene Wertstellungsvereinbarungen gegen ein gesetzliches Verbot (§§ 3, 4 ZVO) und sind daher nichtig (§ 134 BGB)[681]. Die Kunden können Erstattung der ihnen durch die Wertstellungsunterschiede entstehenden Zinsverluste verlangen; ihr Anspruch stützt sich auf den Bankvertrag, mindestens aber auf die Vorschriften der §§ 812 ff. BGB.

In dem umgekehrten Fall der Valutierung eines Betrages auf ein Datum vor dem Buchungstag wird der (Soll-)Zinssatz des debitorisch geführten Kontos mittelbar herabgesetzt. Dies war nach den Sollzinsabkommen zulässig, da darin nur Höchstsätze festgelegt waren, die unterschritten werden durften (vgl. §§ 1, 2, 7 SZA 1936). Die ZVO hat hieran nichts geändert (§ 3 Abs. 1, § 4 ZVO).

Zu b) (Kreditorische Konten)

Bei kreditorischen Konten wirken sich die hier behandelten Wertstellungen als Herabsetzung des Habenzinssatzes aus. Nach den Habenzinsabkommen war daran nichts zu beanstanden, weil diese nur die Sätze nach oben begrenzten (§ 1 HZA 1936). Das Reichsaufsichtsamt für das Kreditwesen hatte in seinem Erlaß vom 17. Juli 1940[682] über die Valutierung von Schecks auf den Ausstellungstag allerdings die Ansicht geäußert, die Unterschreitung der Höchstsätze habe durch entsprechend niedrigere Festsetzung und nicht in der geschilderten verdeckten Weise stattzufinden; aus seiner weiteren Stellungnahme, daß bei debitorischen Konten „die Belastung von Schecks Wert Ausstellungstag auf jeden Fall unzulässig" sei, folgt jedoch, daß auch das Aufsichtsamt das Verfahren

[678] Vgl. Erlaß des Reichsaufsichtsamts für das Kreditwesen vom 17. Juli 1940, abgedruckt bei *Salzmann-Eibl*, Bankrecht, 2. Bd., Ordnungs-Nr. 446 b.

[679] Vgl. oben 2. Abschnitt, J 1 a) α), S. 92.

[680] Bis zum Inkrafttreten des KWG 1961.

[681] Vgl. oben 2. Abschnitt, J 1 d).

[682] Abgedruckt bei *Salzmann-Eibl*, Bankrecht, 2. Bd., Ordnungs-Nr. 446 b.

bei kreditorisch geführten Konten nicht als direkt gegen das Habenzinsabkommen verstoßend erachtete. Im übrigen wäre die von dem Amt für richtig gehaltene generelle Senkung der Habenzinssätze praktisch kaum durchführbar gewesen: Einmal hätte man dabei der durch die ungleiche Häufigkeit der betreffenden Buchungen entstehenden unterschiedlichen Belastung der Konten der einzelnen Kunden nicht gerecht werden können. Zum anderen hätten die Zinssätze um so geringe Bruchteile eines Prozents gesenkt werden müssen, daß dadurch die Arbeitsbelastung der Banken wegen der Komplizierung der Berechnungen in unverhältnismäßiger Weise vermehrt worden wäre.

Die Zinsverordnung hat an der Rechtslage nichts geändert; auch sie schreibt nur Höchstsätze vor (§ 14 Abs. 1 ZVO).

Was die (seltene) Rückdatierung der Valutierung von Gutschriften angeht, so war sie als Überschreitung der Sätze des HZA (§ 1 HZA 1936) nicht gestattet. Sie konnte ebenso wie die Überschreitung der Sollzinssätze von der Aufsichtsbehörde geahndet werden. Heute sind entsprechende Vereinbarungen unwirksam, weil ihnen in § 14 Abs. 1 ZVO ein gesetzliches Verbot entgegensteht (§ 134 BGB). Die Banken können gegebenenfalls die Erstattung der überzahlten Zinsen verlangen.

4. Ergebnis

Mit den Wertstellungen verschaffen sich die Banken neben den offen geforderten Zinsen und Provisionen nicht ganz unerhebliche Gewinne aus Zinsvorteilen, deren wirtschaftliche Berechtigung mindestens zweifelhaft ist. Die Valutierung ist dem Grunde nach eine gewohnheitsrechtliche Einrichtung geworden. Dies gilt auch für einen erheblichen Teil der Valutierungs*fristen;* im übrigen werden über das Ausmaß der Wertstellungen zwischen Bank und Kunden von Fall zu Fall besondere Vereinbarungen getroffen, die in ihrer Mehrzahl rechtswirksam sind.

L. Rechnungsabschluß

1. Einleitung

„Rechnungsabschlüsse“ werden von den Banken in regelmäßigen Abständen für alle die Konten erteilt, die sie für Kontokorrentkonten halten. Sie bestanden früher in der Regel aus einer Aufstellung der in dem vorangegangenen Zeitabschnitt angefallenen Zinsen, Provisionen und Auslagen — teilweise verbunden mit einer Zinsstaffel — und einem Saldo, der unter Berücksichtigung der berechneten Kosten für das Konto ermittelt worden war. Ursprünglich war dem Saldo auch noch eine Zusammenstellung der Buchungen beigefügt, die in dem zurückliegenden Abschnitt getätigt worden waren und aus denen der Geschäftsablauf bis hin zu dem mitgeteilten Saldo ersichtlich war. Mit der Einführung der Tagesauszüge fiel die Aufstellung der Buchungen fort. Mit der Zeit wurden auch die Zinsstaffeln immer seltener beigefügt. In den letzten Jahren ist eine wachsende Zahl von Banken dazu übergegangen, die Kostenrechnungen und die periodischen Saldomitteilungen zu verschiedenen Zeitpunkten zu übersenden. Von einem „Rechnungsabschluß" im ursprünglichen Sinne kann daher nicht mehr gesprochen werden[684].

2. Entwicklung der Klausel über Rechnungsabschlüsse

a) Rechnungsabschnitt

Gemäß § 355 Abs. 2 HGB hat der Rechnungsabschluß mangels abweichender Vereinbarung jährlich einmal stattzufinden. Die AGB vieler Banken bestimmten seit jeher, daß die laufenden Rechnungen jährlich oder — häufiger — halbjährlich *abzuschließen* seien[685]. Andere sahen sogar vierteljährliche Abschlüsse vor[686]. Fast in sämtlichen Bedingungen war den Banken ausdrücklich oder sinngemäß das Recht vorbehalten, die Konten auch in kürzeren als in den AGB angegebenen Zeiträumen abzuschließen[687]. Von diesem Recht machten sie insbesondere während

---

[684] Vgl. zu dieser Entwicklung im einzelnen oben 2. Abschnitt, C 1.

[685] Halbjährlich: Direktion der Diskontogesellschaft, 1900 *Buff*, Kontokorrentgeschäft, S. 110; Berliner Handelsgesellschaft 1901, *Friedberg*, Formelbuch, S. 164; ebenso 1904 bei *Buff*, aaO. S. 118 Nr. 1; Dresdner Bank 1904 unter I, bei *Buff*, aaO. S. 114. Die Bedingungen der Königlichen Seehandlung von 1905 bei *Keyßner*, ZHR 56, 496 ff., enthielten keinerlei Regelung; für die Kunden dieser Bank galt somit die gesetzliche Jahresfrist. Ferner halbjährlich: BFB 1912, S. 7 Nr. 2 Abs. 1; BFB 1930, S. 11 Nr. 2 Abs. 1; BFB 1927, S. 10 und BFB 1928, S. 11 jeweils Nr. 2 Abs. 1; BFB 1936, S. 17 Nr. 12 Abs. 1; BFB 1939, S. 15 bis BFB 1962, S. 19 jeweils Nr. 14 Abs. 1. 1955 wurde der bis dahin gebräuchliche Ausdruck „Rechnungs*auszüge*" durch die Bezeichnung „Rechnungs*abschlüsse*" ersetzt. Dadurch sollte ohne sachliche Änderung sprachliche Übereinstimmung mit Nr. 15 der AGB herbeigeführt werden, in der die Erinnerungen gegen „Rechnungsabschlüsse" behandelt sind — vgl. *Schütz*, BFB 1955, S. 19 Anm. 1 zu Nr. 14. Jährlich: AGB einer Großbank 1927, Nr. 1 bei *Nußbaum*, Bank- und Börsenrecht, S. 60; Deutsche Bank und Diskonto-Gesellschaft 1932, Nr. 10 bei *Müllereisert*, Formularrecht, S. 184 (185).

[686] Vgl. BFB 1920, S. 2 bis BFB 1925, S. 2, jeweils Nr. 2 Abs. 1.

[687] BFB 1912, S. 7 Nr. 2 Abs. 1: „... in der Regel halbjährlich."; BFB 1920 bis BFB 1927, jeweils S. 2 Nr. 2 Abs. 1: „... regelmäßig vierteljährlich."; BFB 1927, S. 10 bis BFB 1930, S. 11, jeweils Nr. 2 Abs. 1, sowie BFB 1936, S. 17 Nr. 12 Abs. 1: „... regelmäßig zum Abschluß eines Kalenderhalbjahres."; seit BFB 1939, S. 15 bis BFB 1962, S. 19, jeweils Nr. 14 Abs. 1: „...; sie behält sich vor, Konten auch in anderen Zeitabschnitten abzuschließen."; Deutsche Bank und Diskonto-Gesellschaft 1932, Nr. 10 bei *Müllereisert*, Formularrecht, S. 184 (185): „...; sie behält sich auch das Recht vor, auch zwischenzeitlich das Konto unter Aufgabe abzuschließen."; AGB einer Großbank 1927, Nr. 1 bei *Nußbaum*, Bank- und Börsenrecht, S. 60: „..., behält sich aber auch vor, den Abschluß zwischenzeitlich vorzunehmen."

der Inflationszeit regen Gebrauch, um durch verstärkte Berechnung von Zinseszinsen die Entwertungsverluste teilweise auszugleichen. Die Rechtsprechung erkannte die Zulässigkeit dieses Verfahrens an[688].

Nach der heute gültigen Fassung der AGB soll der Rechnungsabschluß regelmäßig halbjährlich stattfinden. Daß dies vielfach schon rein äußerlich deshalb nicht mehr der Fall ist, weil Kostenrechnung und Saldomitteilung zu verschiedenen Zeitpunkten versandt werden, ist oben[689] bereits eingehend dargelegt worden. Darüber hinaus kommt der periodischen Saldomitteilung heute nicht mehr ihre frühere Bedeutung zu. Ihre Aufgaben sind fast gänzlich auf den Tagesauszug übergegangen; dieser bringt abstrakte Schuldanerkenntnisverträge zustande, während die periodische Mitteilung demgegenüber regelmäßig nur noch Kontrollzwecken dient[690]. Abrechnungsperioden und Rechnungsabschlüsse im ursprünglichen Sinne gibt es somit heute nicht mehr. Die AGB stimmen insoweit mit den Rechtstatsachen nicht mehr überein.

b) Erinnerungen gegen Rechnungsabschlüsse und Tagesauszüge

Schon die ältesten AGB enthielten Klauseln über Erinnerungen des Kunden gegen Mitteilungen der Bank und über die Folgen ihrer Unterlassung[691]. Seit der Jahrhundertwende finden sie sich in fast allen Bankbedingungen[692]. Sie sind im Laufe der Jahrzehnte im wesentlichen unverändert geblieben. Diese bereits 1932 von Koch[691] getroffene Feststellung hat auch noch heute Gültigkeit. Soweit die Klauseln das Kontokorrentverhältnis betrafen, hatten sie etwa folgenden Wortlaut: „Rechnungsabschlüsse ... gelten als richtig befunden und anerkannt, wenn nicht Beanstandungen binnen einer Präklusivfrist von 4 Wochen ... angezeigt werden[693].“ In den bankgeschäftlichen Formularbüchern wurden seit jeher Erinnerungsfristen von nur 14 Tagen empfohlen[694]. Kurze Zeit nach dem Zwangszusammenschluß der Banken 1934 sind alle zu der vierzehntägigen Frist übergegangen[695]. Seit 1937 wird außerdem für

---

688 Vgl. KG BA 24, 456 (457), KG JW 1925, 270 f.; OLG Jena, BA 24, 458.

689 2. Abschnitt, C 1.

690 Vgl. oben 2. Abschnitt, C 1 und E 1, S. 44.

691 *Koch*, AGB, S. 68.

692 Vgl. Direktion der Diskonto-Gesellschaft 1900 bei *Buff*, Kontokorrentgeschäft S. 112; Berliner Handelsgesellschaft 1901 bei *Friedberg*, Formelbuch, S. 165 und 1904 bei *Buff*, aaO. S. 118 Nr. 2; Dresdner Bank 1904 bei *Buff*, aaO. S. 114 Nr. II; BFB 1912, S. 8 Nr. 3 bis BFB 1962, S. 20 Nr. 15.

693 Direktion der Diskontogesellschaft 1900 bei *Buff*, Kontokorrentgeschäft, S. 112; ähnlich Berliner Handelsgesellschaft 1901 bei *Friedberg*, Formelbuch, S. 165 und 1904 bei *Buff*, aaO. S. 118 Nr. 2; Dresdner Bank 1904 bei *Buff*, aaO. S. 114 Nr. II.

694 BFB 1912, S. 8 Nr. 3 bis BFB 1939, S. 16 Nr. 15 Abs. 2.

695 BFB 1943, S. 19 Nr. 15 bis BFB 1962, S. 20 Nr. 15.

die Erinnerungen gegen die periodischen Auszüge die Schriftform verlangt[696].

Daneben wurden und werden „sonstige Anzeigen und Abrechnungen" behandelt. Hierunter fallen auch die Tagesauszüge[697]. Bei ihnen wurde „umgehende" Erinnerung[698] oder Rüge „binnen einer Ausschlußfrist von 3 Tagen nach Eingang"[699] verlangt. Seit 1937 ist einheitlich unverzügliche Rüge erforderlich[700]. Wird nicht rechtzeitig gerügt, so gelten die Rechnungsabschlüsse sowie sonstige Anzeigen oder Abrechnungen als „anerkannt"[701] oder als „genehmigt"[702].

Die Klausel hat rechtlich die Wirkung, daß das Schweigen des Kunden kraft der in den AGB getroffenen Vereinbarung als Einverständniserklärung mit der Mitteilung der Bank zu werten ist. Soweit diese also ein Angebot zum Abschluß eines abstrakten Schuldanerkenntnisvertrages (Saldoanerkenntnisvertrages) enthält, kommt der Vertrag mit dem Schweigen des Kunden zustande. Bei den Tagesauszügen ist dies stets, bei den periodischen Saldomitteilungen dann der Fall, wenn in ihnen erstmals Zinsen, Provisionen und Auslagen berücksichtigt sind[703]. Mit der Klausel umgingen und umgehen die Banken alle Schwierigkeiten, die sich daraus ergeben können, daß der Kunde auf ihre Mitteilungen nicht reagiert: Ist er Kaufmann, so könnte sein Schweigen zwar bei bestehender Geschäftsverbindung mit Rücksicht auf § 346 HGB regelmäßig als Zustimmung ausgelegt werden; dies wäre aber keineswegs immer der Fall[704]. Besitzt der Kunde nicht die Kaufmannseigenschaft, so kann sein Schweigen nur unter ganz besonderen Umständen als Zustimmung gewertet werden, weil es einen allgemeinen Satz, daß Schweigen Billigung bedeute, nicht gibt. Oft könnte allerdings die Fortsetzung der Geschäftsbeziehung als Zustimmung durch konkludentes Handeln angesehen werden[705], so daß dann auf eine Auswertung des

---

[696] BFB 1939, S. 16 Nr. 15 bis BFB 1962, S. 20 Nr. 15.

[697] In den AGB der Sparkassen und der Giro-Zentralen ist dies ausdrücklich klargestellt — vgl. *AGB Sparkassen*, S. 125 Nr. 10 Abs. 1 und dazu S. 126 Rdn. 136.

[698] Berliner Handelsgesellschaft 1901 bei *Friedberg*, Formelbuch S. 165 und 1904 bei *Buff*, Kontokorrentgeschäft, S. 118 Nr. 2 („unverzüglich"); Dresdner Bank 1904 bei *Buff*, aaO. S. 114 unter II („mit wendender Post").

[699] BFB 1912, S. 8 Nr. 3 bis BFB 1936, S. 17 Nr. 12 Abs. 2.

[700] BFB 1939, S. 16 Nr. 15 bis BFB 1962, S. 20 Nr. 15.

[701] Direktion der Diskontogesellschaft 1900 bei *Buff*, Kontokorrentgeschäft, S. 112 (für Rechnungsabschlüsse).

[702] Berliner Handelsgesellschaft 1901 bei *Friedberg*, Formelbuch, S. 165 und 1904 bei *Buff*, aaO. S. 118 Nr. 2; Dresdner Bank 1904 bei *Buff*, aaO. S. 114 unter II; BFB 1912, S. 8 Nr. 3 bis BFB 1962, S. 20 Nr. 15.

[703] Vgl. oben 2. Abschnitt, C 1 und E 1a) und b).

[704] Vgl. z. B. *Schneider*, BB 1951, 742 f.; BGH BB 1951, 938; BGH Betrieb 1951, 916 und 1955, 1055; siehe auch OLG Hamburg in BA 20, 136 ff.

[705] Vgl. z. B. BGH WM 1958, 620 (621).

Schweigens nicht zurückgegriffen zu werden brauchte. Durch die Klausel in den AGB werden alle Zweifel, die hier auftauchen könnten, von vornherein ausgeräumt.

Bis 1959 versuchten die Banken, trotz der Klausel durchweg für die periodischen Saldomitteilungen, nicht auch für die Tagesauszüge, schriftliche Anerkenntniserklärungen des Kunden zu erhalten[706]. Sie legten zu diesem Zweck den betreffenden Sendungen einen entsprechenden Vordruck bei[707] und mahnten die Einverständniserklärung sogar mehrfach an[708]. Bis die Banken dann erstmals Ende 1959 auf schriftliche Billigung verzichteten[709], hatte die Klausel in den AGB somit hinsichtlich der periodischen Saldomitteilungen nur subsidiäre Bedeutung.

Haupt[710] hielt die Klausel schon 1937 für überflüssig, weil die Begleitschreiben, die den periodischen Kontoauszügen beigefügt wurden, regelmäßig einen Vermerk enthielten, der der Klausel inhaltlich entsprach[711]. Heute verfahren alle Banken in dieser Weise[712]. Auf Tagesauszügen bitten sie den Kunden dagegen, ohne Hinweis auf die Folgen der Unterlassung, lediglich um Prüfung und unverzügliche Mitteilung etwaiger Unstimmigkeiten[713].

Haupt ist insoweit zu folgen, als er die Ersetzung des die periodischen Saldomitteilungen betreffenden Teils der Klausel durch einen entsprechenden Vermerk im Begleitschreiben befürwortet. Das heutige Verfahren, das Begleitschreiben einschließlich des Hinweises mit der Saldomitteilung selbst zu verbinden[712], ist sogar noch praktischer; der Hinweis könnte daher, soweit er die periodischen Saldomitteilungen betrifft, aus den AGB verschwinden. Was die Tagesauszüge angeht, so könnten auch sie ohne nennenswerten Mehraufwand mit dem Vermerk versehen werden. Dies würde jedoch den auf sie bezogenen Teil der Klausel nicht überflüssig machen, da er auch für andere Mitteilungen als Tagesauszüge gilt.

Solche periodischen Saldomitteilungen, in denen nicht erstmals Zinsen, Provisionen und Auslagen berücksichtigt sind und denen demgemäß auch keine Kostenaufstellung beigefügt ist[714], bringen keinen

---

[706] Vgl. *Haupt*, AGB, S. 122; *Schütz*, BFB 1962, S. 85 unter 4.

[707] Vgl. die Formulare der Dresdner Bank von 1904 bei *Buff*, Kontokorrentgeschäft, S. 113 und S. 117; BFB 1955, Muster 22 und 23, S. 72.

[708] Vgl. die Musterformulare in BFB 1955 Nr. 26 und 27, S. 73.

[709] *Schütz*, BFB 1962, S. 85 unter 4.

[710] AGB, S. 123.

[711] *Haupt*, AGB, S. 123 mit Fußnote 69; BFB 1939, S. 57 Muster 11; Formular der Dresdner Bank 1904 bei *Buff*, Kontokorrentgeschäft, S. 113.

[712] BFB 1962, S. 85 Muster 25.

[713] BFB 1962, S. 86 Muster 26.

[714] Vgl. oben 2. Abschnitt, C 1, S. 35, 36.

Saldoanerkenntnisvertrag zustande[715]. Trotzdem ist bei ihnen zwar die Klausel in den AGB, nicht aber der Hinweis auf die Erinnerungsfrist im Formular überflüssig: Der Kunde muß darauf aufmerksam gemacht werden, daß er bei der Kontrolle, der die Bank mit den periodischen Mitteilungen ihre kontoführenden Stellen unterwerfen will, mitwirken soll. Angesichts der geringen Mühe, die er für die Prüfung und gegebenenfalls für die Beanstandung der Mitteilung aufzuwenden hat, wird man für ihn aus dem Bankvertrag, wenn nicht eine Pflicht zur Mitwirkung, so doch eine entsprechende Obliegenheit ableiten können, ähnlich der in § 377 Abs. 1 und 2 HGB dem Käufer auferlegten Rügelast. Unterläßt der Kunde die fristgerechte Erinnerung, so kann er aus einer etwaigen Unrichtigkeit des mitgeteilten Saldos keine Rechte gegen die Bank herleiten[716].

c) Verrechnung von Forderungen aus Börsentermingeschäften

Ab 1905 enthielten die AGB praktisch aller Banken eine Bestimmung über die Behandlung von klaglosen, aber erfüllbaren Forderungen aus Börsentermingeschäften über Effekten (§§ 52 bis 56 BörsG)[717] bei den periodischen Saldierungen. Seit dem 13. Juli 1931 findet an den deutschen Wertpapierbörsen kein Terminhandel mehr statt. Am 5. April 1932 verbot ihn der Vorstand der Berliner Börse gemäß § 50 Abs. 1 Satz 2 BörsG und bestätigte diesen Beschluß am 3. März 1933[718]. Daraufhin verschwand die Bestimmung aus den Musterformularen des Centralverbandes bzw. der Wirtschaftsgruppe[719]. Zahlreiche Banken behielten sie jedoch zunächst noch bei[720], bis das Musterformular der Wirtschaftsgruppe seit Beginn der vierziger Jahre einheitlich überall benutzt wurde[721]. In der heute gültigen Fassung der AGB findet sich über Börsentermingeschäfte nichts, obwohl in Wirtschaftskreisen mit der baldigen Wiederzulassung des Terminhandels gerechnet wird[722].

---

[715] Vgl. oben 2. Abschnitt, E 1 a), S. 50 und E 1 b).

[716] Vgl. § 377 Abs. 2 HGB für den Handelskauf und dazu *Baumbach-Duden*, HGB §§ 377, 378 Anm. 1 C.

[717] Vgl. *Haupt*, AGB, S. 116; *Koch*, AGB, S. 101; BFB 1912, S. 8 Nr. 7; BFB 1920, S. 4 Nr. 5 Abs. 5 usw.; AGB einer Großbank bei *Nußbaum*, Bank- und Börsenrecht, S. 64 Nr. 5.

[718] Vgl. *Enzyklopädisches Lexikon*, S. 284.

[719] Vgl. BFB 1936, S. 11 ff.; BFB 1939, S. 4 ff.

[720] Vgl. Deutsche Bank und Diskonto-Gesellschaft 1932 bei *Müllereisert*, Formularrecht, S. 184 (188) unter Nr. 28 sowie die Angaben bei *Haupt*, AGB, S. 116 Fußnote 48 mit Text.

[721] Vgl. BFB 1943, S. 4 — RAnz. Nr. 262 vom 7. November 1942.

[722] Vgl. *Künzel*, Die Aktiengesellschaft, 1961, S. 133; „Der Tagesspiegel" vom 2. Juni 1965. An ausländischen Börsen ist der Terminhandel mit ausländischen Papieren auch für Deutsche bereits wieder möglich — vgl. die (devisenrechtliche) Allgemeine Genehmigung der Deutschen Bundesbank in ihrer zweiten Neufassung vom 2. Februar 1960, angeführt bei *Künzel*, aaO.

Die fragliche Klausel bestimmte, daß Forderungen aus Börsentermingeschäften bei der Saldierung zuerst miteinander verrechnet würden. Eine dann etwa für einen Beteiligten noch verbleibende Terminforderung sollte bei der weiteren Verrechnung in erster Reihe getilgt werden. Weiter war vielfach hervorgehoben, daß die schriftliche Anerkennung der Kontokorrentauszüge oder die Unterlassung eines fristgemäßen Widerspruchs als Bestätigung gelte, daß die Verrechnung in der geschilderten Art genehmigt und vollzogen sei[723]. Die Klausel hatte auf eine Anregung der Redaktion des Bankarchivs hin[724] ab 1905 Eingang in die AGB gefunden. Ursache dafür war eine feststehende Rechtsprechung des RG, die sich in mehreren Fällen zu Ungunsten von Banken ausgewirkt hatte. Den Entscheidungen lag stets etwa folgender Sachverhalt zugrunde:

Die Bank hatte mit einem nicht terminsfähigen Kunden Börsentermingeschäfte gemacht und die sich für sie oder für beide ergebenden Börsenterminforderungen in eine laufende Rechnung eingestellt. Bei Periodenschluß hatte sie saldiert und dabei die Terminforderungen mit ihren vollen Beträgen berücksichtigt. Der Kunde hatte den Saldo zunächst anerkannt, sich jedoch später auf die Unverbindlichkeit seiner Terminschulden und seines Anerkenntnisses berufen. Die Bank verwies demgegenüber auf § 55 BörsG, wonach das zur Erfüllung des Termingeschäfts Geleistete nicht zurückgefordert werden kann. Das RG entschied[725], der Schuldanerkenntnisvertrag sei wegen § 59 BörsG ohnehin unwirksam; aber auch der Aufrechnungsvertrag, den die Parteien zugleich abgeschlossen hätten[726], habe für die Bank eine klagbare Forderung nicht, oder jedenfalls nicht in der geltend gemachten Höhe, begründet. Zwar tilge die Aufrechnung als Erfüllungssurrogat auch klaglose Forderungen (§ 55 BörsG), doch sei dem Kontoabschluß im Kontokorrent eigentümlich, daß die Summe der Aktivposten und die der Passivposten unter Einschluß der Börsenterminforderungen einander gegenübergestellt würden und daß jeder einzelne Passivposten zu einem Bruchteil im Verhältnis der Summe der Aktivposten zur Summe der Passivposten getilgt werde[727]. Die bei Beobachtung dieser Berechnungsweise in dem für den Kunden ermittelten Schuldsaldo verbleibenden Bruchteile von Forderungen aus Börsentermingeschäften seien

---

[723] Vgl. BFB 1912, S. 8 Nr. 7 bis BFB 1930, S. 14 Nr. 6 Abs. 3.
BA 4, 77 *(Wittner)*.

[725] BA 4, 107 (108) = RG JW 1905, 186 (187); RG JW 1905, 93 = BA 4, 76 (77) mit ablehnender Anmerkung der Redaktion des Bankarchivs in BA 4, 77 *(Wittner)*.

[726] Trennungstheorie von *Trumpler*, ZHR 50, 388 (489).

[727] Vgl. RG BA 4, 76 (77); RGZ 56, 23; weitere Nachweise bei *Haupt*, AGB, S. 118 Fußnote 51.

nach wie vor klaglos. Diese Rechtsansicht führte oft zu zufälligen und der Interessenlage nicht gerecht werdenden Ergebnissen[728].

In seiner Entscheidung vom 4. Januar 1905[729] erachtete das RG eine hiervon abweichende Verrechnungsvereinbarung als wirksam und lieferte den Banken damit das Rüstzeug für die Abwendung solcher für sie unerwünschten Folgen der periodischen Verrechnung. Die Redaktion des Bankarchivs[730] schlug daraufhin den Abschluß einer solchen Vereinbarung durch entsprechende Ausgestaltung der AGB vor und die Banken folgten diesem Vorschlag. Haupt[731] nennt diesen Vorgang treffend ein „Schulbeispiel für die geschickte und elegante Ausnutzung gerichtlicher Entscheidungsgründe".

Das Reichsgericht erkannte zunächst die Wirksamkeit der Vereinbarung an[732]. Später erachtete es sie jedoch für unwirksam[733], weil der Kunde aus ihr nicht mit hinreichender Deutlichkeit erkennen könne, daß sie sich nicht nur auf klagbare Börsenterminforderungen, sondern auch auf klaglose beziehen solle. Die Unhaltbarkeit dieser Begründung hat bereits Haupt[734] überzeugend dargetan. Es wäre lebensfremd, einen nicht terminsfähigen Kunden, der mit seiner Bank Termingeschäfte getätigt hatte, Unkenntnis darüber zu unterstellen, daß ihm daraus keine klagbaren Verbindlichkeiten entstehen konnten. Wer sich mit so komplizierten Geschäften, wie die Börsentermingeschäfte es waren, befaßte, wußte auch, daß ihm daraus nur dann Verbindlichkeiten erwachsen konnten, wenn er die Terminsfähigkeit besaß. Daß die Klausel in den AGB sich nur auf die klaglosen Forderungen beziehen konnte, ergab sich mit aller Deutlichkeit daraus, daß es überflüssig gewesen wäre, für klagbare Terminforderungen eine vorzugsweise Verrechnung zu vereinbaren[735]. Das RG[733] unterschätzte das am Terminhandel beteiligte Publikum, wenn es ihm diese Erkenntnis nicht zutraute.

Es wäre für die Banken ein Leichtes gewesen, diese Entscheidung[733] für die Zukunft dadurch zu neutralisieren, daß sie in der AGB-Klausel herausgestellt hätten, diese beziehe sich nur auf *klaglose* Forderungen. Sie hätten dazu nur ein einziges Wort einzufügen brauchen. Den Weg dazu hatte wiederum das RG gewiesen; es hatte wörtlich ausgeführt[736]:

---

[728] Vgl. die Beispiele bei *Haupt*, AGB, S. 117 in Fußnote 50.
[729] JW 1905, 186 (187).
[730] BA 4, 108 *(Wittner)*.
[731] AGB, S. 118.
[732] BA 30, 230 vom 17. Dezember 1930; vgl. auch die Anmerkung der Redaktion des BA zu dieser Entscheidung in BA 30, 338.
[733] RGZ 144, 311 (313) = JW 1934, 2130 (2131).
[734] AGB, S. 119.
[735] So richtig *Haupt*, AGB, S. 119, 120 mit Fußnote 56.
[736] JW 1934, 2130 (2131).

„Es hätte unter diesen Umständen ganz besonders deutlich in den von der Klägerin ausgehenden und zur Geschäftsgrundlage gemachten Bankbedingungen zum Ausdruck gebracht werden müssen, daß jene Vereinbarung sich auch auf die unwirksamen Börsenterminforderungen beziehe, was leicht hätte geschehen können."

Zu der entsprechenden Änderung der AGB wäre es mit Sicherheit auch gekommen, wenn die Frage zur Zeit dieser Entscheidung des Reichsgerichts (12. Mai 1934) durch die Abschaffung des Börsenterminhandels nicht bereits gegenstandslos gewesen wäre.

Im übrigen ersah der Kunde aus dem Kontoauszug, daß die Bank bei der Ermittlung des Saldos die klaglosen Forderungen ebenso wie alle anderen als vollwertige Posten behandelt hatte. Hieraus erhellt zugleich, daß der Kunde durch die Vereinbarung in den AGB nicht überrumpelt wurde, denn die tatsächliche Vorwegverrechnung der klaglosen Posten wurde erst mit der Anerkennung des Kontoauszuges vollzogen. Der Kunde hatte es also in der Hand, sie durch Verweigerung des Anerkenntnisses zu verhindern.

Ohne Bedeutung war die Klausel in dem Fall, daß sich bei der Saldierung ein Debet für den Kunden ergab, in dem trotz der vorgezogenen Verrechnung noch klaglose Posten enthalten waren, weil den Forderungen der Bank aus für den Kunden unverbindlichen Termingeschäften ausreichend hohe Gegenforderungen des Kunden nicht gegenübergestanden hatten; dann konnte auch der Anerkenntnisvertrag der Bank keine klagbare Forderung verschaffen (§ 59 BörsG).

Sollte es in Deutschland wieder zu Börsentermingeschäften mit Effekten kommen, so wäre die Wiederaufnahme der Klausel in die AGB nicht erforderlich. Die Börsenterminforderungen würden heute wie früher regelmäßig über ein Girokonto abgerechnet werden. Dabei würde es sich entsprechend der heutigen tatsächlichen Gestaltung um ein Staffel-Kontokorrentkonto handeln[737]. Das bedeutet, daß mit den Terminforderungen ebenso wie mit allen anderen Forderungen sofort nach ihrer Entstehung durch entsprechende Buchung ein neuer Saldo errechnet werden würde. Dessen Anerkennung durch den Kunden würde den Verrechnungsvertrag nebst Anerkenntnisvertrag über den neuen Saldo zustande bringen. Eine Vorabverrechnung der Börsenterminforderungen zum „Periodenschluß" könnte gar nicht ausbedungen werden, weil die Verrechnung laufend stattfindet.

Theoretisch hätten die Banken bereits seit der allgemeinen Einführung der Tagesauszüge in dieser Weise argumentieren und die Klausel aus den AGB streichen können. Angesichts der damals aber noch ganz herr-

---

[737] Vgl. oben 2. Abschnitt, E.

schenden Lehre vom Girokonto als Periodenkontokorrent und vor allem im Hinblick auf die damit übereinstimmende Rechtsprechung ist es verständlich, daß sie in der Praxis darauf verzichteten und sich weiter auf die Klausel stützten. Ob sie heute tatsächlich ohne die Klausel auskommen würden, hinge davon ab, ob der BGH weiterhin der überkommenen Lehre folgte oder ob er sich von der Richtigkeit der Theorie vom Girokonto als Staffelkontokorrent überzeugen ließe. Angesichts der Bedeutungsverschiebung vom periodischen Kontoauszug zum Tagesauszug, die Ende 1959 in dem Verzicht der Banken auf die ausdrückliche Anerkennung der periodischen Saldomitteilung einen besonders deutlichen Ausdruck gefunden hat, erscheint ein Umschwenken des BGH nicht ausgeschlossen. Immerhin hat es das Gericht in einer jüngeren Entscheidung[738] ausdrücklich dahingestellt sein lassen, ob die Verrechnung der Forderungen bereits mit der Einstellung in die laufende Rechnung oder erst zum Periodenschluß stattfindet. Später hat es sich, soweit ersichtlich, nicht mehr zu dieser Frage geäußert. Das OLG Celle ist in seiner Entscheidung vom 11. November 1960[739] sogar wie selbstverständlich davon ausgegangen, daß in jeder Übersendung eines Tagesauszuges das Angebot zu einem Saldoanerkenntnisvertrag liege. Damit hat es das Giroverhältnis als Staffelkontokorrent behandelt.

[738] LM Nr. 12 zu § 355 HGB vom 27. März 1956.

[739] WM 1960, 1398 (1400).

Dritter Abschnitt

Ergebnisse

A. Allgemein

In der Entwicklung des untersuchten Teils der AGB tritt deutlich das Bestreben der Banken hervor, bei der Abwägung der „beiderseitigen Belange und Risiken ... in angemessener Weise“[740] vor allem die eigenen Belange zu wahren und die eigenen Risiken gering zu halten. Dieses Bemühen äußert sich in folgenden Maßnahmen der Banken:

1. Für sie ungünstigen Gerichtsentscheidungen begegnen sie durch Änderungen der AGB (vgl. z. B. 2. Abschnitt, G 1 a) S. 63 — Recht der Bank, trotz Konteneinheit die einzelnen Salden selbständig geltend zu machen).
2. Vorbeugend fassen sie die AGB so, daß die ihnen genehme Gestaltung des Verhältnisses zu dem Kunden auch im Falle einer Änderung der Rechtsprechung gesichert ist (vgl. z. B. 2. Abschnitt, G 1 a) S. 61 f. — Zurückbehaltungsrecht; 2. Abschnitt, G 1 c) S. 64 — getrennte Abrechnung der einzelnen Konten; 2. Abschnitt, H 1 S. 82 f. — Gemeinschaftskonten, § 181 BGB). Dabei kommt es vor, daß Klauseln entstehen, die niemals praktisch werden können (vgl. z. B. 2. Abschnitt, G 2 c) — bevorrechtigte Forderungen der Bank im Konkurs des Kunden).
3. Sie dingen für sie ungünstige gesetzliche Regelungen ab (vgl. z. B. 2. Abschnitt, G 2 b) — Aufrechnungsbeschränkung für den Kunden).

Ein anderer Teil der AGB hat dagegen rein deklaratorischen Charakter: Gesetzliche Vorschriften, die den Banken besonders wichtig erscheinen, werden in den AGB wiederholt (vgl. z. B. Anm. 301 mit Text — Zurückbehaltungsrecht).

Nicht feststellbar ist bei den hier untersuchten AGB-Klauseln die von Großmann-Doerth[741] angeprangerte Übung der Banken, weitge-

---

[740] Vgl. Einleitung zu den AGB in BFB 1962, S. 7.

[741] Selbstgeschaffenes Recht der Wirtschaft und staatliches Recht, S. 13.

faßte Klauseln trotz enger Auslegung durch die Gerichte unverändert beizubehalten, um ihre Stellung gegenüber rechtsunkundigen Kunden zu verbessern.

B. Zu den einzelnen Klauseln

1. Mehrere Konten

Die Klausel, die das Verhältnis mehrerer Konten zueinander, die Rechtsnatur der einzelnen Konten usw. betrifft[742], zeigt eine Entwicklung, die ausschließlich vom Sicherheitsbedürfnis der Banken bestimmt war; dabei haben die Banken mehrfach nicht sachgerechte rechtliche „Konstruktionen" benutzt. In ihrer heutigen Fassung hat die Klausel, abgesehen von der Aufrechnungsbeschränkung für den Kunden, nur noch deklaratorische Bedeutung.

2. Gemeinschaftskonten

Bei den Gemeinschaftskonten ist eine bemerkenswerte Erscheinung zu beobachten: Wichtige Regelungen werden in zunehmendem Umfang außerhalb der AGB in besonderen Formularen getroffen. Da diese Formulare standardisiert sind und keine Bank von ihnen abgeht, tritt praktisch dieselbe Wirkung ein, wie wenn die AGB entsprechend ausgestaltet worden wären[743] [744]. Die Verwendung von Einzelformularen anstelle von AGB-Klauseln bedeutet in gewissem Umfang eine Rückkehr zu den Vorläufern der AGB, den Formularverträgen. Sie ist in-

---

[742] Nr. 2, BFB 1962 S. 9, 10.

[743] Daraus hat der BGH die richtige Folgerung gezogen, daß solche in Einzelformularen enthaltenen „typischen Vertragsklauseln" ebenso wie AGB revisibel seien — vgl. BGH NJW 1963, 2227; BGH NJW 1964, 2056 (2057); vgl. auch RG BA 28, 53.

[744] Es handelt sich hier um keine Einzelerscheinung. In ausgeprägter Form läßt sie sich auch bei der Kreditsicherung und im Überweisungsverkehr feststellen:

Die Kreditzusageschreiben bzw. besondere vom Kunden zu unterzeichnende Formulare enthalten einen umfangreichen Katalog weitgehender Pflichten des Kunden: z. B. hat er die Bank über andere von ihm aufgenommene Kredite zu unterrichten; Sicherheiten darf er Dritten nur nach „Abstimmung" mit der Bank bestellen — vgl. BFB 1936, S. 119 Formular 92, BFB 1939, S. 150 Muster 98, BFB 1943, S. 155 Muster 115 bis BFB 1962, S. 290 Muster 196.

Für den Überweisungsverkehr versehen die Banken die Kunden seit Jahrzehnten mit Überweisungsformularen, in denen der Bank das Recht vorbehalten ist, den Betrag statt dem angegebenen auch einem anderen Konto des Empfängers („oder auf ein anderes Konto des Empfängers" — sog. Fakultativklausel, vgl. BFB 1962, S. 349 Muster 260) gutzubringen, falls nicht der Kunde, was selten geschieht, die betreffenden Worte streicht. Der Zusatz entspringt im wesentlichen dem Bemühen der Banken, Gelder in ihrem Filialsystem, mindestens aber in ihrem Gironetz zu halten.

sofern zu begrüßen, als sie die ohnehin schon sehr umfangreichen AGB entlastet. Außerdem werden den Kunden durch sie die Rechtswirkungen ihrer Erklärungen und Handlungen deutlicher vor Augen geführt, als durch das AGB-Formular, das sie doch nur in den seltensten Fällen lesen.

Ungewöhnlich ist an der Behandlung der Gemeinschaftskonten ferner, daß die Banken zu ihrer eigenen Sicherheit auf dem Wege über das Antragsformular für die Kontoeröffnung in die Rechtsbeziehungen der Kunden zueinander eingreifen: Sie bewirken, daß jeder Kontoinhaber dem anderen Vollmacht zur Kreditaufnahme per Gemeinschaftskonto auch in seinem Namen erteilt.

3. Zinsen und Provisionen

Infolge der Gleichförmigkeit dieser Konditionen, die sich schon früh bei allen Banken auf Grund von Absprachen zwischen ihren Verbänden eingestellt hatte und die sich im Laufe der Zeit durch die wachsende staatliche Einflußnahme noch verstärkte, blieb die Zins- und Provisionsklausel seit ihrer Aufnahme in die AGB im wesentlichen unverändert; durch ihre allgemeine Fassung trug sie ihrerseits wiederum zur Vereinheitlichung der Zins- und der Provisionssätze bei.

Die Entwicklung ist bei fast allen Zinsen und bei den wichtigsten Provisionen von der Einzelvereinbarung über verbandsbestimmte und aufsichtsbehördlich überwachte Abmachungen zur staatlichen Reglementierung durch Rechtssätze verlaufen[745].

4. Auslagen

Die Auslagenklausel ist im Laufe der Jahrzehnte nur geringfügig verändert worden. Während ihre praktische Bedeutung anfangs nur darin lag, der Bank die Geltendmachung eines auf §§ 683, 670 BGB ge-

---

[745] Hier werden Parallelen zu einem anderen Wirtschaftszweig, dem Verkehrsgewerbe, offenbar: Bei den — ursprünglich privaten — Eisenbahnen folgten den „Lokal-“ oder „Spezial-Betriebsreglements“ die „Verbandsbetriebsreglements“, dann die „Normalbedingungen“ des Vereins Deutscher Eisenbahnverwaltungen und 1870/71 als Bundesratsverordnung das „Betriebsreglement für die Eisenbahnen ...“, das später „Verkehrsordnung für die Eisenbahnen Deutschlands“ (EVO) hieß. Bei der EVO handelte es sich zunächst um Verwaltungsvorschriften, die 1897 durch das HGB (§§ 454, 472 — RGBl I S. 219) — allerdings nicht ausdrücklich — die Qualität einer Rechtsverordnung erhielten — vgl. zu dieser Entwicklung *Weihrauch-Heinze*, EVO, Einleitung S. 2—4.

Auch im Güterfernverkehr mit Kraftfahrzeugen begann die Entwicklung bei den von den Unternehmern aufgestellten AGB, verlief über Tarife, die vom Reichsverkehrsminister zu genehmigen waren (§ 13 Güterfernverkehrsgesetz — RGBl I 1935 S. 788) und endete in Rechtsverordnungen (§§ 20 a, 106 Abs. 2 Güterkraftverkehrsgesetz).

stützten Auslagenersatzanspruchs zu erleichtern, macht sie in ihrer heutigen allgemeinen Fassung die Berufung auf diese Vorschriften sogar überflüssig.

5. Wertstellung

Die Wertstellungspraxis hat sich gänzlich außerhalb der AGB entwickelt; sie hat heute weitgehend ein gewohnheitsrechtliches Stadium erreicht.

6. Rechnungsabschluß; Tagesauszüge

Die Klauseln über den Rechnungsabschluß und über die Erinnerung gegen „sonstige Abrechnungen und Anzeigen" haben seit ihrer Aufnahme in die AGB nur unbedeutende Veränderungen erfahren. Sie fußen auf der überkommenen Lehre vom Periodenkontokorrent. Sie entsprechen nicht mehr den tatsächlichen und rechtlichen Verhältnissen im bankgeschäftlichen Verkehr. Bei einer künftigen Änderung der AGB wird darauf Bedacht zu nehmen sein, diese wichtigen Klauseln so zu fassen, daß sie dem Bedeutungswandel gerecht werden, den Halbjahresauszug und Tagesauszug — insbesondere im Verhältnis zueinander — durchgemacht haben.

Literaturverzeichnis

Allgemeine Geschäftsbedingungen (der Banken), Fassung Mai 1948, Sonderdruck.

Allgemeine Geschäftsbedingungen der Deutschen Bundesbank in der Fassung vom 21. Mai. 1964, abgedruckt bei Salzmann-Eibl, Bankrecht, Band 2, Ordnungsnummer 482.

Allgemeine Geschäftsbedingungen der Sparkassen und Girozentralen, Fassung November 1957 mit Erläuterungen, Bonn, 1958 = AGB Sparkassen.

Baer: Die devisenrechtliche Bedeutung des Kontokorrents, in Devisenarchiv 1939 S. 269 ff.

Bankgeschäftliches Formularbuch, 1. Ausgabe, Berlin, 1912, von Kühne und Sauter, bis 16. Ausgabe, Berlin 1962, von Schütz und Trost = BFB (mit Jahr).

Baumbach-Duden: Handelsgesetzbuch mit Nebengesetzen ohne Seerecht, 17. Aufl., München und Berlin, 1966 = HGB.

Becher, Carl: Preußisches Stempelsteuergesetz in der Fassung vom 27. Oktober 1924, Berlin, 1928 = StStG.

Beck, Heinz: Gesetz über das Kreditwesen vom 10. Juli 1961, Wiesbaden-Dotzheim/Düsseldorf, (Loseblatt, Stand Januar 1965) = KWG.

Beeser, J.: Zur Pfändung und Überweisung gegenwärtiger und künftiger Girokontoguthaben, in AcP 155 S. 418 ff.

Beitzke, Guenther: Probleme des Kontokorrents, in Festschrift für Julius von Gierke S. 9 ff., Berlin, 1950 = Beitzke in Gierke-Festschrift.

Bernhardt, Wolfgang: Die allgemeinen Geschäftsbedingungen als Rechtsnormen, in DR 1942 S. 1171 ff.

Bernicken, Hans: Sind die Allgemeinen Geschäftsbedingungen der Banken stempelpflichtig? in BA 25 S. 469 ff.

Bernstein: Bankvereinigungen und Kartellverordnung, in BA 23, 333 ff.

Bettermann, Karl A.: Die Allgemeinverbindlicherklärung eines Tarifvertrags: Rechtsschutz, Rechtskontrolle und Rechtsnatur, in RdA 1959 S. 245 ff.

— Kriegsbedingte Störungen im Überweisungsverkehr, in ZHR 111 S. 136 ff.

— Rechtssetzungsakt, Rechtssatz und Verwaltungsakt, in Festschrift für Hans Carl Nipperdey zum 70. Geburtstag, Band II, S. 723 ff., München und Berlin, 1965.

Bierhoff, Alfred: Die Haftung eines ausgeschiedenen OHG-Gesellschafters für den Kontokorrentsaldo der OHG, Diss. Köln, 1964 = Kontokorrentsaldo.

Böhle-Stamschräder, A.: Konkursordnung, 8. Aufl., München und Berlin, 1966 = KO.

Boruttau, Ernst P.: Das Urkundensteuergesetz vom 5. Mai 1936 mit den Durchführungsbestimmungen vom 6. Mai 1936, 5. Aufl., Berlin 1940 = UrkStG.

Breit, James: Scheck-, Girovertrag und Kontokorrent, in ZHR 67 S. 507 ff.

Brüggemann, K. E. Günter: Inhalt der Kontokorrentvereinbarung, Diss. Hamburg, 1939 = Kontokorrentvereinbarung.

von Brunn, Johann H.: Die formularmäßigen Vertragsbedingungen der deutschen Wirtschaft, 2. Aufl., Köln/Berlin, 1956 = Vertragsbedingungen.

Buff, Siegfried: Das Kontokorrentgeschäft im Deutschen Bankgewerbe, Stuttgart und Berlin, 1904 = Kontokorrentgeschäft.

Bundesbank: Monatsberichte der Deutschen Bundesbank.

Bundesverband des privaten Bankgewerbes: Berichte über die Geschäftsjahre 1955, 1956, 1957, 1958, 1960, 1961, 1962/63, 1963/64; 1964/65.

Bundesverband des privaten Bankgewerbes: Rundschreiben.

Buschmann, Günter: Die Vereinbarungen und Zusammenschlüsse im Kreditwesen, Berlin, 1963 = Vereinbarungen.

Consbruch, Johannes: Der Zeitpunkt des Wirksamwerdens behördlicher Habenzinsbestimmungen im Kreditgewerbe, in BB 1959 S. 399.

— Neue Zinsregelung für die Kreditinstitute, in BB 1965 S. 269 ff.

Consbruch, Johannes und Annemarie *Möller*: Gesetz über das Kreditwesen mit verwandten und zugehörigen Vorschriften, 4. Aufl., München und Berlin, 1962 (Textsammlung) = Consbruch-Möller, KWG.

— — Gesetz über das Kreditwesen mit verwandten und zugehörigen Vorschriften, 5. Aufl., München und Berlin, 1963 (Textsammlung) = Consbruch-Möller, KWG.

— — KWG-Kommentar, Kreditwesengesetz mit Zinsverordnung und den wichtigsten anderen Ausführungsvorschriften, Stuttgart, 1965 = Consbruch-Möller, KWG-Kommentar.

Deeg, Friedrich: Die Frage der kartellmäßigen und obrigkeitlichen Bindung der Bankkonditionen, insbesondere der Zinssätze, Diss. Erlangen, 1957 = Bankkonditionen.

Dermitzel, Günther: Recht der Banken, Frankfurt/M., 1949.

Dertmann, Fritz: Reform der Kreditprovision, in ZKW 1949 S. 226 ff.

Düringer-Hachenburg: Das Handelsgesetzbuch, IV. Band, 3. Aufl., erläutert von James Breit, Viktor Hoeniger, Alfred Werner, Mannheim/Berlin/Leipzig, 1932 = Düringer-Hachenburg-Bearbeiter, HGB.
= Düringer-Hachenburg-Bearbeiter, HGB.

Eder, Oskar: Kreditsicherung durch Abtretung von Kontokorrentforderungen, in BB 1953 S. 191 f.

Eiffler, Kurt: Urkundensteuergesetz vom 5. Mai 1936, Kommentar, 2. Aufl., Berlin, 1941 = UrkStG.

Eisele, Friedolin: Die Compensation nach römischem und gemeinem Recht, Berlin, 1876.

Enneccerus, Ludwig und Hans Carl *Nipperdey*: Allgemeiner Teil des Bürgerlichen Rechts, 15. Aufl., 2. Halbband, Tübingen, 1960 = BGB, A. T.

Enneccerus, Ludwig und Heinrich *Lehmann*: Recht der Schuldverhältnisse, 15. Bearbeitung, Tübingen, 1958 = Enneccerus-Lehmann, BGB, Schuldverhältnisse.

Entwurf eines Handelsgesetzbuchs mit Ausschluß des Seehandelsrechts nebst Denkschrift, aufgestellt im Reichs-Justizamt, Amtliche Ausgabe, Berlin, 1896 = Denkschrift I.

Entwurf eines Handelsgesetzbuchs und Entwurf eines Einführungsgesetzes nebst Denkschrift zu dem Entwurf eines Handelsgesetzbuchs und eines Einführungsgesetzes in der Fassung der dem Reichstag gemachten Vorschläge, Berlin, 1897 = Denkschrift II.

Enzyklopädisches Lexikon für das Geld-, Bank- und Börsenwesen, zugleich 2. Aufl. vom Handwörterbuch des Bankwesens von M. Palyi und P. Quittner, Frankfurt/M., 1957.

Fikentscher, Wolfgang: Sind die Allgemeinen Deutschen Spediteurbedingungen abdingbar?
in BB 1961 S. 297 ff.

Fischer, Otto Chr.: Das Reichsgesetz über das Kreditwesen, Kommentar, Berlin und Leipzig, 1935 = KWG.

Fischer, Rudolf: Die Bilanzwerte, was sie sind und was sie nicht sind, Teil 2, Leipzig, 1908.

— Die kaufmännischen Bücher und Papiere, in: Ehrenberg's Handbuch des gesamten Handelsrechts, Band II, S. 462 ff., Leipzig, 1918.

Forsthoff, Ernst: Lehrbuch des Verwaltungsrechts, Band 1, 9. Aufl., München und Berlin, 1966.

Friedberg, Emil: Formelbuch für Handels-, Wechsel- und Seerecht, 2. Aufl., bearbeitet von Ludwig Beer. Leipzig, 1901 = Formelbuch.

Fuchs, Franz: Zur Lehre vom Kontokorrent, in ZHR 103 S. 211 ff.

— Zur Lehre vom Kontokorrent, in ZHR 106 S. 82 ff.

Geschäftsberichte 1964 folgender Banken: Berliner Bank, Berliner Handelsgesellschaft, Commerzbank, Deutsche Bank, Dresdner Bank, Frankfurter Bank.

v. Gierke, Julius: Handels- und Schiffahrtsrecht, 8. Aufl., Berlin, 1958.

Giese, Friedrich: Verkündung und Gesetzeskraft, in Archiv für öffentliches Recht 76 S. 464 ff.

Göppert, Heinrich: Zur Vereinfachung der Lehre vom Kontokorrent, in ZHR 102 S. 161 ff.
— Zur Lehre vom Kontokorrent, in ZHR 103 S. 318 ff.

Göttlich, Walter: Bundesgebührenordnung für Rechtsanwälte, 9. Aufl., Flensburg, 1963.

Graf, Werner: Die Interessen beim Kontokorrentverhältnis und ihr rechtlicher Schutz, Diss. München, 1960 = Interessen.

Grigat, Wilfred: Pfändung von Kontokorrentguthaben, Diss. Frankfurt/M., 1951 (Maschinenschrift) = Diss.
— Die Verrechnung im Kontokorrent, in NJW 1952 S. 812 f.
— Zur Kreditsicherung durch Abtretung von Kontokorrentforderungen, in BB 1952 S. 819 f.
— Zur Rechtsnatur des Kontokorrentverhältnisses, in MDR 1952 S. 411 f.

Großmann-Doerth, Hans: Selbstgeschaffenes Recht der Wirtschaft und staatliches Recht, Freiburg, 1933.

Gutachten der Handelskammer Frankfurt/M. vom 6. April 1868, in ZHR 15, 542.

Gutachten der Industrie- und Handelskammer Berlin vom 28. Oktober 1929, in HR und HB 1929 S. 517.

Hamann, Andreas: Über die Verbindlichkeit der „Allgemeinen Deutschen Spediteurbedingungen" (ADSp), in MDR 1949 S. 209 ff.

Hammer, Klaus: Die Wettbewerbsregelung im Rahmen der Zins- und Wettbewerbsabkommen des Kreditgewerbes, in NJW 1956 S. 326 ff.

Haupt, Günter: Die Allgemeinen Geschäftsbedingungen der deutschen Banken, Leipzig, 1937 = AGB.

Hefermehl, Wolfgang: Grundfragen des Kontokorrents, in Festschrift für Heinrich Lehmann zum 80. Geburtstag, 1956 S. 547 ff. (= Band II von „Das Deutsche Privatrecht in der Mitte des 20. Jahrhunderts" = Hefermehl in Lehmann-Festschrift.

Heinitz, Ernst: Kommentar zum Preußischen Stempelsteuergesetz vom 31. Juli 1885 und zur Novelle vom 26./30. Juni 1909, 3. Aufl., Berlin, 1909 = StStG.

Hellwig, Hans: Kreditschöpfung und Kreditvermittlung, Stuttgart, 1958 = Kreditschöpfung.

Herold, Hermann: Das Kreditgeschäft der Banken, 15. Aufl., Hamburg, 1964 = Kreditgeschäft.
— Das Recht des Kontokorrentverkehrs, in ZAkDR 1940 S. 158 ff.

Herschel, Wilhelm: Die Vertragsordnung als Rechtsnorm, in DR 1942 S. 753 ff.

Hirsch, Ernst E. in Bernsdorf-Bülow, Wörterbuch der Soziologie, Stuttgart, 1955.
— Praktische Fälle aus dem Handels- und Wirtschaftsrecht, 3. Aufl., 1963, Berlin und 1. Aufl., 1933, Mannheim, Berlin, Leipzig = Praktische Fälle.

Hoeniger, H.: Kann der Generalbevollmächtigte im Namen des Vertretenen für seine eigene Schuld bürgen? in DJZ 1910 Sp. 1347 f.

Huber, Ernst R.: Wirtschaftsverwaltungsrecht, Zweiter Band, 2. Aufl., Tübingen, 1954.

Hueck, Alfred und Hans Carl *Nipperdey*, Lehrbuch des Arbeitsrechts, Zweiter Band, 6. Aufl., Berlin und Frankfurt/M., 1957 = Hueck-Nipperdey, Arbeitsrecht.

Jaeger, Ernst: Kommentar zur Konkursordnung und den Einführungsgesetzen, 2. Band, 6./7. Aufl., Berlin und Leipzig, 1936 = Jaeger, KO.

— Konkursordnung mit Einführungsgesetzen, I. Band, bearbeitet von Friedrich Lent 8. Aufl., Berlin, 1958 = Jaeger-Lent, KO.

Justat, Rudolf und Heinz Theodor *Maurer*, Meta-Weitergabekredite, in ZKW 1954 S. 119 ff. = Justat und Maurer.

Kalveram-Günther: Bankbetriebslehre, 3. Aufl., Wiesbaden, 1961.

Kantel: Zins- und Wettbewerbsabkommen, Kommentar, 1955 = Zinsabkommen.

Kersting: Anmerkung zu dem Urteil des RG vom 22. Dezember 1939 (RGZ 162, 244 ff.), in DR 1940, 694 f.

Keyßner, L.: Bedingungen für den Geschäftsverkehr bei der Königlichen Seehandlung (Preußische Staatsbank), in ZHR 56 S. 496 ff. = Königliche Seehandlung.

Klang, Heinrich: Kommentar zum Allgemeinen bürgerlichen Gesetzbuch, 2. Band, 2. Halbband, bearbeitet von Franz Gschnitzer, Wien, 1934 = Klang-Gschnitzer.

Klee, Hans-Joachim: Pfändung von Bankkonten, in BB 1951 S. 686 ff.

Kleiner, Beat: Die allgemeinen Geschäftsbedingungen der Banken, 2. Aufl., Zürich, 1964 = AGB.

Koch, Arwed: Das Recht der Barzahlung im Bankverkehr, in ZHR 107 S. 273 ff.

— Die Allgemeinen Geschäftsbedingungen der Banken, Jena, 1932 = AGB.

— Rechtsfragen auf dem Gebiete des Überweisungsverkehrs, in ZHR 105 S. 262 ff.

— Wann entsteht ein Rechtsanspruch des Begünstigten gegen die Bank aus einem Überweisungsauftrag? in BA 33 S. 388 f.

— Rechtliche Erwägungen zum Girovertrag, in BA 33 S. 164 ff.

Könneker, Wilhelm: Die Bankkonditionen zwischen Freiheit und Bindung, in ZKW 1965 S. 169 ff.

Kopfstein, Felix: Der Einfluß des Konkurses auf eine bestehende Kontokorrentverbindung, in ZHR 77 S. 78 ff.

Krapf, Georg: Der Kontokorrentvertrag, Diss. Leipzig, 1936.

Kreller, Hans: Mehrheit von Gläubigern und Schuldnern, in AcP 146 S. 97 ff.

Krümmel, Hans-Jacob: Bankzinsen, Köln/Berlin/Bonn/München, 1964.

Kühne, Raimund: Die verschiedenen Formen von Kontokorrentverhältnissen und ihre rechtliche Behandlung, insbesondere die Pfändung des Kontokorrentsaldos, Diss. Hamburg, 1958 = Kontokorrentverhältnisse.

Kühne-Sauter: s. Bankgeschäftliches Formularbuch.

Künzel, Rudolf: Börsentermingeschäfte in zivil- und steuerrechtlicher Sicht, in Die Aktiengesellschaft 1961 S. 133 ff.

Labus, Leo: Das Preußische Stempelsteuergesetz vom 26. Juni 1909 in der Fassung der Bekanntmachung des Finanzministers vom 30. Juni 1909, bearbeitet von Ernst Schumann und Karl Obst, Breslau, 1909 = Schumann-Obst StStG.

Lang, Johann und Fritz *Bünte:* Die Praxis der Volksbanken, Berlin, 1930 = Lang-Bünte, Volksbanken.

Larenz, Karl: Lehrbuch des Schuldrechts, Erster Band, Allgemeiner Teil, 7. Aufl., München und Berlin, 1964.

Leitner, Friedrich: Bankbetrieb und Bankgeschäfte, 7. Aufl., Frankfurt, 1925 = Bankbetrieb.

Lipfert, Helmut: Nationaler und internationaler Zahlungsverkehr, Wiesbaden, 1960 = Zahlungsverkehr.

Littmann, Georg: Das Bankguthaben, Tübingen 1931.

Llewellyn, Karl N.: Jurisprudence — Realism In Theory And Practice, Chicago, 1962.

Loeck, P.: Preußisches Stempelsteuergesetz, 10. Aufl., bearbeitet von Kurt Eiffler, Berlin und Leipzig, 1928 = Loeck-Eiffler, StStG.

Meilicke, Heinz: Steuerrecht, Allgemeiner Teil, Berlin und Frankfurt, 1965.

Menzel, Hans: Die Mitwirkung der Hausbanken bei der Vergebung und Verwaltung öffentlicher Kredite, 1960 = Hausbanken.

Merckens, Reinhold: Rechtsfragen zu den Allgemeinen Bedingungen für den Geschäftsverkehr mit den Großbanken, Diss. Leipzig, 1931 = Rechtsfragen.

Meyer-Cording, Ulrich: Das Recht der Banküberweisung unter besonderer Berücksichtigung der steckengebliebenen Überweisungen, Tübingen, 1951 = Banküberweisung.

Mohr, Josef: Der Kontokorrentverkehr, Berlin, 1902.

Motive zu dem Entwurfe eines Bürgerlichen Gesetzbuches für das Deutsche Reich, Band 2, Recht der Schuldverhältnisse, Berlin, 1888 = Motive II.

Müller, Gerhard und Josef *Löffelholz:* Bank-Lexikon, Handwörterbuch für das Bank- und Sparkassenwesen, 15. Aufl., Wiesbaden, 1963 = Müller-Löffelholz, Banklexikon.

Müllereisert, Franz A.: Allgemeine Lieferungsbedingungen der Industrie, des Handwerks und der öffentlichen Hand, Berlin, 1932 = Formularrecht.

Müller-Erzbach, Rudolf: Deutsches Handelsrecht, 2. Aufl., Tübingen, 1927.

Müller-Henneberg, Hans und Gustav *Schwartz*: Gesetz gegen Wettbewerbsbeschränkungen und Europäisches Kartellrecht, bearbeitet von Alfred Gleiss, Helmuth Pollems, 2. Aufl., Köln/Berlin/Bonn/München, 1963 = Müller-Henneberg-Schwartz-Gleiss-Pollems, GWB.

Nebelung, Dietrich: Das Bankenkontokorrent, in NJW 1953 S. 449 f.

— Das Pfandrecht am Gemeinschaftskonto, in ZKW 1954 S. 97.

Neustätter, Alfred: Die Kontokorrent-Bedingungen der Banken, Stuttgart, 1921 = Kontokorrentbedingungen.

Nußbaum, Arthur: Anmerkung zu der Entscheidung des RG vom 26. April 1919, in JW 1919 S. 676.

— Bank- und Börsenrecht, Berlin und Leipzig, 1927.

— Die Rechtstatsachenforschung, in Recht und Staat, in Geschichte und Gegenwart, Tübingen, 1914, Heft 6.

— Die Rechtstatsachenforschung, in AcP 154 S. 453 ff. — Übersetzung aus Columbia Law Review 40 S. 189 ff. (Fact Research in Law).

Obst-Hintner: Geld-, Bank- und Börsenwesen, 35. Aufl., Stuttgart, 1963.

Ohse, Hermann: Anmerkung zu RG JW 1929 S. 319 f., in JW 1929 S. 319 f.

Opitz, Georg: Depotgesetz — Gesetz über die Verwahrung und Anschaffung von Wertpapieren vom 4. Februar 1937, 2. Aufl., Berlin, 1955.

Palandt: Bürgerliches Gesetzbuch, bearbeitet von Bernhard Danckelmann, Hans Gramm, Ulrich Hoche, Theodor Keidel, Wolfgang Lauterbach, 25. Aufl., München und Berlin, 1966 = Palandt-Bearbeiter, BGB.

Pflieger, Rolf: Wie das Zinsreglement umgangen wird, in ZKW 1966 S. 388 ff.

Philipowski, Rüdiger: Die Geschäftsverbindung, Heidelberg, 1963.

Pikart, Heinz: Die Rechtsprechung des Bundesgerichtshofs zum Bankvertrag, in WM 1957 S. 1238 ff.

Pilster, Rolf: Die Kartellierung der Geschäfts-Bedingungen im deutschen Bankwesen, Diss. Köln, 1922 = Kartellierung.

Planck: Kommentar zum Bürgerlichen Gesetzbuch nebst Einführungsgesetz, I. Band, Allgemeiner Teil, bearbeitet von F. Flad, 4. Aufl., Berlin, 1913 = Planck-Flad, BGB.

— Kommentar zum Bürgerlichen Gesetzbuch nebst Einführungsgesetz, II. Band, 2. Hälfte, Recht der Schuldverhältnisse (Besonderer Teil), bearbeitet von A. Lobe, 4. Aufl., Berlin und Leipzig, 1928 = Planck-Lobe, BGB.

Probleme der Kreditfinanzierung bei Klein- und Mittelbetrieben, Abhandlungen zur Mittelstandsforschung, herausgegeben vom Institut für Mittelstandsforschung, Nr. 9, Köln und Opladen, 1964 = Probleme der Kreditfinanzierung.

Pröhl, Hans: Kreditwesengesetz, Kommentar, Peine, 1962 = KWG.

Quednau, W.: Kommentar zum Preußischen Stempelsteuergesetz nebst Tarif vom 31. Juli 1895, 11. Aufl., Berlin, 1902 = StStG.

Rademacher, Fritz: Die Praxis der Verstempelung der „Allgemeinen Geschäftsbedingungen“ der Banken, in ZhF 7 S. 568 ff.

Raiser, Ludwig: Das Recht der Allgemeinen Geschäftsbedingungen, unveränderter Neudruck, Bad Homburg vor der Höhe, 1961 = AGB.

Rau: Zur Frage der Haftung der Banken gemäß § 18 Abs. 7 des Erbschaftssteuergesetzes bei Gemeinschaftskonten, in BA 22 S. 132 ff.

Regelsberger, Ferdinand: Die rechtliche Bedeutung der sogenannten Geschäftsbedingungen der Banken für Kontokorrentverträge, in BA 5 S. 169 ff.

Regierungsbegründung zum Entwurf eines Gesetzes über das Kreditwesen vom 25. Februar 1959, Deutscher Bundestag, III. W. P., Drucksache 1114, abgedruckt bei Beck, KWG, unter Materialien M 2.

Reichsgerichtsräte. Das Bürgerliche Gesetzbuch, Kommentar, herausgegeben von Reichsgerichtsräten und Bundesrichtern, 11. Aufl., I. Band, 2. Teil, Recht der Schuldverhältnisse, bearbeitet von Robert Fischer, Otto Löscher, Karl Nastelski, Günther Wilde, Berlin, 1960 = RGRK-Bearbeiter, BGB.

— Das Bürgerliche Gesetzbuch, Kommentar, herausgegeben von Reichsgerichtsräten und Bundesrichtern, II. Band, 1. Teil, bearbeitet von Johannes Denecke, Georg Kuhn, Erich Pritsch, Günter Wilde, 11. Aufl., Berlin, 1959 = RGRK-Denecke.

— Kommentar zum Handelsgesetzbuch, früher herausgegeben von Mitgliedern des Reichsgerichts, Dritter Band, bearbeitet von Reinhard Freiherr von Godin und Paul Ratz, 2. Aufl., Berlin, 1963 = RGRK-Godin, HGB.

Riedel, Gottfried: Rechtsfragen der Habenzins-Festsetzung, in ZKW 1953 S. 710 ff.

Ringelmann, Richard und Fritz *Freudling:* Urkundensteuergesetz, 2. Aufl., München und Berlin, 1940 = Ringelmann-Freudling, UrkStG.

Ritter, Carl: Kommentar zum Handelsgesetzbuch, mit Ausschluß des Seerechts, 2. Aufl., München und Berlin, 1932 = Ritter, HGB.

Rosenthal, Heinrich: Bürgerliches Gesetzbuch, bearbeitet von Bernhard Kamnitzer und Heinrich Bohnenberg, 15. Aufl., Köln/Berlin/Bonn/München, 1965 = Rosenthal-Bohnenberg, BGB.

Rospatt: Zur Rückgängigmachung irrtümlicher Banküberweisungen, in BA 33 S. 499 ff.

Salzmann, Karl und Jos. H. *Eibl*: Bankrecht (Textsammlung), Band 2, München (Loseblatt) = Salzmann-Eibl, Bankrecht.

Schär, Joh. Friedrich: Die Bank im Dienste des Kaufmanns, 3. Aufl., Leipzig, 1929 = Bank.

Scherer, Willibald: Einlösung ungedeckter Schecks durch die Bank und die Lehre vom Kontokorrent, in NJW 1955 S. 1426 f.

Schinnerer, Erich: Bankverträge, I. Teil, 2. Aufl., Wien, 1961.

Schlegelberger: Handelsgesetzbuch, erläutert von Ernst Geßler, Wolfgang Hefermehl, Wolfgang Hildebrandt, Georg Schröder, 3. Band, 4. Aufl., Berlin und Frankfurt, 1965 = Schlegelberger-Hefermehl, HGB.

Schmidt, Dirk: Die Rechtsgrundlage der Konditionenregelung, in ZKW 1961 S. 74 ff.

Schmitt, Erich: Die Pfändung von Bankkonten, in ZKW 1954 S. 690 ff.

Schneider, W.: Schweigen im Handelsverkehr, in BB 1951 S. 742 f.

Schoele, Wilhelm O.: Das Recht der Überweisung, Berlin 1937 = Überweisung.

Schork, Ludwig: Die Zinsverordnung vom 5. Februar 1965, in ZKW 1965 S. 222 f.

Schreihage, Heinrich: Rechtsprobleme der staatlichen Konditionen- und Wettbewerbsregelung für Kreditinstitute, in Sparkasse 1960 S. 263 ff.

Schriftlicher Bericht des Wirtschaftsausschusses, Bericht des Abgeordneten Ruland, Deutscher Bundestag, III. W. P., in Drucksache 2563 S. 1 ff. = Ruland-Bericht.

Schütz, Wilhelm: Das Pfandrecht am Gemeinschaftskonto, in ZKW 1953, 396.
— s. auch: Bankgeschäftliches Formularbuch.

Schumann, Hans: Handelsrecht, Band II, Wiesbaden, 1954.

Schumann-Obst: s. Labus, Leo.

Schupp, P.: Ist der „gegenwärtige“ Kontokorrentsaldo pfändbar? in BB 1952 S. 217 f.

Soergel, Th.: Bürgerliches Gesetzbuch mit Einführungsgesetz und Nebengesetzen, I. Band, §§ 1 bis 432, neu herausgegeben von W. Siebert, bearbeitet von Reimer Schmidt, 9. Aufl., Stuttgart, 1959 = Siebert-Schmidt, BGB.

Sontag, Ernst: Die Geschäfts-Bedingungen im Verkehr der Banken mit ihrer Kundschaft, in BA 3 S. 181 ff.

Sprengel: Die Pfändung und Überweisung von Forderungen aus dem Bankenkontokorrent, in MDR 1952 S. 8 ff.

Staub: Kommentar zum Handelsgesetzbuch, 10. Aufl., bearbeitet von Heinrich Koenige, Albert Pinner, Felix Bondi, 2. Band, 1. Halbband, Berlin und Leipzig, 1920 = Staub-Koenige-Pinner-Bondi, HGB.
— Kommentar zum Handelsgesetzbuch, 12. und 13. Aufl., bearbeitet von Heinrich Koenige, Albert Pinner, Felix Bondi, 3. Band, Berlin und Leipzig, 1926 = Staub-Koenige, HGB.

v. Staudinger, J.: Kommentar zum Bürgerlichen Gesetzbuch und dem Einführungsgesetz, I. Band, Allgemeiner Teil, bearbeitet von Erwin Riezler, 9. Aufl., München, Berlin, Leipzig, 1925 = Staudinger-Riezler, BGB.
— Kommentar zum Bürgerlichen Gesetzbuch mit Einführungsgesetz und Nebengesetzen, I. Band, Allgemeiner Teil, erläutert von Franz Brändl und Helmut Coing, 11. Aufl., Berlin, 1957 = Staudinger-Coing, BGB.

v. Staudinger, J.: Kommentar zum Bürgerlichen Gesetzbuch und dem Einführungsgesetz, II. Band, Recht der Schuldverhältnisse, 1. Teil, erläutert von Alfred Werner, 9. Aufl., München, Berlin, Leipzig 1930 = Staudinger-Werner, BGB.

— Kommentar zum Bürgerlichen Gesetzbuch mit Einführungsgesetz und Nebengesetzen, II. Band, Recht der Schuldverhältnisse, 3. Teil, erläutert von Hans Carl Nipperdey, 11. Aufl., Berlin, 1958 = Staudinger-Nipperdey, BGB.

— Kommentar zum Bürgerlichen Gesetzbuch mit Einführungsgesetz und Nebengesetzen, II. Band, Recht der Schuldverhältnisse, 4. Teil, erläutert von Karl Kober und Walter Müller, 11. Aufl., Berlin, 1960 = Staudinger-Kober-Müller, BGB.

— Kommentar zum Bürgerlichen Gesetzbuch mit Einführungsgesetz und Nebengesetzen, III. Band, Sachenrecht, 2. Teil, erläutert von Karl Spreng, 11. Aufl., Berlin, 1963 = Staudinger-Spreng, BGB.

Stellungnahme des Bankenfachausschusses Nr. 1/1960, in Die Wirtschaftsprüfung 1960 S. 140 f.

Swolana, Günter: Bundesgebührenordnung für Rechtsanwälte, 2. Aufl., München und Berlin, 1960.

Szagunn, V. und W. *Neumann:* Gesetz über das Kreditwesen, Stuttgart, 1961 = Szagunn-Neumann, KWG.

Der Tagesspiegel, Unabhängige Berliner Morgenzeitung.

Tang, Karl: Die Umstellung der Banken auf den täglichen Kontoauszug, in Zahlungsverkehr und Bankbetrieb, 1927, S. 68 ff.

— Die Umstellung der Banken auf den täglichen Kontoauszug, Diss. Frankfurt/M., 1928 = Diss.

Theusner: Die rechtliche Natur des Kontokorrentvertrages, Halle a. S., 1901 = Kontokorrentvertrag.

Thöl, Heinrich: Das Handelsrecht, Band I, 4. Aufl., Leipzig, 1862.

— Das Handelsrecht, Band I, 6. Aufl., Leipzig, 1879.

Thomas, Karl: Ausleihungen, Diskontierungen und Wertpapieranlagen der Kreditbanken, Berlin, 1956 = Ausleihungen.

Trumpler: Die Differenzgeschäfte nach dem Bürgerlichen Gesetzbuch und dem Börsengesetz, in ZHR 50 S. 388 ff.

von Tuhr, Andreas: Abtretung künftiger Forderungen, in BA 7 S. 277 ff.

— Der Allgemeine Teil des Deutschen Bürgerlichen Rechts, Zweiter Band, Zweite Hälfte, München und Leipzig, 1918 = BGB, A. T.

Völp, Fromut: Einlösung ungedeckter Schecks durch die Bank, in NJW 1955 S. 818 ff.

Weber, Hubert: Kreditprovision oder Überziehungsprovision? in Bankwirtschaft 1943 S. 61 ff.

Weber, Werner: Die Rechtssetzungsbefugnisse des Reichs- und Bundesaufsichtsamts in der Versicherungsaufsicht, in: 50 Jahre materielle Versicherungsaufsicht, 1. Band, S. 49 ff. = Rechtssetzungsbefugnisse.

— Die Verkündung von Rechtsvorschriften, Stuttgart, 1942.

Weirauch, W. und Werner *Heinze*: Eisenbahn-Verkehrsordnung vom 8. September 1938 mit Allgemeinen Ausführungsbestimmungen, 8. Aufl., Berlin, 1962 = Weirauch-Heinze, EVO.

Weispfennig, Hans: Ein Beitrag zur Lehre vom Kontokorrent, in JW 1938 S. 3091 ff.

Wenz, Peter: Handkommentar des Preußischen Stempelsteuergesetzes mit den Ausführungsbestimmungen, Berlin, 1930 = StStG.

Wirtschaftsgruppe privates Bankgewerbe: Rundschreiben Nr. 158/1942 vom 13. November 1942.

Wulff, Hans: Mantelvertrag und Zinsabkommen vom 22. Dezember 1936, in BA 36, 198 ff.

Zimmerer, Karl: Bankkostenrechnung, Frankfurt 1956.

— Wertstellung und Wertstellungsgewinne, in BFuP 1957 S. 241 ff.

Zimmermann, Carl: Bankgeschäfte und Bankbuchungen, Berlin, 1928 = Bankgeschäfte.

FSC
www.fsc.org
MIX
Papier | Fördert
gute Waldnutzung
FSC® C0[illegible]411

Kolibri 360 GmbH
Ferdinand-Jühlke-Straße 7
99095 Erfurt, Deutschland
produktsicherheit@kolibri360.de

Druck:
CPI Druckdienstleistungen GmbH
im Auftrag der
Kolibri 360 GmbH
Ferdinand-Jühlke-Str. 7
99095 Erfurt